浙江智库
ZHEJIANG
THINK TANK
浙江师范大学非洲研究院

非洲区域国别学丛书　总主编　刘鸿武
非洲区域国别研究译丛　主　编　胡美馨　徐微洁

非洲女性

观——察

收入与家庭

[日]甲斐田清美◎著

张　赫◎译

ZHEJIANG UNIVERSITY PRESS
浙江大学出版社
·杭州·

图书在版编目（CIP）数据

非洲女性观察 ： 收入与家庭 / （日）甲斐田清美著 ；
张赫译. -- 杭州 ： 浙江大学出版社，2025. 8. --（非
洲区域国别研究译丛 / 胡美馨，徐微洁主编）. -- ISBN
978-7-308-26160-9

Ⅰ. D444

中国国家版本馆CIP数据核字第20252YX762号

浙江省版权局著作权合同登记图字：11-2025-035

アフリカにおけるジェンダーと開発：女性の収入向上支援と世帯内意思決定
by 甲斐田きよみ

Copyright © Kiyomi Kaida

原発行社：春風社 Shumpusha Publishing

非洲女性观察：收入与家庭

［日］甲斐田清美 著 张赫 译

出 品 人	吴　晨
总 编 辑	陈　洁
丛书策划	包灵灵
丛书统筹	黄　墨
责任编辑	田　慧
责任校对	方艺潼
封面设计	周　灵
出版发行	浙江大学出版社
	（杭州市天目山路148号　邮政编码310007）
	（网址：http://www.zjupress.com）
排　　版	杭州林智广告有限公司
印　　刷	杭州高腾印务有限公司
开　　本	880mm×1230mm　1/32
印　　张	9.125
字　　数	245千
版 印 次	2025年8月第1版　2025年8月第1次印刷
书　　号	ISBN 978-7-308-26160-9
定　　价	78.00元

　　本书以西非大国尼日利亚为例，尝试辨明女性是如何参与家庭决策的。诸多援助机构实施了旨在赋予发展中国家女性更多权力的援助，其中有很多活动是以提高女性收入为目标的。参与到发展援助的实践中，就会发现有很多女性因获得经济能力而被赋权的案例。笔者于2004年3月以日本国际协力机构（Japan International Cooperation Agency，JICA）派遣专家的身份首次出访尼日利亚，并在尼日利亚联邦妇女事务部下属的国家妇女发展中心（National Centre for Women Development，NCWD）工作。在此期间，笔者还访问了尼日利亚北部三个州的妇女事务部和妇女发展中心，与对口部门的工作人员共同探讨了女性赋能援助计划方案。2007年1月至2010年1月，笔者作为日本国际协力机构长期派遣专家，参与了该机构的技术合作项目——"增加妇女发展中心活力，改善女性生活"，在参与该技术合作项目的三年中，笔者目睹了很多就职于妇女发展中心的女性和她们丈夫的积极变化。此外，笔者也了解到有经济能力的女性未必就有家庭话语权这一情况。

　　豪萨族是尼日利亚北部的主要民族。在豪萨社会，虽然女性没有为家庭做经济贡献的义务，但是笔者接触过的大部分豪萨族女性还是希望自己能够有一定的收入用来帮助丈夫和家庭。曾有一位豪萨族女性讲述了她所面对的问题："丈夫经常会因为晚餐的汤中没有放肉而打我。但是他并没有给我买肉的钱。"丈夫扶养妻子，为其提供全部衣食住行所需，妻子则顺从丈夫，承担家务，养育子女，努力维持婚姻关系，这在豪萨社会是理所当然的。因此，做汤是妻子的责任，而买肉则是丈夫的责任。没有履行责任的是丈夫，但是，妻子却无权抱怨丈夫，因此她们渴望获得可以自由支配的收入。同时，很多女性并不想增加经济活动的时间，也不会努力扩大客源，她们并不期望扩大经济活动，更愿意满足于能够获得小额收入的现状。

进行经济活动的女性，一方面一如既往地顺从丈夫，承担家务，养育子女，另一方面因为有了收入，在保障家庭衣食住行等生活所需这一项本是丈夫义务的事情上也做出了贡献。但是，女性的家庭话语权并没有因此而提高。

基于上述情况，为了辨明在何种情况下女性能够参与家庭决策，从而达到自己所希望的状态，笔者决定从发展援助的实际工作中脱离出来，开始从性别的角度研究家庭决策。研究成果作为博士论文提交至名古屋大学国际开发研究科，本书是基于此论文完成的。

目　录

绪　论

一、提高女性收入的活动有效果吗？

二、关于家庭决策的研究动态

三、尼日利亚北部调查概要

四、女性获得收入是否会提高其家庭决策权？

五、家庭决策围绕什么进行？

六、哪些女性更容易参与家庭决策？

结　论

绪　论

许多发展援助或以家庭为对象发放物资，或实施以提高家庭收入为目标的减贫项目，这些都是以家庭为单位进行的。策划发展援助的一方认为，家庭是自然的社会经济单位，家庭内部成员平等分配资源，成年成员拥有平等的决策权（モーザ 1996，39）。但是，在家庭内部，可分配的物资、可支配的收入真的是按照家庭成员达成共识的规则进行分配的吗？发展援助以家庭为单位进行，就会忽视家庭内部不平等的两性关系。而忽视了这种不平等的关系，就无法为解决性别不平等问题做出努力。

1. 本书的写作背景和目的

（1）写作背景

本书的目的是辨明哪些因素可以帮助女性在家庭资源分配的决策中获得其渴望的资源。家庭成员围绕家庭资源分配单独或共同做出决策。与资源分配有关的决策有时会加剧男女之间的不平等，有时也会缩小性别差距（世界银行 2002）。一般情况下，女性参与经济活动的机会有限，社会规范不利于女性，关于结婚、离婚以及财产权的法律不利于女性，在这些因素的交互影响下，无论是在家庭还是在社会，女性的话语权都较小（世界银行 2012）。另外，即便是在日常食物的采买，女性个人的健康以及探亲、外出等生活事项上，女性的发言权也不高（UNICEF 2007）。

此外，本书中的"资源"不仅指经济资源，还包括人力资源、知识、信息等文化资源，信任、权力等社会关系资源；不仅包括现状，还包括潜在的可能性，可以将之理解为"可能性的集合"（佐藤 2007，92）。之所以这样处理，是因为本书所考察的家庭内部存在着包含了非对称性力量关系的两性关系，受这种两性关系的影响，信任、权力等社会关系资源以及知识、信息等文化资源也能成为可在家庭内部分配的资源（Agarwal 1997）。另外，女性通过家庭决策获得的资源是其拥有"选择能力"（Kabeer 1999，437）的必要条件，蕴含着有潜在的可能性，女性能否获得这些资源关乎她继续以往的活动或者开始新活动的可能性。为实现上述研究目的，本书将"在何种条件下，女性可以更容易参与家庭资源分配的决策"作为研究课题。

联合国儿童基金会（United Nations International Children's Emergency Fund，UNICEF）的《世界儿童白皮书 2007》提到了家庭内部的不平等问题。人口与健康调查（Demographic & Health Survey，DHS）[1]的数据显示，在所调查的 30 个发展中国家中，仅 10 个国家有超过 50% 的女性参与了以下全部 4 项家庭决策[2]：①日常采购；②购买土地、房屋等家庭大额资产；③女性个人健康；④访问亲友。尤其在撒哈拉以南非洲，很大一部分女性的个人健康、访问亲友等决策都是由丈夫一人做出的[3]（UNICEF 2007）。《世界儿童白皮书 2007》指出，影响男性和女性家庭决策能力的主要因素包括受教育程度和受教育途径、收入及财产等的所有权、夫妻年龄差和初婚年龄。此外，家庭暴力也会对家庭决策产生影响，将女性置于从属地位。进而，《世界儿童白皮书 2007》列举了女性不参与家庭决策对子女的营养状况、健康状况、教育产生负面影响的研究案例，并指出提高女性决策能力的必要性（UNICEF 2007）。

联合国开发计划署（The United Nations Development Programme, UNDP）在《非洲人类发展报告2012》中指出，如果女性能够影响家庭决策，那么子女的营养状况就会得到改善。然而，现实的情况是，虽然在撒哈拉以南非洲女性约占农业劳动力的半数，在保证食物稳定方面女性的参与是不可或缺的，但与男性相比，女性对财产、土地、贷款等资源的管理权较弱。这是因为她们花费在非经营性的日常活动、家务、育儿等无偿劳动上的时间过多，所以和男性相比在经济活动中处于劣势（UNDP 2012）。该报告还指出，女性通过接受教育、管理资源、参与决策发言可以提高自身能力，从而有助于确保粮食的稳定供应。但是该报告并未提及女性在管理资源、参与决策发言方面是否存在困难，也未指出如何提高女性进行资源管理、参与决策的能力。

现有很多研究关注了女性提高家庭谈判力的主要因素，这些因素包括：和结婚对象的年龄差、受教育程度、婚前财产、能自己支配的收入和财产（Quisumbing 2003; Mabsout & van Staveren 2010）、个人技能、获取信息的途径、社会网络及扩展家庭的支持、社会规范（Agarwal 1997; Quisumbing 2003），以及关于婚姻关系的法律权利、土地、财产等的所有权，离婚财产分割权等制度环境，地域社会关于家庭暴力的态度及法律制度环境（世界银行2002）等。

多个关于家庭资源分配的研究尝试运用微观经济学的方法分析提高女性家庭谈判力的主要因素。这些研究辨明了哪些因素及资源分配的结果与子女健康状况、教育支出相关联，研究结果还表明，如妻子有现金收入的话，子女的营养状况会得到改善，教育支出也会增加（Haddad & Hoddinott 1997; Haddad et al. 1997; Quisumbing 2003; 等）。此外，墨西哥实施过一个向母亲支付现金，旨在改善子女的教育、健康及营养状态的项目（PROGRESA），与该项目有关的研究表明，母亲拿到钱后，家庭食物支出有所增加。这些母亲说出了参加

PROGRESA的优点，如"用钱时可以使用PROGRESA给的钱而不必向丈夫求助""能够自己决定购买自己认为必要的物品""用于购买食物的钱增加了"等。在这个项目实施前，多数决策是由男性做出的，但是项目实施后，女性获得了现金，她们可以决定其所获得款项的用途（Adato et al. 2003）。但是，该研究并未辨明女性进行购买家庭必需品、存款、投资等资源分配时是否与男性及其他家庭成员协商过。

根据上述研究，如果有"女性受教育程度高""拥有财产""手里有现金"等"内在输入"，就会有"子女的营养状况良好""子女去学校读书""食物支出增加"的"外在输出"。但是，研究并没有辨明将收入用于食物支出、教育支出等的决策过程是怎样的，也没有辨明支出的是谁的收入。有可能是女性仅将自己的收入用于自己决定的用途，并没有用到丈夫的收入，也没有就丈夫收入的用途进行协商。即便妻子和丈夫进行了协商，也无法了解在妻子对丈夫让步、恳求，或者丈夫对妻子让步、恳求的协商过程中，二人的对话在何种程度上或者在何种可能性上对决策产生了影响。

（2）研究目的和方法

如前文所述，本书的目的是着眼于家庭内夫妻间的力量关系，辨明何种因素能够让女性在进行家庭资源分配的决策时获得其所渴望的资源。在有些地区，夫妻各自管理自己的财产和收入，但妻子期待丈夫承担家庭必要支出。在这样的地区，围绕家庭资源分配进行决策的过程又是怎样的呢？这也是本书要明确的问题。家庭决策是指就满足家庭成员所共同需要的衣食住行、教育费用、医疗费用等资源而做出的决策，包括将谁的收入进行分配以及如何进行分配、子女的升学由谁决定、妻子外出及探亲等事项由谁决定、妻子或子女生病时由谁应对以及如何做出应对。在调查地点尼日利亚北部的豪萨社会，人们普遍认为丈夫有满足全部家庭所需的义务，而妻子有遵从丈夫决定的义务（Callaway 1987; Sada et al. 2005）。此外，人们认为，由丈夫对家庭事项进行最终决策是理所当然的。在这种状况下，提供家庭所需、女性外出等事项也由丈夫决定，但是妻子是否有可能参与到这些决策中呢？辨明这一问题可以揭示何种环境可以让女性更多地参与决策，也可以辨明进行外部干预时哪些行为是有效的。

"女性在何种情况下更能参与家庭资源分配的决策"这一研究课题能够回答上述问题。为完成这一研究课题，本书设定了以下三个子课题：第一，女性获得收入会如何影响其参与家庭资源分配的决策？第二，在家庭决策时，女性采用哪种对话方式更容易表达自己的意见？第三，在家庭决策时有发言权的女性有何特征？

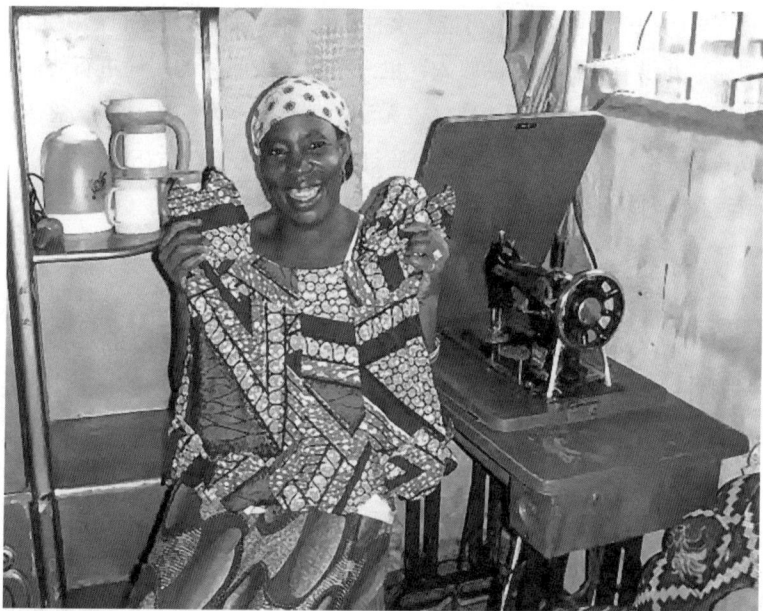

在家里做裁缝的妇女

　　针对研究课题设立以上三个子课题的理由如下：关于子课题一"女性获得收入会如何影响其参与家庭资源分配的决策"，以往的发展援助认为，女性获得收入会提高其在家庭内部的谈判力，因此实施了很多提高女性收入的援助。有些援助确实帮助女性达到了理想状态，但并非全部如此。在女性获得收入是否会提高其家庭谈判力这一问题上，人们并未形成统一见解。已有研究指出"有收入是必要条件但不是充分条件"（Deere 1976，15），因此，需进一步明确女性的收入用在什么事情上、女性获得收入对家庭内部的性别角色[4]产生何种影响等问题。此外，家庭内部会就如何将丈夫的收入分配到家庭所需上来这一问题进行协商，本课题也将探讨妻子获得收入会对这一协商产生何种影响。子课题二"在家庭决策时，女性采用哪种对话方式更容易表达自己的意见"将从妻子的话语出发分析夫妻的决策过程，探讨妻子在何种情况下、用何种方法将自己的意见传达给丈夫，围绕哪种资源的分配和丈夫进行对话，对话的预期结果是获得何种资源。子课题三"在家庭决策时有发言权的女性有何特征"将通过家庭间的比较，辨明哪些妻子更能够向丈夫传达自己的意见，并探讨在这种情况下影响夫妻谈判力的主要因素和背景，以及夫妻各自的谈判底线（breakdown position）、对家庭贡献的认识、对自身价值的认识、性别角色的影响等问题。

　　本书所涉及的围绕家庭资源分配的决策，仅限于与女性生活相关的事项，即满足家庭共同所需、子女教育、探亲及参加各种仪式等外出、妻子患病时的应对、妻子购买或出售家畜等事项。之所以将研究限定在上述事项上，是因为通过关于豪萨社会的已有研究可知，不仅是满足家庭的共同所需、与子女教育相关的事项，就连与女性生活相关的事项，如进行某些活动、探亲等需要外出的行为也需要丈夫的许可，因此，这些都是需要在家庭内部进行决策的（Callaway 1987；Sada et al. 2005）。此外，因为人口与健康调查也将上述事项视为家庭决策事项，所以能够与统计数据进行比较。其他家庭决策事项还包括丈夫的经济活动，丈夫的亲属、扩展家庭的成员、丈夫的其他妻子等人员的活动，与地域政治有关的家庭资源分配等，但本书不涉及这些事项。

此外，研究课题中还有三个问题无法被上述三个子课题所涵盖。其一是夫妻的扩展家庭可能会影响夫妻间的力量关系，但一个一个去做访谈调查比较困难，所以本书暂不涉及。其二是在经济实力方面，本研究没有将通过继承或购买所获得的土地、房产等的财产所有权纳入考虑范围。根据关于豪萨社会女性经济活动的已有研究，因为女性有现金的话就可以应对各种情况，无须向他人借钱，从而保持了女性自身的尊严，所以女性很重视持有可以自由使用的现金（Renne 2004，280-285）。另外，很少有女性通过继承或购买获得土地、房产等财产所有权。因此，她们是通过创收能力而非通过拥有财产来保持经济实力的。其三是因为无法长期充分把握调查对象的想法和行为的变化，比如在重复对同一事项进行决策的过程中，对该事项的认识或处理方法也可能会发生变化，所以本书没有将这种历时变化考虑在内。

本书的意义

本书的意义有三点。第一，很多发展援助项目以家庭为单位进行，但目前很少有项目去探讨家庭内部性别不平等的力量关系。因此，本书认为，着眼于家庭内部的性别不平等，厘清家庭资源分配的决策过程，以及辨明对决策过程产生影响的主要因素是非常重要的。

第二，本书将夫妻间的质性数据用于辨明家庭内部的对话过程。一方面，虽然很多已有研究表明，在家庭资源分配的过程中，女性获得、管理自己的收入与提高家庭福祉、改善子女的健康和教育状况息息相关，但这些研究多数是使用了家计调查等微观数据的量性研究。另一方面，鲜有关于由谁管理家庭资源、如何分配家庭资源、家庭内部的协商过程是怎样的等问题的质性研究。此外，已有研究中基本没有以发展中国家为对象的、基于夫妻间质性数据的案例。[5] 本书将对源自夫妻双方的质性数据进行分析，分析家庭资源分配的决策过程。

第三，本书将辨明使女性能够参与家庭决策、将自己的意见传达给丈夫的主要因素，并提出何种外部干预可以矫正男女间不平等的力量关系。

调查及分析方法

本书采用了案例研究法，通过问卷调查、半结构式访谈、直接观察等方法获得关于当事人（妻子和丈夫）的行为、认识的质性数据，并用这些数据分析问题。考虑到上述三个子课题，笔者在分析家庭资源分配决策的影响因素时，使用了以下分析方法。

第一，通过文献调查整理关于家庭资源分配的已有研究，确认理解家庭内部关系的必要性，整理将家庭资源分配视为家庭成员协商结果的背景和思路。

第二，为了辨明子课题一"女性获得收入会如何影响其参与家庭资源分配的决策"，笔者在女性获得收入、提高收入会提高其家庭决策力这一认知前提下，使用了目前广泛应用的、以女性为对象的创收活动的概念（Buvinić 1986；Deere 1976），从性别角色的角度分析女性为何要获取收入、女性进行经济活动的情况及收入的用途，以及辨明女性获得收入对满足家庭所需有什么意义、妻子获得收入对提高其家庭决策力有何影响等问题。

第三，为了辨明子课题二"在家庭决策时，女性采用哪种对话方式更容易表达自己的意见"，笔者整理了以下内容：可在家庭内部交换的资源、围绕这些资源进行的家庭对话、夫妻二人在哪些话题上意见不同、哪些资源可以分配、夫妻二人通过对话分别获得了哪些资源、夫妻达成共识或者无法达成共识的过程如何、通过妻子的话语分析在其视角下和丈夫协商的过程。此外，也对照丈夫的话语进行探讨，进而明确妻子参与家庭决策的方式。

第四，为了辨明子课题三"在家庭决策时有发言权的女性有何特征"，笔者分析了那些能更多地参与家庭决策的妻子有哪些特征，此处使用阿马蒂亚·森（Amartya Sen）的合作博弈模型（cooperative conflict）（Sen 1990），对从夫妻的叙述中获得的质性数据进行分析。首先，分析合作博弈模型所提出的提高妻子谈判力的三个主要因素：①妻子的谈判底线；②妻子对家庭贡献的认识程度；③妻子对自身价值的认识程度。此外，合作博弈模型未涉及影响丈夫谈判底线的主要因素，也没有涉及夫妻的对话会对决策产生哪些影响，因此，本书还将探讨丈夫的谈判力。而且，家庭外的因素也会影响家庭决策（Agarwal 1997；Mabsout & van Staveren 2010），通过合作博弈模型无法得知夫妻对性别角色规范的接受情况。本书将补充夫妻对性别角色规范变化的接受情况、丈夫的谈判力等因素，以构建修正合作博弈模型，进行案例分析。合作博弈模型之所以适用，是因为该模型认为家庭内部的谈判不仅是"博弈"，家庭成员共享经验，关注点相同，这种关系中一定也存在着"合作"关系，这更接近于家庭的实际情况。

案例的选定理由

将尼日利亚北部家庭作为研究案例的理由如下：本书研究的是有关家庭资源分配的决策，但是在世界上有些地区夫妻共有资源，在另一些地区夫妻不共有资源。在撒哈拉以南非洲，特别是在西非，夫妻双方不共有资源，双方分别负责某个领域的生产和支出（Whitehead 1981），家庭成员也不共享劳动力，家庭内部并不会为了提高效率而分配劳动力（Jones 1983）。此外，在伊斯兰社会，结婚后女性的财产由自己管理，丈夫无权过问（Sada et al. 2005）。

本书的着眼点是，在夫妻不共有资源、由丈夫负责满足家庭共同需求（提供食品、居住、医疗、教育费用等）的地区，家庭资源的分配是否能反映出妻子的意见。在关于家庭资源分配的已有研究中，既有家庭内部不共同管理资源的案例，也有夫妻分别负责提供不同资源的案例。这些案例中，有的妻子用自己的收入和农产品来满足全家的需求，不和丈夫讨论他的收入的用途。可见，这种案例并不适用于家庭成员协商决定家庭资源分配的模型。对于默认由丈夫进行决策的案例，本书将探讨如何能够让妻子表达自己的意见以及辨明影响决策过程的主要因素有哪些，借此来完成本书的课题。考虑到上述目的，本书认为在西非，夫妻不共有资源的地区较多，而在尼日利亚北部[6]这种特征更为明显，因此将之作为案例研究的对象是合适的。

2. 性别的相关用语

（1）性别角色和性别角色分工

性别（gender）不同于生物学性别（sex），前者是指社会性、文化性的性别差异。性别包含了不对称的力量关系，"差异化的言语实践产生了权力关系"，"差异"并没有因此消除，但这"并不是固定的实体也并非宿命"（上野 2002，3-31）。大泽真理整理了上野千鹤子的性别论，并提出："所谓性别，是关于男人味、女人味的一般观念，即'男性、女性就是这样的'，在组建社会阶层方面，这是最适用的一种区别。……性别是有所不同但并非对等的分类，毋庸置疑，男性是标准的、普遍的、主要的，女性是差异化的、特殊的、从属的。"（大沢 2002，23-24）

性别角色是指在一个社会中，根据规范和传统，男性和女性应该如何行动、如何思考、如何感知。它是持续变化的，并因文化不同而不同（Groverman 2001，9-12）。性别角色整合了社会身份和归属，如母亲、父亲这种角色是权利和义务的结合体。这两种角色都与某种行为和社会价值相联系，如果没有观察到相应的行为，该角色就不会被社会认同。例如，如果母亲疏于照顾子女，或者父亲不为家人提供必要的资源，就会被社区处罚或者驱逐。这种性别角色在社区内部具有多样性，也会随时代的发展而变化（Parker et al. 1995，4-5）。

性别角色分工（gender division of labour）是指一个社会为女性和男性分配了与其相适应的角色、责任和行为，性别角色影响着性别角色分工（Parker et al. 1995，4-5）。有些文献将"性别角色"和"性别角色分工"视为同义，但本书认为性别角色会对性别角色分工产生影响，并规定性别角色分工的内容，因而对二者进行区分。性别角色分工涉及角色、责任和行为，性别角色则是一个更广义的概念，还包括了社会对男性或女性的看法和感受，这种认识决定了性别角色分工的具体任务。卡罗琳·莫萨（Caroline Moser）认为女性应承担三种任务：一是参与农业或非正式部门活动等各种形式的生产活动；二是作为家庭成员承担家务、育儿等劳动任务以及生育子女的再生产任务；三是在空余时间自发、无偿地管理那些要在社区中共同消费的资源。此外，她也指出了男性参与生产活动和社区政治活动，并通过社区活动获得报酬和社会地位，这和女性无偿参与社区活动是不同的（モーザ 1996，50-61）。在社会上，仅有生产劳动被视为劳动，因而女性从事的再生产活动、社区管理活动都被认为是"理所应当的劳动"，没有生产性，是没有价值的（モーザ 1996，129）。

性别角色影响着性别角色分工，并决定了其内容，由不同的人进行的劳动也被赋予了不同的价值。男性的劳动和女性的劳动被赋予不同的价值，男性的劳动往往可以获得更多的收入（Parker et al. 1995，6）。被视为更具价值的劳动和分工也更容易获得决策权、利益和服务，而获得这些便利又会导致权力的积累。传统性别角色规范的存续支撑了现有的力量关系，也强化了现有的性别角色。如上所述，性别角色和力量关系在这个循环中产生、维持并强化。然而，在一个社会中性别角色不是一成不变的，随着性别角色的改变，对接受新的性别角色、何种角色是合适的等问题的看法也会改变（Groverman 2001，10-11）。

（2）两性关系

两性关系（gender relations）是指男性和女性之间的社会关系。两性关系同时包含了合作、联系、互助、冲突、别离、竞争、差异和不平等的关系，它涉及如何在男性和女性之间分配力量。两性关系因时代、地点、群体的不同而不同，此外，也会因阶级、种族、民族、残疾等性别以外的社会因素而变化（March et al. 1999，18）。两性关系是一种包含了"不对称的力量关系"的关系（上野 2002，16-19），哪些行为会被赋予价值，谁能获得并控制资源都是由这种力量关系决定的（Groverman 2001，10-11）。本书所探讨的家庭关系是两性关系，家庭资源的分配发生在家庭成员之间，家庭成员的社会关系则包含了"不对称的力量关系"。

表述基于性别的社会关系时可以用"父权制"这一概念。父权制是指"在不对称的性别和世代变量中，权威被分配给男性和年长者的体系"（上野 1990，77）。"父权制"这一概念，在社会学中是指马克斯·韦伯提出的父权制（patriarchalism），这是传统型支配的典型例子，它不局限于血缘关系，还被用于表述基于传统绝对权力的君主和服从于君主的臣民间的政治支配关系。此外，在文化人类学中，父权制（patriarchy）是母权制（matriarchy）的反义词，表示的是"父亲拥有权力"的家庭形态（濑地山 1990，51-57）。尽管女性主义对父权制有多种解释，但共通之处在于这些解释指出"patriarchy"表明了掌握权力的主体的性别，并且探讨了这种权力的性别归属、形式以及如何行使这种权力（濑地山 1990）。濑地山角在上野（1990）的定义上追加了"角色"，将之定义为"基于性别的权力和角色是不均等的分配规范和关系的总和"（濑地山 1994，298）。如上所述，两性关系是不对称的，是一种权力分配不均等的社会关系。

3. 发展援助对"家庭"的理解及家庭内部性别不平等

（1）家庭的概念

家庭是让人从幼时开始形成男女不同的角色，并在和其他家庭成员的相互关系中进一步强化男女性别角色，将其传递给下一代的场所。生育、工作、投资未来等人生的基本决策都是在家庭内部进行的（世界銀行 2002，109）。家庭（household）一般被定义为"共同居住、共同开支的成员的集合"（森岡他 1993）。新家庭经济学[7]的代表人物加里·贝克尔（Gary Becker）将家庭定义为"生产和消费的单位"（久場 2002，34-35），他指出"家庭包含了生产、再生产、消费以及获得社会属性的过程，是社会的基本单位，家庭的性质和功能因文化和时代的不同而不同"（Moore 1988，54-55）。凯特·扬（Kate Young）则着眼于家庭内部分配，认为"家庭是一个无法确定能否永久性共同生活在一起的个体的集合，也是在这些不确定的个体间进行资源分配的系统。家庭虽在一定程度上共享目标、利益、资源，但个体间既存在独立、也存在对立的情况"（Young 1992，138）。

此外，家庭与"家族"（family）[①]是不同的概念。家庭是以工作为导向的居住单位，与此相对，"家族"是指亲属集团。家庭内的五大活动包括：①生产；②分配（从生产者到消费者）；③转让；④再生产（生育）；⑤居住（金井 1988，14-15）[8]。而"家族"是指以夫妻关系为基础，并由此派生出亲子关系、兄弟姐妹关系而形成的亲属关系的小集团（森岡他 1993）。有时"家族"成员不是家庭成员，也有时身为家庭成员却不是"家族"成员，例如：同住的佣人不是"家族"成员，而作为季节工离家到城市打工的子女不是家庭成员却是"家族"成员。

---

① 原文此处用了「家族」一词，该词中文译文为"家庭"，英文译文为"family"。为在表述上区别前文出现的"家庭（household）"（日语为「世带」），此处翻译直接使用日语「家族」一词。（译者注）

在本书的研究对象——尼日利亚北部卡诺州的豪萨社会，存在几位妻子和丈夫的父母、兄弟姐妹住在一起的情况。虽然妻子们不共有家庭收支，但丈夫提供的家庭所需会被分配给各位妻子。丈夫的父母、兄弟姐妹多数不会共有家庭收支（Hill 1972；Callaway 1987；Sada et al. 2005）。本书没有将不共同居住在复合住宅[(9)]内却共享家庭收支的扩展家庭成员，以及共同居住却不共享家庭收支的成员列入"家庭成员"，但将共同居住的丈夫的其他妻子及其子女列入"家庭成员"。也就是说，本书所指的"家庭成员"包括已婚妇女及其丈夫、子女，在与丈夫的其他妻子共同居住的情况下，将其他妻子及其子女也考虑在内。

在包含本书研究地区在内的撒哈拉以南非洲的很多地区，夫妻既不共有资源，也没有共同的预算用以维持家计及养育子女（Whitehead 1981）。例如，在加纳的农村地区，由家庭共同生产、消费、管理资金是例外情况，通常情况是每个家庭成员都是独立的（高根 1999）。下节将讨论非洲家庭的特征。

（2）非洲的家庭

在非洲的很多地区，家庭中男性和女性的生产活动和收入都是分开的。通常情况下，女性种植用于家庭成员食用及售卖的作物（Boserup 1970；Whitehead 1981；Koopman 1992）。珍妮·库普曼（Jeanne Koopman）经观察认为非洲的粮食生产有三种不同模式。第一种模式是女性承担主要作物及其他食物的全部或者大部分生产责任。一般认为田地属于女性所有，男性为女性耕种提供帮助。女性掌管农作物的分配，售卖农作物所得归女性所有。第二种模式是男性和女性共同耕作主要作物，耕地由男性家长掌管，女性则在另一块田地上耕种其他基本农作物。主要农作物种在家庭或者共同的耕地里，男性和女性合作进行播种、除草、收割等。女性虽然也有生产粮食的责任，但收获物由男性家长管理。第三种模式是男性负责全部粮食生产，女性负责食品加工和销售。这种模式常见于女性因性别隔离而无法从事田间劳动的地区。这些情况下，女性多数进行食品加工和售卖（Koopman 1992）。在本书的研究对象尼日利亚北部，女性因性别隔离而无法务农，男性负责粮食供给，属于第三种模式（Callaway 1987；Tipilda 2008）。

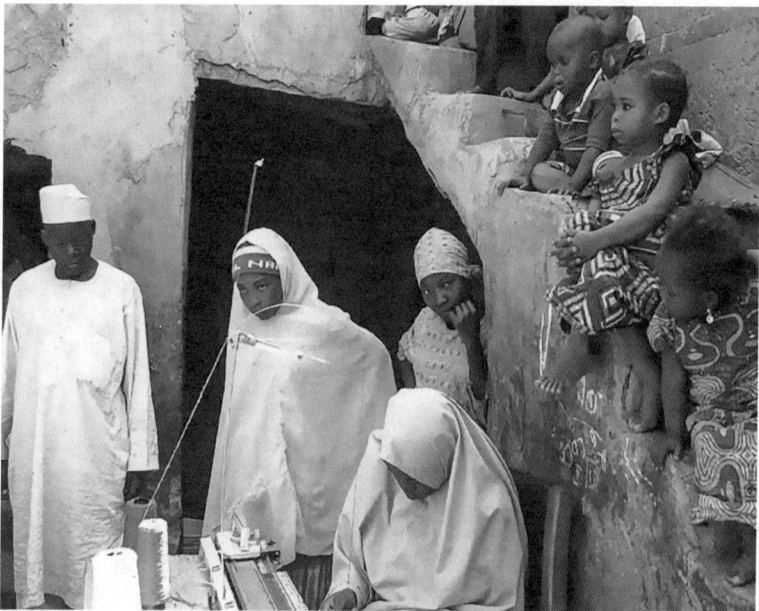

在家中编织衣物的妇女

在坦桑尼亚海边有一个村庄，夫妻不共同管理家庭资源。女性婚后也能拥有椰子树等个人财产，在家庭缺钱时有时也会为家庭提供资助，但这并不是她们的义务。而且，妻子耕种的作物属于妻子所有。在妻富夫贫的情况下，丈夫可以向妻子借钱，但必须还钱。家庭是从事生产活动，并拥有劳动成果的个人的集合。比起共同管理资源，家庭关系更是建立在资源交换的基础之上的（Caplan 1984，33）。

在尼日利亚中部的迪布族家庭中，女性在男性的田地里劳动可以获得与劳动量相应的小米，并将这些小米加工售卖。男性在女性的田地里劳动也可以得到山药。农作物也会在家庭内部售卖，女性会向丈夫购买高粱等谷物来酿造啤酒。此外，夫妻间的借贷也可以附加利息。在尼日利亚北部对女性实行性别隔离的地区，女性可以将丈夫不出售的作物进行加工后售卖从而获得收益，但丈夫不能向妻子索要这部分收益。女性可以将钱或者种子借给丈夫，或收取利息，或从丈夫处购买谷物，在谷物涨价后再卖出，但丈夫需要用这笔收入购买家庭所需的食材。家庭内部的资源交换和经济活动别无二致（Kabeer 1994，120）。

在具有上述特征的地区实施发展援助，需要如何认识、对待一个"家庭"呢？下节将探讨发展援助应该如何理解"家庭"这个概念。

（3）发展援助对"家庭"的理解

在概述发展中国家经济情况的白皮书中，家庭被定义为"共同生活，共同管理资金，一天共同进餐一次的人的集合"（世界银行 2002，111），但实际上即便共同居住，也可能分餐而食，即便是夫妻也有可能分居，也存在不共享消费和生产资源的情况。一般情况下，西方的发展援助计划将以下三点作为成为一个家庭的前提：①家庭是指由夫妻和子女组成的小家庭；②家庭是社会、经济的基本单位，家庭的成年成员平等参与资源管理和决策；③家庭基于性别进行工作分工，男性负责生计，女性负责家务和育儿。这种观点并不符合大多数发展中国家的情况（モーザ 1996，35）。规划发展援助的一方如果想让发展援助惠及所有的家庭成员，必须在制订计划的阶段就开始研究对象地区的家庭是如何管理和分配资源的（Young 1992, 135）。那么，实际上发展援助是如何理解"家庭"的呢？

在非洲的许多农村家庭中，男性和女性分别从事农业及农业以外的经济活动，各自管理预算。在这种情况下，如果国家或外部机构以家庭单位为对象提供资源，这些资源就会被男性管理，而女性获得提高粮食生产水平所需的生产资料的机会有限（Koopman 1992）。

大量研究表明，非洲农业存在明显的性别角色分工，男性和女性或是在不同的耕地中劳作，或是负责不同的作物（Boserup 1970；Whitehead 1981；Koopman 1992）。但是实施发展援助的前提是农村居民的所有活动都是为了"家庭"，以及由男性家长掌管土地、劳动力分配、作物和财产。发展援助的组织方将"户主"参与发展援助默认为其他成员也参加了发展援助，如果"户主"因此提高了收入，则认为这一成果也惠及了其他成员（Dey 1981，109-122）。

在冈比亚实施的稻作振兴项目就是基于上述前提实施的，但最终以失败而告终。冈比亚的女性传统上在湿地或内陆的低洼地种植水稻，拥有土地的使用权，而男性则主要在排水良好的高地上种植玉米、花生。男性和女性都会种植用于家庭所需的作物和属于个人的作物。从 20 世纪 60 年代中后期到 70 年代中后期，在中国台湾的技术支持下，这里实施了水稻灌溉项目。因为中国台湾的水稻种植是家庭成员共同参与的，所以项目的组织方也带入了这种想法。因此，该援助项目以男性户主为援助对象引入了水稻灌溉，但该灌溉田地归男性所有，提供的设备、种子也由男性户主管理。这样，本由女性种植的水稻变成了由男性种植。虽然该项目需要能够熟练进行插秧、除草的女性劳动力，但由于在传统的性别角色分工下女性没有义务在丈夫的田地里进行无偿劳动，丈夫为获得妻子的劳动力必须支付相应的报酬。比起在丈夫的田地里有偿劳动，妻子会优先选择在自己的土地上耕种。因此，丈夫会廉价雇用住在项目稻田附近的邻村女性，这也导致了女性的劳动报酬变低。以往女性会出于自用目的种植水稻，但是这种以"家庭"为单位的灌溉项目实施后，由丈夫灌溉、收获的水稻变成了经济作物，收入变为丈夫个人的储蓄和消费。该项目将女性排除在外，进一步拉大了女性和男性的经济差距（Dey 1981，109-122）。

　　20世纪80年代中期在肯尼亚实施的稻作项目也导致了同样的结果。肯尼亚政府和国际货币基金组织（International Monetary Fund，IMF）为了振兴出口用的经济作物生产，实施了以"家庭"为单位的水稻灌溉项目。在肯尼亚，男性和女性分别种植不同作物。随着项目的推进，由于女性得不到等价回报，项目受益者"户主"的妻子开始拒绝在项目稻田里劳作。另外，砍柴也是女性以往的活动之一，但由于项目实施而迁居后砍柴变得困难，人们不得不去购买木柴（Young 1992，135）。

　　发放物资的多数项目也是以"家庭"为单位进行的（モーザ 1996，102）。例如，曾有援助项目为了降低孕产妇罹患疟疾的概率而无偿发放了蚊帐，虽然有孕产妇的"家庭"分到了蚊帐，但却无法知道在这个"家庭"中是谁使用了蚊帐。另外，日本实施的援助中也存在这种情况，当地不平等的性别关系可能会导致无法公平分配紧急食品援助和医疗援助，但援助机构并没有充分认识到这一点（村松2005，85）。

　　近年实施的一些发展援助考虑到了"家庭"内部的两性关系。在中南美洲的几个国家实施的现金援助项目考虑了家庭内部不平等的两性关系，向妻子、母亲发放了现金。女性有了现金后，在家庭内部的经济能力有所提高，但短期内也出现了家庭暴力增加的情况。吸取这一教训后，其后的现金支付项目增加了对家庭暴力行为的教育及对社会工作者的培养（世界银行2012）。另外，虽然将母亲作为支付对象的目的是让她们能够管理现金，但让她们带子女就医、参加社会工作等支付条件反而成了母亲们的负担。这与母亲、女性应该待在家里这种既存的性别角色规范有关，也有批评指出这种项目缩小了女性的就业机会（牧野2012）。此外，将现金发放给母亲，母亲用这笔钱来购买家庭所需物品、支付子女教育费用，这样一来，本应由父亲承担的费用转嫁给母亲。这样也没能实现家庭内部夫妻双方协商收入用途、由女性发表意见后再做决策的目的。

（4）发展援助机构对家庭内部性别不平等问题的认识

近年，发展援助机构的报告文件多次提及家庭内部性别不平等问题及女性家庭决策权的重要性。

联合国儿童基金会在《世界儿童白皮书2007》中提出了家庭内部的不平等问题，指出女性没有家庭决策权会对子女的营养、健康、教育造成负面影响，因此有必要提高女性的决策能力（UNICEF 2007）。

联合国开发计划署在《非洲人类发展报告2012》中提出要确保粮食稳定，营养充足。确保粮食稳定的最有效方法，是"将资源、能力、决策权转移给农民、贫困社区及女性"，如果女性或弱势群体对关乎自己生命、生活的决策有发言权的话，其生产、交易、消费的能力将得到大幅提高；此外，如果女性能够影响家庭决策，子女的营养状况会得到改善（UNDP 2012，8）。撒哈拉以南非洲的农业劳动力中约有一半是女性，她们在确保粮食稳定方面不可或缺。但是，女性对财产、土地等资源的管理权却弱于男性，她们在市场之外的非正式经济活动，以及家务、育儿等无偿劳动上花费大量时间，而参与制定司法、市场等方面重要制度的机会则非常有限（UNDP 2012）。

上述两份报告均指出，女性接受教育、管理资源、进行决策会对子女的健康、教育产生积极影响，也与确保粮食稳定相关。但报告没有提及女性难以获得资源管理权、决策发言权的原因及对策。

世界银行的《世界发展报告2012》以性别平等和发展为主题，指出尽管在教育、健康、参与劳动市场方面的性别差距在不断缩小，但发展中国家妇女和女童的死亡率依然高于男性，残疾女童的就学率较低，在获得经济机会和收入方面，女性依然处于不利地位。此外，女性的家庭发言权和社会发言权依然明显低于男性（World Bank 2011）。在仍然存在上述性别不平等问题的情况下，有必要提高女性话语权，并借此改善性别不平等问题。例如，努力消除农村地区的男女不平等，可以预见以下效果：女性农民如果获得了和男性农民同等的待遇，产量会提高；将肥料、劳动等投入的分配权由男性转交给女性，每户的生产量就会增加；如果女性农民获得和男性农民同样的资源，生产量也会提高；等等。为了获得并能够灵活利用和男性均等的机会，女性必须获得家庭话语权（World Bank 2011）。提高女性家庭话语权的措施包括重视社会规范和信仰的影响，重视女性的经济机会，重视女性参与法律制定及接受教育的机会，进而，为加强女性对家庭资源的管理，重要的是需要完善法律以强化女性的所有权和财富积累（World Bank 2011）。

前文探讨了家庭的概念以及本书所研究的非洲家庭的特征。因为本书的研究对象是家庭资源分配时夫妻间的决策过程，所以笔者先列出了非洲家庭的特征，如粮食的生产、加工、销售等生产活动中存在着明显的性别角色，家庭成员间不共享收入，劳动力、收入、生产成果在家庭内部也需要等价交换等。进而，尽管存在上述特征，但发展援助依然将"家庭"视为一个整体单位，以"家庭"为对象进行技术转让、物资分配的项目援助，导致项目未实现预期目标，本书指出了这些援助行为的问题所在。本书的目的是从家庭决策入手，探明哪些因素可以帮助女性获得她们渴望的资源，因此，也探讨了发展援助对家庭内部性别不平等关系的理解和对策。近年来，发展援助机构开始着眼于家庭内部的性别不平等关系，指出由女性管理资源会对子女的福利、教育产生积极影响，认为提高女性家庭决策话语权对子女的健康、教育、确保粮食稳定来说具有必要性，并基于这一认识做出了诸多努力。

4. 家庭收入管理和决策

本节将基于统计数据，探讨有收入的已婚妇女参与家庭决策的情况。人口与健康调查测算了各国女性参与家庭决策的程度。虽然在不同国家所提的问题有些许差别，但在大部分国家都会提问以下内容：①妻子自身的医疗保健情况；②家庭的食物和日用品的购买；③购买家庭大额资产（土地、房屋、牲畜等）；④妻子就医或参加仪式时的外出许可；⑤子女的教育[10]（NDHS 2008）。[1]娜伊拉·卡比尔（Naila Kabeer）列举的家庭决策的范围和人口与健康调查的测算项目的相同之处在于，二者所涉及的资源分配都是为了应对日常生活中可能发生的事情（Kabeer 1999）。本书涉及的是有关家庭资源分配的决策，也与这些项目相匹配。

　　表0-1、表0-2选用了西非八国人口与健康调查的结果，调查对象为15岁到49岁的已婚妇女。表0-1描述了妻子认为妻子收入的用途、丈夫收入的用途由谁决定，结果分为三种情况：①主要由妻子决定；②夫妻共同决定；③主要由丈夫决定。可以看出，除塞拉利昂、利比里亚、加纳三国外，其他国家的妻子们认为夫妻应各自管理自己的收入的比例都比较高。

表0-1　不同国家的妻子认为妻子收入的用途、丈夫收入的用途由谁决定 [2]

单位：%

国名	妻子收入的用途由谁决定？			丈夫收入的用途由谁决定？		
	妻子	夫妻	丈夫	妻子	夫妻	丈夫
尼日利亚	66.4	19.3	13.2	5.8	24.1	69.6
加纳	57.9	35.5	6.1	7.3	37.3	55.2
塞内加尔	81.7	8.7	8.5	5.1	10.7	83.1
马里	86.9	6.0	5.4	–	–	–
尼日尔	85.4	9.2	5.0	–	–	–
塞拉利昂	34.2	37.1	26.5	5.3	40.4	52.3
利比里亚	21.8	54.0	22.8	7.7	59.7	30.7
贝宁	86.6	9.8	3.2	–	–	–

数据来源：各国的人口与健康调查。各数据四舍五入取一位小数。

---

① 原著中此处注释为 [9]，应为误标，正确排序应为 [10]。（译者注）
② 本书表中数据存在各分项百分比加总不等于100%的情况，译者翻译时一律尊重原著，不做改动。（译者注）

表 0-2 描述了已婚妇女认为谁是家庭决策者。表中"家庭大额资产购置"是指土地、房屋、牲畜等的购买，"日常家庭采购"是指日常的食品和日用品的采购。不同事项的决策者分为三种情况：①主要由妻子决定；②夫妻共同决定；③主要由丈夫决定。通过表 0-2 可知，决策的事项不同，决策者也不同。

表 0-2　不同国家的妻子认为谁是家庭决策者

单位：%

国名	妻子的健康管理			家庭大额资产购置			日常家庭采购			妻子外出探亲		
	妻子	夫妻	丈夫	妻子	夫妻	丈夫	妻子	夫妻	丈夫	妻子	夫妻	丈夫
尼日利亚	9.8	33.8	**55.7**	5.7	31.9	**61.6**	16.7	32.9	49.7	11.2	43.6	44.4
加纳	25.0	**43.8**	30.3	20.3	42.0	36.6	**44.4**	35.2	19.3	22.9	**60.4**	15.7
塞内加尔	12.7	17.9	**66.2**	7.5	18.6	**61.6**	—	—	—	14.2	26.7	**52.9**
马里	12.0	6.0	**71.8**	12.0	7.6	**68.0**	19.1	8.4	**60.5**	23.6	8.6	**57.3**
尼日尔	17.1	7.0	**71.5**	7.6	5.8	**81.0**	11.3	7.4	**76.5**	14.7	8.2	**72.2**
塞拉利昂	11.8	39.7	**46.7**	9.6	39.4	**49.4**	25.3	38.0	34.8	13.1	**48.1**	37.4
利比里亚	—	—	—	34.8	40.0	24.2	**64.4**	26.3	7.9	23.3	**55.6**	20.4
贝宁	21.2	**44.6**	31.3	13.3	**52.2**	30.3	29.4	34.1	32.2	26.3	30.1	40.2

数据来源：各国的人口与健康调查。粗体字为笔者设置。

除塞拉利昂、利比里亚两国外，其他国家管理自己收入的女性都超半数。但如表 0-2 所示，已婚妇女个人健康管理的决策者不仅不是自己，能够与丈夫共同决策的也不多，尼日利亚、塞内加尔、马里、尼日尔四国有超半数的女性回答在此事项上决策者是丈夫。关于"家庭大额资产购置""日常家庭采购""妻子外出探亲"，上述四国女性的回答也是"由丈夫决策"居多，妻子和丈夫共同决策的比例也很高。而且，这四个国家的女性管理自己收入的比例也很高。由此可见，在这样的西非国家，即便女性可以获得并管理收入，也并不意味着其有家庭决策权。

　　前文基于统计数据探讨了女性收入和女性在家庭内部参与决策的情况，结果表明，即便在能够获得收入并管理自己的收入的女性比例很高的国家，进行家庭决策的女性比例也未必高。但是，本节前面回顾的研究案例并未明确女性获得收入对性别角色、力量关系及决策过程产生了什么影响。安·怀特黑德（Ann Whitehead）用"婚姻契约"（conjugal contract）一词表示丈夫和妻子在家庭内部进行的物资、收入和劳动力等服务的交换。为满足夫妻个人或者家庭的需求，需要对夫妻双方生产的产品及收入进行分配。但是，夫妻间存在不平等的力量关系，这种不平等的关系随着产品、收入、服务等在家庭内部的分配而更加明显，因此夫妻间会产生利益上的纠葛。家庭内部的个人关系是建立在男女经济、社会地位不平等及性别意识的基础上的，它反映了家庭外部的结构、地位（Whitehead 1981，93-116）。

　　由此可见，夫妻间存在不平等的力量关系，同时也受家庭外部性别不平等的影响。为改善这种性别不平等，援助机构等实施了大量以女性为对象的创收活动，帮助女性获得传统性别角色分工中没有的、来自家庭外部的收入。这种性别角色分工的变化对女性和男性的认知和行为产生了什么影响？分析这一问题，对探讨本书的课题"女性在何种情况下更能参与家庭资源分配的决策"来说是必要的。这是因为大部分创收活动都是在"女性获得并管理收入会提高其家庭决策权"这一前提下实施的。

　　下一章将探讨援助机构应如何实施以发展中国家的女性为对象的项目。此外，下文将以笔者参与的日本国际协力机构在尼日利亚实施的技术合作项目为例，介绍以女性为对象的援助项目会对女性及其家人产生什么影响。

注释

　　（1）人口与健康调查是在美国国际开发署（United States Agency

for International Development，USAID）的支持下从 1984 年开始实施的全球性健康调查。截至 2012 年，已经在 90 多个国家开展了 260 余次调查。

（2）人口与健康调查调查了有多少已婚妇女单独或和丈夫一起进行这四项决策。

（3）例如，在整个撒哈拉以南非洲地区，有 65.7% 的女性的个人健康有关事项的决策是由她们的丈夫单独做出的。

（4）性别角色是指在社会中根据规范和传统，男性和女性应如何行动、思考、认知，以及社会期望他们承担的责任和义务（March et al. 1999，18）。参见绪论第二节。

（5）パール（1994）以对夫妻双方的访谈为基础，阐述了英国的夫妻是如何管理家庭经济的。

（6）尼日利亚的行政结构是联邦政府下设 36 个州政府，各州又下设多个地方政府。

（7）原文采用村松（2005）的译法「新しい家計の経済学」。还可以译为「新家庭経済学」（久場 2002）。

（8）金井（1988）从研讨会"家庭：不断变化的形态和功能"的资料中引用了 "Household: Comparative and Historical Studies of the Domestic Group Netting, Robert McC., Richard R. Wilk & Eric J. Arnold Eds.（1981）"。但笔者未能找到原文。

（9）复合住宅是非洲常见的集合居住形式，这是与扩展家庭制度相适应的一种居住形式。虽然民族不同形式也有差异，但住宅内都分布了户主的房屋、各位妻子的房屋、谷物仓库、家畜的畜圈等（藤井他 1999）。

（10）人口与健康调查网址为：http://www.measuredhs.com/（2012 年 12 月 4 日访问）。人口与健康调查中原本就有关于性别的调查项目，1999 年以后的调查中，在关于家庭决策的问题中增加了本文所述的五个项目。

一、提高女性收入的活动有效果吗？

本章将概述开展提高女性收入的援助活动的背景，并回顾对发展中国家女性实施援助的历程。本章尤其聚焦本书所研究的以尼日利亚女性为对象的援助，通过日本国际协力机构在尼日利亚实施的技术合作项目"增加妇女发展中心活力，改善女性生活"，探讨以女性为对象的发展援助事业对受益者产生了何种影响。

1. 对发展中国家女性实施援助的历程

1972年，时任世界银行总裁罗伯特·麦克纳马拉（Robert McNamara）提出要消除贫困，以此为契机，国际组织内部开始推出名为"创收项目"（Income Generating Projects）的政策，特别鼓励开展面向贫困阶层女性的创收项目（伊藤1995，64-65）。政府机构、各国的援助机构、非政府组织（Non-Governmental Organization，NGO）等纷纷在各地实施以女性为对象的创收项目。1975年"联合国妇女十年（1976—1985）"倡议提出后，以低收入女性为对象的直接干预活动蓬勃开展，联合国设置了以增加女性经济活动为目标的特别预算，随之涌现出为数众多的女性创收项目（Duvinić 1986）。

但是这些创收项目多数是让女性从事裁缝、编织等生产活动，没有改变既有的性别角色分工（伊藤 1995，64-65）。此外，大部分面向贫困阶层女性的创收项目是由非政府组织实施的小规模项目，发展援助机构实施的项目也倾向于赠与的方式。面向男性的小规模创业项目多与面向女性的创收项目区别开来，女性的收入一般被视为辅助性收入，也就相当于"零花钱"（モーザ 1996，102-103）。进而，由于强调女性的生产活动，女性的家务、育儿等再生产活动以及她们在社区的无偿劳动则被忽视，这增大了女性的劳动负担（伊藤 1995，64-65；モーザ 1996，102-104；村松 2005，60-64）。

如上所述，以女性为对象的创收活动本应以让女性参加经济活动为目标，但以以下三个原因导致其从实施起就变成了以福利为目标的活动，背离了初衷：一是以女性为对象的干预方式更倾向于社会活动，而不是生产活动；二是以女性为对象的项目是由福利领域的女性组织负责的；三是大多数福利组织都是女性组织且财力较弱。上述原因导致面向女性的创收项目变成了福利导向的项目（Buvinić 1986，661-665）。

许多创收和信用贷款项目都鼓励女性抱团（Kabeer 1994，30-33；モーザ 1996，109-115；ヌスバウム 2005，336-343）。但是，组成团队参加创收项目真的会比以个人方式参加更具生产性吗？

笔者对乌干达西南部一个农村社区里 8 个由 9—20 名女性成员组成的创收小组和 12 位以个人方式参加经济活动的女性进行了比较，结果表明，个人活动的女性比小组创造了更多的经济效益。在小组内活动需要办理组织手续并要维持社会关系，这些都会影响生产效率。发展援助机构认为除收入之外，小组活动的优点还在于成员间相互扶持、进行技术研修、培养领导力，这是女性赋权过程中非常重要的一环。小组成员要认真做记录、出席小组活动，在这上面花费很多时间。此外，小组成员间必须维持良好的关系，有时需要回避或延迟做出决策，这样也会错失扩大创收活动的时机（Pickering et al. 1996）。

的确，创收或信用贷款项目也许会改变男性和女性的力量关系，但是获得收入未必就意味着获得管理资源的权力或能够参加社会、经济、政治决策（Longwe 1991；Endeley 2001，39）。在喀麦隆的莫哈末社区，女性在结婚前可以管理自己的收入和其他资源，但在婚后比起地位和管理权，她们更重视婚姻关系。与经济方面的决策权相比，莫哈末女性更看中自己已婚妇女的地位。因此，大多数莫哈末女性根本不会去挑战传统的力量关系。此外，无论男性还是女性，在欢迎女性创收活动的同时，理所当然地认为女性应继续从事传统活动、维持既有的性别角色（Endeley 2001，39-40）。

在非洲的许多一夫多妻制社会中，女性有责任为子女提供食物、养育子女，丈夫仅或多或少地为妻子提供一些补贴。在面对这样的不确定性时，女性会最大限度地提高自己的独立性（Kandiyoti 1988）。但是，女性必须考虑收入的高低。尼日利亚南部的约鲁巴女性能够管理自己的收入，但家庭决策力却很低。西方社会认为女性经济能力的提高及获得经济上的独立是好事，但在约鲁巴家庭看来，这会对家庭规范产生消极影响，并不是什么好事。妻子和丈夫不了解对方的收入和财产，互相隐瞒。即便妻子有收入，也会隐瞒自己的收入情况，在购买家庭所需物资时让丈夫出钱（Staveren & Odebode 2007，920）。约鲁巴女性用于家庭消费的个人收入占比高于男性，男性将收入用于个人消费。理想的男性形象是作为家长延续家族，并作为男性地位的象征发挥作用。多数女性认为，如果丈夫知道妻子增加了对家庭的贡献额，他们就会降低自己对家庭的贡献额。另外，很多女性也支付了本应由丈夫承担的费用。因为子女的抚养权在父亲，所以面对男性减少家庭所需支出的情况时，女性很难做出报复或者弃夫而去的选择。为了不离开子女，女性努力维护和丈夫的良好关系（Staveren & Odebode 2007，924）。

创收项目的目的是提高女性的收入。但是，提高女性的经济能力只是提高女性地位的必要条件，而不是充分条件（Deere 1976，15）。

在发展援助中，改变不平等的性别关系已经成为一个课题。虽然实施了以改善女性生活、提高女性地位为目标的女性创收项目，但女性获得收入后，实际参与家庭决策的程度又是怎样的呢？

2. 在尼日利亚实施的女性援助活动

（1）国家层面实施女性援助的历程

如前文所述，20 世纪 70 年代，为改善性别不平等问题而实施的女性创收活动盛行一时，尼日利亚也同样做出了种种努力。下文将分别回顾国家层面以及日本国际协力机构在卡诺州实施援助的历程。首先，尼日利亚联邦政府受始于 1976 年的"联合国妇女十年（1976—1985）"倡议的影响，在社会发展与青年体育部下设立了妇女发展部。20 世纪 80 年代，女性创收活动日益盛行，其后，提高女性地位的相关制度也不断完善（チュクマ 1994, 33）。

1987 年，时任总统易卜拉欣·巴班吉达（Ibrahim Babangida）的夫人发起了"美好生活计划"（Better Life Program, BLP），为提高农村妇女生活水平，该计划在全国范围内开展了农业、卫生、识字、手工制作、成立合作社等多种活动，尤其在全国设立了妇女发展中心（Women Development Centre, WDC）提供技术培训和识字教育（Faoloa 1991, 196）。在联邦层面由总统夫人出面、在州层面由州长夫人出面、在地方政府层面由地方首长夫人出面担任各级"美好生活计划"的委员长，动员农村妇女参与其中。1992 年，在尼日利亚首都设立了国家妇女发展中心作为"美好生活计划"本部（BLP 1994, 1-3）。1994 年，时任总统萨尼·阿巴查（Sani Abacha）的夫人开始实施"家庭援助计划"（Family Support Program, FSP），该计划以提高家庭福祉为目的，与"美好生活计划"一样自上而下推进，一直持续到 1998 年。从 1987 年至 1998 年，"美好生活计划和"家庭援助计划"为女性提供了最基础的教育，为她们创造了提高收入的机会，改变了她们的认知，并为以后相关的女性活动培养出一批人才（UNICEF 2001，181；The Guardian in Nigeria 2010）。

妇女发展中心的外观

如表 1-1 所示，在"美好生活计划"实施的第二年，卡诺州也正式启动该计划，截至 1991 年在州内共开设了 28 处妇女发展中心，为成年女性提供了识字、学习裁缝和食品加工等技术的场所。妇女发展中心的课程是免费的，有时也会向毕业生提供缝纫机、磨粉机等设备，以及材料和小额信用贷款（BLP Kano State 1991）。此外，政府还鼓励加入"美好生活计划"进行经济活动的女性和在中心学习技术的女性组成合作社，以合作社身份在州政府登记的话，可以成为设备、材料、信用贷款的发放对象。因此，在卡诺州成立了很多妇女合作社，涉及加工食品的制造销售、农产品加工、裁缝、肥皂制作等多个领域（BLP Kano State 1994）。"'美好生活计划'实施前，人们都恐惧西式教育，不让女儿进入实施西式教育的学校。在'美好生活计划'开展了有关社区的启蒙活动后，越来越多的父母开始关注女性教育。"（BLP Kano 1991）由此也可以看出，在20世纪80年代后半期的卡诺州，女性教育并不受欢迎。

表1-1　尼日利亚及卡诺州提高女性地位举措的变迁

国家的举措	卡诺州的举措
1976年，在社会发展与青年体育部下设立了妇女发展部	—
1982年，设立发展和妇女国家委员会	—
1986年，联邦教育部在全国设立了88个妇女教育中心（妇女发展中心的前身）	
1987年，发起"美好生活计划"；在全国设立妇女发展中心	1988年，开始实施"美好生活计划"；设立州妇女事务理事会
1989年，设立妇女审议会	
1992年，在首都设立了国家妇女发展中心作为"美好生活计划"本部	1991年，州妇女事务理事会改为妇女委员会；1988年以后共在州内设立28处妇女发展中心
1994年，开始实施"家庭援助计划"（该计划持续到1998年）	1994年，开始实施"家庭援助计划"
1995年，妇女审议会升级为联邦妇女事务与社会发展部	1995年，设立州妇女事务与社会发展部
1999年，民政移交新政府管理，新宪法发布；国家妇女发展中心成为联邦女性部附属机构，小学、中学教育义务化、无偿化（UBE）	1997年，在州登记的妇女合作社超400个
2000年，制定国家妇女政策；开始实行面向妇女的信用贷款	2000年以后，由国际援助机构实施的女性教育援助、儿童预防接种、妇幼保健援助不断增多（国际机构、国际非政府组织）；女性教育、妇幼保健的重要性得到重视

续表

国家的举措	卡诺州的举措
2001—2005 年，国家妇女发展中心实施了全国妇女中心的现状调查	2002 年，引入伊斯兰教法
2006 年，全国女性评议会决议通过"增加妇女发展中心活力的指导方针"，着手制定国家性别政策	2003 年，设立监督教法实施的行政机构

数据来源：BLP (1991)；BLP Kano State (1994)；FSP Kano (1997)；FMWASD (2000)；FMWASD (2006)；FMWASD (2009)。

1999 年民主化改革之后，妇女发展中心失去了其国家级项目的地位，转为由各地方行政区管辖，州妇女部无法继续参与其中。作为国家级项目时，妇女发展中心预算充足，但地方行政区预算中并未给妇女发展中心留出充足的份额，所以很多妇女发展中心日趋荒废。在2001 年至 2005 年间实施的全国范围内妇女发展中心情况调查表明，多数中心设施老化，设备、材料不足，来中心的妇女减少（NCWD 2003）。通过这份全国调查可知，在卡诺州的 400 个地方行政区中共设立了 51 处妇女发展中心，但因为预算不足及管理问题，大部分妇女发展中心并未在提高女性生活技能这一根本目标上做出贡献（NCWD 2003）。进而，国家妇女发展中心于 2004 年对卡诺州的 10 处妇女发展中心进行了情况调查，发现除设备老化、预算不足等问题外，中心的理念也并未得到合作社的认同，如存在"合作社成员并不认为妇女发展中心对自己有帮助""丈夫认为妻子每天到妇女发展中心学习并非好事"等情况（NCWD 2004，22-24）。

在 2004 年召开的全国妇女理事会[1]上，尼日利亚国家妇女发展中心报告了上述调查结果，这让相关部门认识到了增加妇女发展中心活力的必要性。2006 年，全国妇女理事会通过决议，由国家妇女发展中心牵头制定、实施"增加妇女发展中心活力的指导方针"，开始致力于将妇女发展中心转化为妇女学习技术的场所（FMWASD 2009，14）。

（2）日本国际协力机构的技术合作项目

日本国际协力机构决定帮助尼日利亚国家妇女发展中心制定"增加妇女发展中心活力的指导方针"，并于 2007 年 1 月开始实施为期 3 年的"增加妇女发展中心活力，改善女性生活"项目（以下简称"项目"）。为制定指导方针，首先需要树立搞活妇女发展中心的榜样，因此该项目先在尼日利亚北部卡诺州的 6 处妇女发展中心实施了搞活活动[2]。为增加妇女发展中心活力，项目制定了三个目标：提高妇女发展中心的服务质量；提高合作社对妇女发展中心的认同；提高妇女发展中心的管理水平。首先，如果妇女发展中心不按妇女的需求提供服务的话，就无法吸引她们前来。其次，在卡诺州，如果没有丈夫的许可，妻子很难外出，因此让社区里的丈夫以及宗教领袖、传统领袖们认识到"妇女发展中心是对妇女有帮助的地方"这一点非常重要。最后，如果无法很好地管理、运营中心的活动，则很难实现活动的可持续性。为了实现上述三个目标，该项目实施了各种各样的活动（NCWD/JICA 2008）。

针对第一个目标，项目组织了妇女发展中心的讲师参加提高技术的研修，到其他州先进的妇女发展中心学习、访问，帮助妇女发展中心毕业生创业等。妇女发展中心的课程包括识字、裁缝、编织、食品加工、肥皂制作等，但存在着设备、材料的长期短缺以及讲师进修机会少的问题。于是，项目实施了提高讲师技能的研修活动。另外，为了帮助毕业生运用在妇女发展中心所学技术进行经济活动，项目制定并开始实施了以弹性贷款（小额贷款，每月偿还一部分）的方式向优秀毕业生租借缝纫机、编织机等设备的援助。毕业生按时、定期偿还设备贷款，妇女发展中心用这部分还款购买下一批用于援助毕业生的设备。这种将项目提供的设备作为本金的设备贷款制度发挥了很大作用（NCWD/JICA 2008）。

针对第二个目标，项目开展了很多宣传活动，包括在广播节目中

在妇女发展中心学习缝纫机操作的妇女

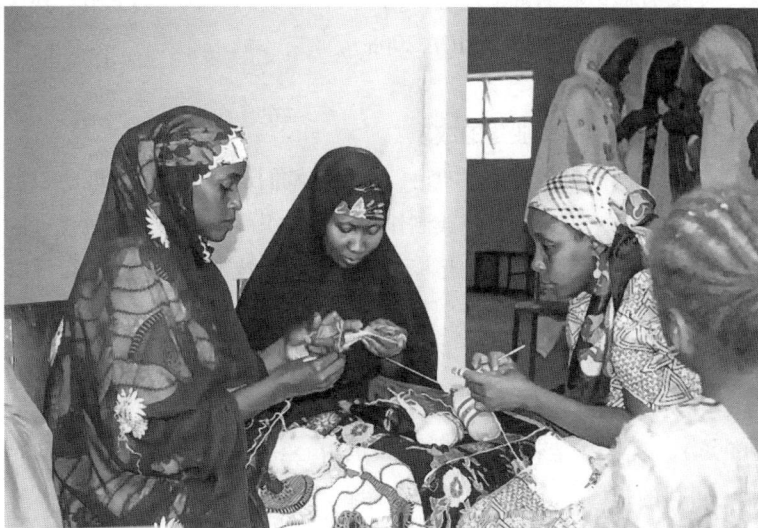

在妇女发展中心积极学习编织技术的妇女

宣传妇女发展中心的优点，在社区里上演剧目向人们传达妇女发展中心带来的改变等。当地有对已婚妇女实行性别隔离的习惯，所以妇女们大部分时间都待在家中，很多人获取信息的途径就是广播。因此，该项目连续三个月播放介绍妇女发展中心活动的广播节目。在节目中出场的有妇女发展中心的讲师、毕业生及其丈夫，还有社区的领导等，他们介绍了妇女发展中心的活动及影响。广播节目得到了好评，获得了如"丈夫听了广播后，了解了妇女发展中心""以去妇女发展中心为荣""扩大了女性的视野"等反馈（NCWD/JICA 2008）。

针对第三个目标，项目实施了旨在提高妇女发展中心讲师处理事务能力的措施，这些事务包括记录学生出勤、管理设备及材料、会计等。项目实施之前，妇女发展中心的讲师及负责管理的公务员都无法明确回答"有多少位学员""有几台缝纫机，其中有几台出现了故障""地方政府会在什么时候提供多少材料"等问题。妇女发展中心在"记录""保存文件""撰写报告""人员分工""共享妇女发展中心的决策"等经营管理方面做得不够充分。通过旨在提高管理能力的进修，妇女发展中心的讲师理解了记录与保管资料、制定规章制度等管理能力的重要性（NCWD/JICA 2008）。

妇女发展中心毕业生的故事

很多妇女向笔者诉说了自己的变化，她们运用在妇女发展中心学到的技术，在家里从事裁缝或制作、销售编织品等活动，从而有了自己的收入。妇女发展中心的目标是让女性掌握技术，并开始进行可以获得收入的经济活动，因此，上述变化是可以预见的。但是，在获得收入外，她们还出现了许多变化。如掌握技术、获得收入后变得自信了，和讲师及其他学员进行交流后变得外向了，等等（NCWD/JICA 2009b）。以下内容来自国家妇女发展中心和日本国际协力机构的简报，讲述的是妇女从中心毕业后开始经济活动的故事。

玛丽亚(化名,25岁)在妇女发展中心的裁缝班学习了6个月。她以前不擅长与人打交道,与亲属往来让她感到很疲惫。但在妇女发展中心每天接触不同背景的人,让她变得十分擅于社交,她很享受和每天来家里订衣服的顾客聊天,和丈夫那边的亲属相处得也很愉快。此外,她加入了一个名为"妇女裁缝师工会"的组织,在那里担任会计,她还希望以后可以成为该组织的负责人。

玛丽亚(化名,40岁)在去年2月成立的妇女发展中心学习缝纫。她的丈夫在地方政府工作,丈夫听到了妇女发展中心成立的消息后为她提交了入学申请书。从妇女发展中心毕业后,她在家承接妇女、儿童服装的订单,也会制作一些窗帘、床单。缝纫机是丈夫买给她的。她会用赚到的钱购买食物和家庭用品,或者用于子女的教育。她每月用于家庭的数额是10000N[3]。她的9位子女中有2位在上大学,这些孩子是玛丽亚的骄傲。她自己仅读完了小学,但她希望她的所有子女都能上大学,并为此每天踩动着缝纫机的踏板。除裁缝外,她说自己在妇女发展中心还学到了有关健康、卫生、营养的知识,这也提高了她和家人的生活水平。现在她经常打扫家里卫生以保持清洁,还要确保水源干净,注意营养,预防疾病。

苏玛雅(化名,41岁)在妇女发展中心学习了6个月的编织技术。她离婚后带着8岁的孩子在娘家和父母一起生活。她的娘家是一个有100多人的扩展家庭,在一个大院子里共同生活。她说自己在去妇女发展中心之前整日无所事事,去亲属的房间串门也被亲属嫌弃。现在,她每天在家忙了编织,过得很充实。她把赚到的钱用在了孩子的教育和父母的必需品上(NCWD/JICA 2009a)。

妇女发展中心毕业生的丈夫们的故事

妇女发展中心毕业生的丈夫们在妻子学会裁缝、编织技术并赚到钱后，都认为"妻子帮忙补贴了家用"。在尼日利亚北部的豪萨社会，为家庭提供必要的食物、住所、衣服、教育等责任全在男性，但现实是在严峻的经济形势下，仅凭丈夫一人的收入很难维持家庭支出，往往一点微不足道的费用就会引发夫妻争吵。但自从妻子做出经济贡献后，这种争吵也减少了（NCWD/JICA 2009a）。

妻子赚了零花钱后，会购买洗涤剂、孩子的点心等小东西。虽然我也不清楚妻子究竟赚了多少钱，但是家里的东西变多了，妻子和孩子们也穿上了漂亮的衣服，妻子焕发了生机。虽然妻子忙于裁缝、编织，但是我们再也不会因为琐事吵架了（妇女发展中心毕业生的丈夫）（NCWD/JICA 2009a）。

在妇女发展中心获得各种信息，学习读书写字，并和其他学员及讲师进行交流，使"妻子变得擅长社交并懂得了很多事情，也能够提出好的建议，所以我更愿意倾听妻子的声音了"。还有人认为"现在可以和妻子一起商量家里的事情了"。此外，妻子在妇女发展中心学到了卫生保健知识，所以也有人说"家里变干净了，也学会了预防疾病，家人都更健康了"，"妻子开始关注孩子的健康和卫生，并能检查孩子的家庭作业，更关注孩子的教育了"（NCWD/JICA 2009a）。看见妻子的变化后，有的丈夫为妻子购买了缝纫机，去市场为妻子采购原料，甚至还会帮助妻子打扫、做饭、照顾子女。在社区里，人们认为帮妻子做家务的丈夫是"妻管严"，但是这些毕业生的丈夫开始意识到"无论是家务还是赚钱都应该是夫妻二人共同承担的责任"。另外，社区领袖也开始认同妇女发展中心的活动，鼓励社区里的男性将妻子和女儿送到妇女发展中心学习，社区居民认识的变化是肉眼可见的（NCWD/JICA 2009a）。

同龄女性在妇女发展中心谈笑风生

（3）项目经验

在评价提高女性收入的项目时，往往使用"获得了多少收入"这一经济性评价指标。但是，获得及管理收入未必就意味着女性可以决定家庭的日常采购和自己的外出。已有研究中有这样的案例，女性获得收入后，男性就不再把自己的收入用于家庭，甚至引发了家庭暴力，女性获得收入未必就会提高其生活水平（Pottier 1994；Silberschmidt 2001）。在尼日利亚实施的增加妇女发展中心活力的项目表明，男性和女性都不认为妇女发展中心的效果仅仅在于提高女性经济能力。对他们来说，经济能力的提高并不等同于妇女生活水平的提高。将收入用于家庭所需，从而和家庭成员保持良好的关系、通过生产产品获得自信、制订具体的未来目标、构建起个人社会网络，这些积极的变化才意味着生活水平的提高。

性别问题的根源在于存在一种非对称的力量关系，即便在最亲密的家庭关系中也存在这种问题。它很难通过一次性干预解决，而需要全面的、长期的努力。从这个项目中，我们明白了促进女性进步的活动不应仅以女性为对象，而是应该同时面向丈夫、父亲以及社区中有发言权的人进行启蒙活动。即便在短期内不得不面对现有的性别规范，但应以性别平等为长期目标，切实完成眼下可行的事情，这才是必要的援助。

注释

（1）性别问题的最高决策机构，由全国妇女部和女性相关组织构成。

（2）日本国际协力机构实施的技术合作项目。"增加妇女发展中心活力，改善女性生活（第一阶段）"的起止时间是 2007 年 1 月至 2010 年 1 月，"第二阶段"的起止时间是 2011 年 2 月至 2015 年 2 月。

（3）尼日利亚货币单位奈拉（Naria）的缩写。2010 年 9 月汇率为 1 美元 ≈ 151 奈拉（2020 年 8 月时汇率约为 1 美元 ≈ 388.4 奈拉）。

二、关于家庭决策的研究动态

本章将梳理有关家庭决策的已有研究。发展援助实践认为"女性拥有经济能力就能参与家庭决策"，本章将探讨到目前为止围绕女性参与家庭资源分配决策都有哪些研究并得出了什么结论。

1. 围绕家庭资源分配的决策

本节将整理有关家庭资源分配决策的已有研究，并围绕家庭内部的力量关系与资源分配的关系，以及决定家庭决策过程中谈判力的主要因素展开说明。另外，本书所探讨的家庭决策仅限于与资源分配相关的决策。即使资源增加，家庭成员获得这些资源的能力，以及发挥这些能力的机会也存在差异。在这种管理资源的力量关系不平等的情况下，家庭成员间会进行怎样的资源交换？本书将关注上述问题，也就是在家庭资源整体增加的情况下，其利益是否能平等地分配到每位家庭成员这一问题。

卡比尔将女性赋权理解为赋予女性"行使选择权的能力"（ability to exercise choice），这种"行使选择权的能力"的主要因素包括资源（resources）、行为主体（agency）、成就（achievements），资源不仅包括经济学中的物质资源，还包括强化女性选择权所必需的人文社会资源。资源可以从家庭、市场、社区等这种社会关系中获得，不仅包括实际的分配（allocations），还表现为未来的诉求（claims）和期待（expectations）（Kabeer 1999，437）。资源的获得反映了不同制度领域中决定分配和交换的规则和规范。这些规则和规范赋予了一些人决定分配和交换原则的权限。而且，"可分配"（allocative）资源的分配往往被包含在"有权威的"（authoritative）资源的分配中。获取资源是女性赋权的必要条件，看上去妇女获得资源之后就自然能够进行选择，但事实上，与其说资源是已经实现的选择，不如说是潜在的能力。如何将女性所拥有的资源转化为可以选择的能力，还要看其他方面的因素（Kabeer 1999，443）。此外，资源和行为主体共同构成了一种能力，这种能力就是阿马蒂亚·森所提倡的"人能够活出自己想要的样子、实现各种功能性活动（functionings）的潜在能力"（Kabeer 1999，438）。如上所述，"资源"被视为"行使选择权的能力"的必要条件之一，其代表一种潜力，但能否实现还受其他因素影响。

家庭资源分配有两种模式，一种是单一家庭模型（unitary household mode），由利他主义的家长决定资源分配以使家庭整体受益，另外一种是集体模型（collective mode），即根据每个家庭成员话语权的大小进行资源分配。下文将概述单一家庭模型和集体模型的思路。在关于家庭资源的已有研究中，有一些研究是通过家计管理的定性调查来辨明资源在家庭内部的实际分配过程的，本书将从这类研究入手展开讨论。虽然家庭成员通过谈判分配资源，但家庭是一种共享体验的特殊关系，家庭成员之间既有对立关系也有合作关系，本节将在最后探讨这种"合作博弈模型"。

单一家庭模型

20 世纪 60 年代后兴起了"新家庭经济学"（new home economics），新家庭经济学试图阐明被以往的主流经济学视为"黑箱"（black box）

问题而未被涉及的家庭劳动及生产性角色。该学派发展了新古典经济学的理论，尝试对家庭内部的家务劳动进行经济性评价，并将性别角色与家庭外部问题联系起来进行理解（久场 2002，17-49）。保罗·塞缪尔森（Paul Samuelson）认为家庭成员是能够将各自效用最大化的单位，并提出了共识模型（consensus mode），即家庭成员一开始对资源分配达成共识，这一共识将体现为家庭整体偏好。在这个模型中，个人的收入将被用作共同的预算（Samuelson 1956）。

新家庭经济学的代表学者贝克尔将家庭行为和企业行为联系起来，认为家庭既是生产者也是消费者，遵循和企业一样的成本最小化原则，将物品和时间统筹起来生产商品（Becker 1965）。而且，家庭成员在家庭整体利益最大化的目标下行动，由利他主义的家长决定资源分配以使家庭整体受益。此外，他认为，基于"比较优势"的家庭分工能实现家庭效用和利益的最大化，他对性别分工进行如下说明：在劳动力市场男性更具有生产优势，在家务劳动中女性更具有生产优势，所以丈夫从事雇佣劳动等有偿劳动，妻子从事家务、育儿等无偿劳动，这是有利于家庭利益最大化的（Becker 1981）。

村松（2005）指出，女性经济学家对新家庭经济学的批判，揭示了新家庭经济学所依据的三项假设前提。第一，家庭是由丈夫、妻子、子女组成的小家庭；第二，在家庭内部，夫妻拥有平等的决策权，家庭是一个单位；第三，男性在外从事生产劳动，女性从事家务。将家庭视为一个单位的家计被称为单一家庭模型（Quisumbing 2003）。

对单一家庭模型的批判

单一家庭模型的前提是家庭成员共享收入，家庭劳动力被有效地分配到生产活动中。但是，近年很多对单一家庭模型的研究否定了这一前提（世界银行 2002）。

首先，如果共享收入，那么往家庭中追加资源时所产生的影响应该与由谁管理家计无关（世界银行 2002）。但是一项基于孟加拉国、埃塞俄比亚、印度尼西亚、南非的家庭调查数据的研究表明，女性管理资源会对子女的教育、衣物的支出分配产生积极影响，不同的人管理资源会对家庭资源的分配产生影响（Quisumbing & Maluccio 1999）。另外，Thomas（1997）调查了在巴西分别由男性和女性管理生活必需品支出预算时的差异，发现当女性的可支配资源增加时，她们在健康、教育、娱乐、婚丧嫁娶、食物等方面的支出有所增加，对子女的营养状态产生积极影响。这个案例也说明了由不同的人管理资源会对家庭资源分配产生不同影响。

其次，如果家庭劳动力要被有效地分配到生产活动中的话，那么家庭成员分配劳动力及其他资源应该是以生产活动利益最大化为目的的（世界银行 2002）。但是，在喀麦隆实施的水稻项目中，妻子到丈夫管理的稻田中劳作需要丈夫支付报酬，而且无论丈夫提供多好的条件，妻子还是更愿意在自己管理、收获的高粱地里劳作，因此丈夫的稻田劳动力不足，而妻子的高粱地则劳动力过剩。也就是说，在家庭内部，丈夫和妻子并没有将劳动力有效地分配到生产活动中，而是各顾各劳作，导致效率低下（Jones 1983）。此外，在布基纳法索，妻子管理的农田中投入的男性、子女以及雇佣劳动力和肥料都很少，相反，丈夫管理的农田却投入过剩，所以在家庭内部，即使在同一年种植同一种作物，妻子的农田产量也很少（Udry 1996）。由此可见，在家庭内部，家庭成员并没有以生产活动利益最大化为目的而有效地分配资源。

单一家庭模型将家庭视为一个单一的单位，为了家庭利益最大化，由利他主义的家长进行资源分配，其前提是家庭成员共享家庭资源、家庭资源得到有效分配。但很多研究表明，现实中有很多不符合这一前提的情况。那么，否定单一家庭模型的研究又是如何解释家庭资源分配的呢？

集体模型

如前所述，许多对单一家庭模型的研究都提出了单一家庭模型无法解释的案例，如家庭成员由于不同的偏好而围绕家庭资源产生纠纷，以及力量关系的不平等导致家庭成员对决策过程的参与度不同等，研究表明，单一家庭模型没有顾及家庭内部不平衡的关系（Quisumbing 2003）。

集体模型又称为"议价模型"（bargaining mode），它又分为合作型（cooperative approach）和非合作型（non-cooperative approach）。合作型可以理解为个人为获得更多利益而结成家庭，关注在家庭成员间分配剩余产品时的分配规则。而非合作型认为家庭成员不仅偏好不同，而且都作为独立个体行动，在家庭中，个体能够对个体的收入、土地、物品、劳动力提出互惠性要求，夫妻分别管理各自的收支（Haddad et al. 1997，1-16）。

Manser & Brown（1980）、McElroy & Horney（1981）运用了约翰·纳什（John Nash）的博弈论，提出了集体模型，认为家庭资源分配是家庭成员间博弈的结果（Quisumbing 2003）。在合作型的集体模型下，家庭成员的谈判底线高低决定了特定的帕累托最优资源分配（Haddad & Hoddinott 1997）。谈判底线代表了资源分配协商过程中家庭共识破裂时个人的议价能力，底线越高，个人议价能力越高。Manser & Brown（1980）、McElroy & Horney（1981）指出，在离婚的情况中，丈夫和妻子的个人效用决定了各自谈判底线的高低。女性离婚后返回娘家的可能性是外部参数，因此为了现在和将来的利益，女性就必须在日常生活中对娘家的父母进行投资，长期投资能够形成相互帮助的关系（McElroy 1990，556）。

集体模型认为家庭资源如何分配取决于家庭成员谈判力的强弱，很多已有研究辨明了可以提高谈判力的因素（Quisumbing 2003）。丈夫和妻子各自的谈判力受到本人资质、认知及家庭外部情况的影响。本人的资质包括和对方的年龄差、受教育程度、结婚时的财产、自己能够管理的收入及财产（Mabsout & van Staveren 2010）、本人的技能、获取信息的途径、社会网络及来自扩展家庭的支持（Agarwal 1997）等因素。另外，本人的认知是指对家庭贡献度的认识、自信程度、对自身价值的关心程度，这些因素都会影响谈判力（Sen 1990）。此外，研究还表明对非劳动收入、转移支付（transfer payments）、福利收入（welfare receipt）等经济资源的支配权，与婚姻相关的法律权利、土地及财产的所有权、离婚时分割财产的权利等制度环境，以及性别规范对经济活动允许或禁止的程度、加入各种社会团体、和亲属的联系、身体的健康程度、社区对家庭暴力的态度及法律制度环境等因素也会对谈判力产生影响（世界银行 2002）。

对集体模型的批判

在集体模型下，为提高女性在谈判中的地位，会努力增加女性的收入、储蓄、财产，但这样也会导致男性对家庭贡献的减少。在不平等的性别制度下，对称经济学范式会助长男性的"搭便车"行为（Staveren & Odebode 2007，923）。集体模型是分析两性关系的有效方法，但是它没有对性别的不对称性给予足够的关注。另外，虽然这一模型涉及了家庭内部性别因素导致的相互关系的复杂性，但没有研究家庭外部因素对家庭资源分配产生的影响。集体模型具有通过"谈判"形成的动态性特征，但它没有对社会规范和认知对谈判过程产生的影响给予足够关注（Agarwal 1997，2）。

集体模型聚焦于丈夫和妻子，但在现实生活中，子女的问题也是十分重要的。以尼日利亚南部的约鲁巴人为例，对于男性来说，子女是确保其"男子汉气概"的必要条件。如果女性丢下子女和丈夫离婚，那么子女将由奶奶或父亲的其他妻子抚养。即便女性认识到自己的家庭地位很低，但为了子女不被夺走，也会维系婚姻关系，这导致了其谈判力降低（Staveren & Odebode 2007，923）。另外，本书所研究的尼日利亚北部的豪萨社会对已婚妇女实行性别隔离，女性在经济活动中购买材料、销售商品都是以子女为中介的，因此子女也是必需的（Callaway 1987；Schildkrout 2002）。

家庭内部的资源交换并不仅仅是由"谈判"引发的对立，也是一种不得不进行的合作，家庭成员各自对家庭做出了多少贡献、对个人利益价值做出何种自我评价和认知，都会对家庭资源的交换产生影响，这种影响仅凭"谈判力的强弱"是无法辨明的（Sen 1990）。

合作博弈模型

森使用家庭成员同时面对"合作"和"对立"的合作博弈模型[1]解释家庭资源分配。他指出在家庭内部，个人的认知会影响家庭资源分配，对"个人利益的认识"（perceived interest response）和"对家庭贡献度的认识"（perceived contribution response）越强烈，则在谈判中越有优势。而且，一个家庭成员在不与其他成员合作时的生存能力高低也会对谈判产生影响。

森认为家庭成员的关系不仅包括由谈判引发的"对立"，还包括在共同生活、共同利益和经历中产生的"一体感"（togetherness），因此，不同于资本家和劳动者间的斗争，家庭成员是在同时面对"合作"和"对立"的合作博弈模型下分配家庭资源的。合作是整合整个家庭的可能性，对立则是将整个家庭的可能性在成员间进行分配。由于男性和女性的家庭分工不同，所以各自的关注点也不同。当二者产生矛盾、需要确定优先级的时候就会进行谈判。为了从谈判中获取更大的利益，同时也为了获得在将来的谈判中更有利的地位，就需要更强的谈判能力。一般来说，人们期待通过"默认的协议"来解决这种家庭内部的对立，而几乎不强调对立。集体模型基于"博弈论"提出，家庭成员在各自谈判底线之上的福利水平（well-being）的高低会影响谈判结果，而受教育程度、经济能力等是影响谈判底线高低的主要因素，在此基础上，森指出个人的认知也会对家庭决策产生重大影响。

森指出，集体模型的一个局限性在于它没有明确区分不同成员对各自关注事项的不同认识和个体福利。在严峻的经济条件下，营养、健康、教育等主要客观资源的分配具有更高的优先级，而愉悦、满足、达成心愿等主观资源的分配则没有那么重要。另外一个局限性在于，在集体模型下，人们只关注与个人利益相关的有限信息并基于此进行谈判，但是不能忽视的是，哪些事项在社会中具有"正当性"也会对人们关注的个人利益产生影响。

在合作博弈模型下，提高家庭谈判力的主要因素有三个。第一，"对自身价值的认识"是必要的，越是能够认识到自身价值、关注自身利益，则越能够在谈判中具有优势；第二，认识到自己对家庭利益的贡献，或者其他成员认同自己对家庭的贡献，这种"对家庭贡献的认识"程度越高，对谈判就越有利；第三，家庭成员不与其他成员合作后是否能很好地生存，这一谈判底线的高低也是决定谈判力的重要因素。如果底线较低，那么不与对方合作后能很好地生存的程度也会很低，所以即便明知会产生不利后果，也只能接受对方的要求，即便心有不满也不得不顺从对方与之合作（Sen 1990）。在以往的集体模型下，有很多研究表明，提高女性谈判力的主要因素就是提高谈判底线。但是在森的研究中，除了提高谈判底线，还追加了家庭成员"认识"的重要性，这种"认识"并不是指对实际家庭贡献度的认识，而是本人或家庭成员认为其对家庭做出了多少贡献，这也是可以提高谈判力的因素。

而且，社会正当性这个概念也会对人们理解自身价值是什么、家庭贡献是什么产生影响。

上文概述了关于家庭资源分配的已有研究。单一家庭模型将家庭看作一个单位，家庭成员在家庭整体利益最大化的目标下行动，由利他主义的家长决定资源分配。集体模型指出了不适用单一家庭模型的案例，在该模型下，家庭成员在偏好出现分歧、利益关系发生冲突时进行谈判，资源分配由谈判结果决定。与此相对，在合作博弈模型下，家庭成员间不仅存在由谈判引发的对立关系，还存在一种因拥有共有的利益和经历而不得不进行合作的关系。关于提高谈判力的主要因素，集体模型认为包括和对方的年龄差、受教育程度、结婚前的财产、能够自己管理的收入及财产、本人的技术、获取信息的途径、社会网络及来自扩展家庭的支持等。集体模型提出了影响谈判力的要素是谈判底线的高低，即家庭成员在没有其他成员合作时是否能很好地生存。合作博弈模型在此基础上又追加了家庭成员对家庭贡献度的"认识"这一点。下节将探讨合作博弈模型中所列出的影响谈判力的主要因素。

2. 影响家庭决策中谈判力的主要因素

谈判底线的高低

如前文所述，谈判底线反映了家庭成员不与其他成员合作时能在何种程度上很好地生存，它体现了个人在谈判中的脆弱性或者强势度，是决定谈判力的重要因素。如果一个人结束谈判后的处境比谈判之前更不利的话，这将削弱其在后续谈判中获得有利结果的能力（Sen 1990，133）。决定个人谈判力的因素之一是其参与合作获得的利益和不参与合作也可以获得的利益的差异。如果不参与合作获得的利益比参与合作还多，那么合作就很难成立（Sen 1990，134）。在某个时期及下个时期，合作对立中的关系也是非常重要的。如果在某个时期内，胜利者获得了满意的结果及切身利益，则不仅限于该时期，他／她在未来也能够拥有更强的谈判力。例如，可以获得更好的教育、可以在社会上自由工作、能找到更有前途的工作等，这不仅对切身利益有帮助，还能获得技术，提高在未来谈判中的底线（Sen 1990，135）。

一般来讲，和男性相比，女性的谈判底线较低。一方面，女性需面对频繁的妊娠、育儿等性别导致的特有问题。女性因为要频繁妊娠、育儿，参与生产活动的时间有限，所以被认为对家庭的经济贡献度不高。另一方面，由于社会和文化的限制，女性接受高等教育、受雇参与创收活动的机会较少，而且需要面对财产所有权的限制，以及法律上对女性而言不利的限制。另外，社会规范限制了女性的活动，离异女性会受到歧视，这些也降低了女性的谈判底线（Sen 1990）。

某个家庭成员会威胁其他成员，"如果谈判破裂了，我会做出对你们不利的事情"，从而使其他成员陷入不利地位。"威胁"很容易左右谈判过程，对结果产生强烈影响。在谈判过程中，何事可以成为威胁，也会受到社会正当性的影响。"重复博弈"（repeated games）的性质让人相信该威胁会被实施（Sen 1990）。上文提到的集体模型所涉及的年龄、受教育程度等影响谈判力的因素，和提高谈判底线的主要因素是一致的。

对家庭贡献的认识程度

"对家庭贡献的认识程度"是指如何认识家庭成员对家庭的"经济贡献"，也就是如何认识谁在从事经济性工作，谁为家庭的繁荣做出了多少贡献。夫妻二人中被认为对家庭贡献较大的一方更具有谈判力。如果男性和女性都不将女性的再生产劳动视为经济贡献，就会认为女性对家庭贡献的程度较低。贡献的大小不等同于花在工作上的时间长短。相较于工作时间和劳动总量，人们更倾向于关注直接获得的现金收入。尽管女性将大量时间用于家务，但是一般认为其贡献度低于丈夫（Sen 1990，139）。有些贡献可能会因为性别、民族而贬值。有刻板观念认为"女性从事的工作不需要技术，男性从事的工作需要技术"，对贡献的认识也会受到人们对这份工作的看法的影响（Agarwal 1997，15）。

对自身价值的认识程度

"对自身价值的认识程度"是指个人对自身价值的认知水平。如果女性将自身价值看得很低，那么在谈判中就会处于弱势，即便对方给出的条件很差也可能会妥协（Sen 1990）。另外也有些人认为自己没有重要价值，或者认为其他人比自己更有价值，这样的人谈判力也会变弱。（ヌスバウム 2005，341）

如果将女性再生产劳动的价值看得很低，那么她们就很难看到自身价值，其结果是谈判力变低。此外，即便看上去女性接受了男性更具优势的社会规范，她们也并非欣然接受。女性不表现出自己想做什么事情，这并不是说她们没有自身利益。在个人因需遵从习惯的正当性而受到强烈压抑的社会中，女性按社会的期待采取合适的行动，这是她们的生存战略。女性不关注自己的选择，而是为了家人特别是子女牺牲自身利益（Agarwal 1994）。让女性明白"女性的权利"，周围的人将女性视为有价值的人，让女性接受技术教育，让女性有坚持到底的自信心、进取心以及建立女性互助网络等事项，对消除"女性没有价值"这种观念都是很重要的（ヌスバウム 2005，342）。

另外，关于提高谈判力的主要因素之一"自身价值"，也有些学者提出了和森不同的解释。巴拉特·阿加瓦尔（Bharat Agarwal）批判了森对自身价值的理解方法，他认为女性无法看清自身价值是因为存在外部障碍（Agarwal 1997，38）。女性之所以在申请家庭财产时，会采取有利于儿子、兄弟姐妹或者扩展家庭的行为，或者通过给亲属送礼物以巩固与亲属的良好关系，都是因为女性处于弱势地位。而且，为了加强和家人的联系，稳固经济、社会支持，让自己在需要时有所依靠，女性牺牲了眼下的利益以换取未来的安全保障（Agarwal 1997，40）。

卢特芙·奥斯马尼（Lutfun Osmani）使用森的合作博弈模型，分析了孟加拉国妇女参加经济活动与提高家庭决策力的关系，明确了女性参加经济活动会提高其谈判底线，同时，也会提高其对家庭贡献的认识，但是这没有影响到女性对自身价值的认识（Osmani 1998）。韦加德·艾弗森（Vegard Iversen）等通过实验考察了乌干达的夫妻如何分配家庭资源，验证了森的合作博弈模型中女性对自身价值的认识比男性对自身价值的认识更与家庭整体利益趋同这一假设。实验结果表明，即便在女性能够管理资源的情况下，其对家庭的经济贡献仍低于男性，原因在于社会通常期望男性为家庭提供资源，而女性的贡献则被认为可以是灵活多样的（Iversen et al. 2011）。

由此可见，对象社会中对性别角色的认识会对两性的行为和意识产生影响，因此也会影响到家庭决策。下文将讨论性别角色认知对家庭决策的影响。

性别角色认知

家庭谈判力也会受对象社会中对性别角色的认知的影响。例如，如果未婚女性在家里主张土地所有权，她不仅会受到自身受教育程度、对法律的理解能力、兄弟姐妹的支持等经济和社会资源的影响及受到法律机构服务的经济成本和获取途径等因素的制约，还会受到所在社会的继承法、未婚女性主张权利的社会正当性（社区对这件事的看法），以及未婚女性是否能够外出到政府工作人员处办理土地登记等源于性别规范的事项的制约（Agarwal 1997，21）。女性拥有财产的数量、有无伙伴的支持都会对女性在家庭内部的发言权产生影响，相反，在社区、市场、国家等家庭外部的发言权也会对其在家庭内部的发言权产生影响（Agarwal 1997，53-54）。

一项基于埃塞俄比亚 2005 年的人口与健康调查的研究以 24 个不同民族的家庭为对象，考察了女性在家庭决策中的参与程度、对丈夫殴打妻子行为的接受程度、丈夫对妻子权利的认识程度，并分别从个人层面、家庭层面、制度层面分析了家庭外部的因素对家庭内部两性关系的影响（Mabsout & van Staveren 2010）。影响女性谈判力的因素包括妻子的年龄、受教育程度的高低、妻子对家庭经济贡献的大小等。但是，在多个民族群体中，妻子的年龄越大、受教育程度越高，或者妻子的经济贡献越大，其在个人、家庭层面上的谈判力反而越弱。从制度层面来看，虽然不接受"丈夫殴打妻子"行为的妻子谈判力较强，但是如果她的丈夫强烈支持"丈夫殴打妻子"行为，那么妻子的谈判力则会变弱。由此可知，对丈夫的做法持反对态度的妻子的谈判力会比和丈夫看法保持一致的妻子谈判力更弱（Mabsout & van Staveren 2010，793）。女性在个人层面上的谈判力，会受到文化因素、性别不平等的社会习惯、限制女性行动的性别不平等的社会结构等的影响。

在一些社会中性别角色不是固定的，而是变化的，性别角色的变化也会导致对性别角色变化的接受及对合理分工的看法的变化（Parker et al. 1995，4-5；Groverman 2001，9-12）。性别角色规范虽然是社会规范，但社会规范并不是一成不变的，规范自身也会成为谈判的对象，比如，性别不平等不是生物学的概念，而是在社会中构建起来的，是否接受这种想法本身也可以成为谈判内容之一（Agarwal 1997，31）。

在突尼斯的农村地区，丈夫离家到国内外各地务工，这导致妻子的性别角色发生变化。一方面，随着妻子性别角色发生变化，家庭内部的力量关系也发生变化，妻子也认识到自己地位的提高。另一方面，丈夫虽然认识到了妻子新的性别角色，但是并没有认识到家庭内部力量关系的变化（岩崎 2005，180-182）。在孟加拉国的农村地区，女性通过加入互助小组来增强彼此之间的联系，同时开始对家庭做出经济贡献，丈夫们也不再反对妻子去参加小组活动，不再家暴，而是承认妻子们的行动自由，容许女性像男性一样在职场工作（Agarwal 1997，31）。这个案例中的男性和女性都接受了性别角色的变化，更容易实现女性所期望的状况。

玛格丽特·西尔伯施密特（Margrethe Silberschmidt）以肯尼亚西部农村及农村男性前去务工的坦桑尼亚城市为对象开展研究，指出存在男性权力丧失的现象。无论在农村还是城市，社会经济情况都发生变化，在经济恶化的情况下，丈夫无法继续扮演其作为一家之主的性别角色，男性的角色不明，因而产生矛盾。一方面，很多男性因为无法承担作为劳动力的角色和责任而失去自信，被女性歧视。另一方面，妻子在以往负责家务的角色之外，又增加了从事小规模经济活动的生产者这一角色。这和夫妻传统的性别角色规范产生了偏差。女性不进行经济活动就无法生活，女性的收入高于男性的情况也屡见不鲜。这种角色的变化对男性的社会价值产生了影响，因为威胁到了男性的自尊，所以有些男性开始企图通过对女性施加暴力来控制女性（Silberschmidt 2001，668）。在这个案例中，虽然男性和女性都认识到了性别角色的变化，但是也出现了女性所不期望的新情况。

在莫桑比克，男性和女性在不同的领域合作，女性负责食物的供给，男性负责提供居所、教育费用、医疗费用。因为女性自己赚钱的机会有限，所以她们会向丈夫要钱。由于经济情况恶化，男性赚钱的机会减少，为了生存有必要增加收入，所以他们开始同意妻子去赚钱。但是，很多男性担心妻子赚钱后独立性提高，自己的男性权威下降，家庭内相互理解也会变难（Pfeiffer 2003）。一项以赞比亚、乌干达为对象的研究指出，经济条件恶化导致很多男性失业，经济能力下降，但是女性却得到了来自教会、储蓄小组等家庭外部社会网络的支持，参与创收活动，提高了自身的经济能力。虽然女性获得经济能力后家庭内部的两性关系可能从不平等开始变得平等，但是却更容易产生冲突，很难通过双方满意的方式解决问题（Pottier 1994，156-174）。

如上所述，有的案例表明，经济恶化或者男性外出务工导致了以往的性别角色发生变化，在"男性是唯一的劳动力"这种角色规范下家庭的粮食和家庭的需求难以得到保障（Pottier 1994；Silberschmidt 2001）。男性和女性都认识到了性别角色的变化，在一些案例中，情况向女性所期待的方向发展，但在另外一些案例中也发生了女性所不期待的情况。即便女性获得经济能力，以往的性别角色规范也没有改变（Mabsout & van Staveren 2010）。这是因为在日常生活中，男性和女性都是通过实践具有社会正当性的性别角色来维持、强化性别角色规范的。

如上所述，"性别实践"（doing gender）大力强化了不平等的性别关系，并赋予了其正当性（Zimmerman & West 1987，146）。高收入、受过教育的女性在家庭决策时接受男性权威，一边进行经济活动一边包揽了家务，甚至容忍了家庭暴力，可以将这种情况解释为"性别实践"。有经济能力的女性通过"性别实践"，对男性采取顺从的态度，从而避免违反"男性是赚钱者和家长"的社会规范。此外，男性通过"性别实践"在经济活动以外的领域对女性行使支配权力，以此来弥补男子汉气概的缺失（Mabsout & van Staveren 2010）。

《2012 年世界发展报告：性别平等与发展》调查了 19 个国家的情况，调查结果表明，当问及是否有能力承担起赚钱的责任时，妻子收入较高的丈夫回答他们会感到压力，很多人会实施家庭暴力（世界银行 2012）。在"男性养家"这种社会规范下，如果男性无法履行其责任，可能会引发强烈的精神压力和精神健康问题。此外，受教育程度越高的男性，从事家务和育儿活动的倾向也越强，这是因为教育弱化了他们对性别规范的固有观念（世界银行 2012，158）。

如上所述，对性别角色的认识会对家庭决策产生影响。而且，随着经济情况发生变化，丈夫难以承担养家的责任，女性的经济能力提高，为家庭做出了经济贡献，原有的性别角色发生了变化。如何接受这种变化，也会对家庭决策产生影响。

3. 家庭决策的过程

关于家庭决策，卡比尔根据各个国家的案例设置了衡量各国女性家庭决策能力的指标。比如，将家庭开支、食品采购、外出拜访、子女教育及健康、家庭计划等事项的决策作为埃及的指标。将购买食物、家庭的大额资产购置、家庭的小型购物、子女生病时的应对措施、子女的教育作为印度的指标。在尼日利亚，食物的筹集方法、妻子是否进行经济活动、如何使用丈夫的收入、土地的买卖、家庭计划、子女的教育、子女生病时的应对措施、子女的结婚对象等都是衡量指标。衡量指标因国而异，在有的决策事项上，女性期待男性可以承担家长的角色，在有的决策事项上，女性则期待女性承担作为妻子和母亲的角色。比如，在南亚，采购日常食品和子女生病时的应对措施往往是由女性决策的（Kabeer 1999）。

在第一章第 4 节中讨论的人口与健康调查考查了女性是否参与了个人医疗保健、购买家庭的食物和日用品、购买土地和家畜、妻子外出、子女教育这五个方面的决策。此外，人口与健康调查还分别提供了男性和女性的健康状况、对健康的认识、经济、教育、家庭暴力等方面的微观数据，这些数据被用于家庭资源分配的相关研究中（如 Smith et al. 2003；上山・黒崎 2004；Mabsout & van Staveren 2010）。但是，关于夫妻间力量关系的研究虽然考察了每个具体事项由谁来决策，但却没有辨明决策的过程，也没有揭示夫妻间不对称的力量关系（パール 1994，182）。另外，对于"妻子是否参与决策""是由妻子决策吗"这些需要回答"是"或"不是"的问题，以及"由谁进行最终决策"这一问题，在父权制社会中得到的回答基本是"由丈夫决策"，但研究却忽略了决策过程中丈夫和妻子谈判、丈夫对妻子的让步，以及女性获得收入对家庭做出经济贡献等事项可能会导致决策过程发生变化，其结果是忽略了女性作为决策主体的行为（Kabeer 1997，447）。

另外，已有研究也没有解决围绕家庭资源的谈判和决策是如何进行的、都有谁介入到这个过程中、社会规范及其他因素会对这个过程产生何种影响等问题（Nikiema et al. 2008）。

纳克尔・尼基艾玛（Nakel Nikiema）等人以布基纳法索为研究对象，探讨了该国已婚妇女就将家庭资源分配到个人现代化医疗保健上的问题如何与丈夫进行谈判。这项研究对 24 位已婚妇女进行了访谈，并分别与已婚男性和已婚妇女进行了专题小组讨论，基于由此获得的定性研究数据，揭示了夫妻间的谈判过程。在布基纳法索，丈夫有提供衣食住及医疗等全部家庭成员生活所需的义务，承担与妻子健康相关的费用是丈夫的责任。但是，一般认为，由于贫困，丈夫无法为妻子提供医疗保健也实属无奈，扩展家庭或社区会帮助丈夫完成这项义务。但丈夫有钱却不承担妻子的医疗保健费用的话，妻子会反抗丈夫或者变得不再贤惠，只要无法证明错在妻子，丈夫就会受到大众指责。而妻子在提出身体不舒服时，有必要避免被丈夫和周围的人认为"只是想偷懒"。如果妻子平时不表现为"贤内助"的话，在生病时就会有不被认真对待的风险。在这种情况下，妻子会采取行动以获得医疗保健，妻子为了获得医疗保健而对丈夫采取的策略可以分为以下六种：等待时机、贡献性提案、恳求、中间人介入、对抗、反叛（Nikiema et al. 2008，615）。

①等待时机

妻子告诉丈夫自己生病了并观察丈夫的反应。妻子先向丈夫传达"我不舒服"的信息，然后根据丈夫的反应来决定下一步行动。

②贡献性提案

妻子告诉丈夫会用自己的存款承担一部分医疗费用，试图影响丈夫的决定。为了采取这种方法，妻子必须有能够支配的现金。妻子自己承担一部分本应由丈夫支出的费用，由丈夫支付剩余部分。妻子在获得医疗保健的同时，也让丈夫意识到妻子分担了自己的义务。

③恳求

妻子会在一段时间内等待丈夫的反应，如果丈夫没有回应，而且妻子也没有可以自由支配的收入，甚至妻子认为是自己有过错导致丈夫不承担医疗保健费用的情况下，妻子会恳求丈夫。

④中间人介入

在恳求丈夫且丈夫没有反应的情况下，妻子会把公婆、朋友等能够对丈夫产生影响的中间人拉进来，拜托他们介入以让丈夫拿出让自己就医的费用。

⑤对抗

如果丈夫依然没有回应，妻子为了让丈夫意识到自己对妻子负有责任，则会以回娘家作为威胁，或者放弃做家务，或者向邻居倾诉，以此让丈夫明白自己的不满。

⑥反叛

如果丈夫仍然没有任何反应，妻子就会停止和公婆交涉，返回娘家，回到娘家的保护范围。

①—④的策略使用较多，"对抗"也时常被用到，"反叛"则很少被使用。如上所述，妻子为了寻求医疗保健和丈夫进行谈判，一边观察丈夫的反应一边采取各种策略（Nikiema et al. 2008，615-617）。

妻子如果没有从丈夫那里拿到医疗保健的费用，也可以使用自己的收入。无论是妻子还是丈夫，其行为都会被周围人的看法所左右。一方面，如果不支付妻子的医疗保健费用，丈夫就会被周围的人看成"坏丈夫"，但人们也会怀疑"也许是因为妻子懒惰"。另一方面，妻子虽然使用自己的收入也可以获得医疗保健，但是也会采取行动让丈夫出钱，并且让丈夫觉得自己的"贤内助"生病了。在这样的情况下，由丈夫对自己的收入分配进行决策（Nikiema et al. 2008，615-617）。这项研究从妻子的视角辨明了为了获得医疗保健费用妻子会采取何种策略，并对她们的策略进行了分类。

信息和交流也会影响家庭决策。纳瓦·阿什拉夫（Nava Ashraf）以菲律宾为例进行了实证研究，分别向丈夫和妻子发放相当于一天收入的现金，以此观察他们在共享信息及不共享信息的情况下将钱用于何处。这项研究揭示了夫妻双方在下面三种情况下分别做出了何种决策：①夫妻双方不告知对方而自己进行决策；②夫妻共处一室，在知道对方会做什么的情况下分别独立进行决策；③夫妻一起商量决策。结果表明，在情况①下，丈夫将更多的收入存入个人账户，而妻子则将钱存入家庭账户。在情况②下，丈夫将钱用于家庭消费，妻子则和

①一样将钱存入家庭账户。在情况③下，丈夫和妻子一起决策将钱存入妻子账户。

在菲律宾，丈夫会把收入交给妻子，由妻子做出预算，将钱分配到必需品上，但是妻子会因丈夫没有把全部收入交给她而心生不满。这项实验表明，公开信息可以让丈夫把收入用于家庭消费。这是因为信息共享可以起到监督的作用，会影响丈夫的决策，让其对家庭所需做出贡献，但在信息不对等的情况下，隐瞒的行为则会被纵容以至越演越烈。由此可见，在谈判过程中，交流会影响资源分配的决策（Ashraf 2009）。

上文概述了有关家庭资源分配决策的已有研究。家庭资源分配的决策是由家庭成员谈判决定的，想获得更理想的资源就需要更强的谈判力。已有研究确定了提高谈判力的因素，包括年龄、受教育程度、结婚时的财产、能自己管理的收入和财产（Mabsout & van Staveren 2012）、个人技能、获取信息的途径、社会网络、扩展家庭的支持、法律权利等（Agarwal 1997）。家庭成员在谈判时不仅仅是对立关系，同时也是合作关系，在提高谈判力上，个人的认知也会发挥作用（Sen 1990）。此外，研究也发现，家庭外部的因素，如作为研究对象的社会对性别角色的认识，也会对家庭成员的认识及行为产生影响，进而影响到家庭决策。这也成为影响家庭成员谈判力的因素。

关于家庭决策的研究，大多数是关于家庭成员谈判力和谈判结果的关联性研究，分析家庭决策过程的研究并不充分。

本节探讨了布基纳法索的妻子如何通过和丈夫谈判而获得医疗保健费用，并发现了同一位妻子会根据丈夫的不同反应而改变自身的应对策略，或者谈判，或者做出让步，或者进行对抗等。

家庭决策的分析框架

合作博弈模型提出了影响妻子谈判力的三个主要因素：①妻子谈判底线的高低；②妻子对家庭贡献的认识程度；③妻子对自身利

益的认识程度。但是，合作博弈模型没有对丈夫的谈判力进行充分论述。此外，已有研究虽然涉及了家庭外部因素对家庭决策的影响（Agarwal 1997；Mabsout & van Staveren 2010），但合作博弈模型没有充分解释这一点。因此，本书在合作博弈模型中添加两点，构成图2-1所示的家庭决策分析框架。本书还将探讨因素④丈夫谈判底线的高低；此外，将家庭外部因素中影响夫妻的认识、行为的因素⑤对性别角色规范的接受程度纳入分析框架中。可以将这个框架理解为夫妻拥有对话环境，二人分别通过对话获得资源。图2-1的箭头表示，如果夫妻双方都具有谈判力的主要因素，则二人更容易获得对话环境，并且通过对话都能够获得相应的资源。同时，这个框架也提示了不同的对话过程会导致妻子和丈夫获得不同资源的可能性。

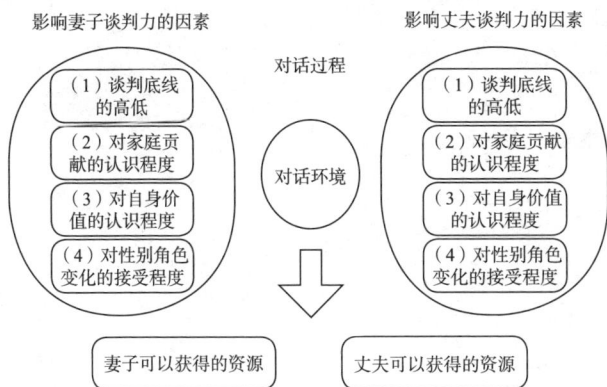

图2-1　家庭决策分析框架

数据来源：Sen（1990，123-149）。

注释

（1）此处使用了室住（2006）的译文。（译者注：原文中此处使用了日语「協力的対立」）

三、尼日利亚北部调查概要

本书的调查是在尼日利亚北部的卡诺州实施的，本章将梳理调查对象尼日利亚北部的概况，特别是女性的现状。下文还将介绍调查地点和调查方法。

1. 尼日利亚北部的性别问题

尼日利亚位于西非，人口约 1.4 亿（NBS 2008），由 350 多个民族组成，主要民族有 3 个，其中豪萨族占总人口的 22.3%，约鲁巴族占 17.7%，伊博族占 15.9%，3 个民族的人口加起来也不过总人口的55% 左右。宗教方面，伊斯兰教徒占 44.5%，基督教徒占 42%，天主教徒占 11.5%。尼日利亚北部伊斯兰教徒占大多数（NDHS 2008）。1960 年脱离英国独立后，尼日利亚于 1999 年成立民主政权，实行以总统为元首的联邦制，36 个州有高度自治权。尼日利亚是撒哈拉以南非洲的第二大经济体，也是非洲最大的原油出口国，外汇收入的95% 以及政府税收的 80% 都与石油有关（World Bank 2010），但也是贫穷国家之一。根据 2013 年人类发展指数（Human Development Index，HDI）可知，尼日利亚在 187 个国家中排名居第 153 位

（UNDP 2013），有 7200 万尼日利亚人的每日生活消费在 1 美元以下，人均 GDP 为 1156.82 美元。（UNDP 2010）

尼日利亚北部有 19 个州，其中 12 个州在 2000 年到 2002 年间引入了伊斯兰教法。本书所研究的卡诺州于 2002 年将该教法纳入州法，并于 2003 年引入名为"希斯巴"（Hisba）的行政组织，以监督和强化教法的实施。这进一步限制了女性的活动和外出（Adamu 2008，136-139）。卡诺州的人口约 940 万（2006 年人口调查），大多数是豪萨族。卡诺州地处交通要道，自古以来就是繁荣的商业中心，现在也是尼日利亚北部的中心。卡诺州人均 GDP 为 683.76 美元（UNDP 2010），男性成人识字率为 71.2%，女性为 50.2%（NBS 2006）。

下文基于联合国开发计划署的《人类发展报告：尼日利亚》（UNDP 2010），阐述尼日利亚北部的性别不平等问题。表 3-1 分别列出了尼日利亚六个政治地理区域[1]的人类发展指数、性别发展指数（Gender Development Index，GDI）、性别赋能指数（Gender Empowerment Measure，GEM）[2]。在联合国开发计划署的分类中，人类发展指数低于 0.5 的国家被视为"低人类发展水平国家"。在 2009 年的《人类发展报告》中，尼日利亚的人类发展指数为 0.511，在中等人类发展水平国家中居于末尾，其人类发展指数的总排名为 158/182。按六个政治地理区域来看，性别不平等问题在尼日利亚的北部和南部有巨大差别。北部的人类发展指数、性别发展指数、性别赋能指数都很低，南部比北部要高。另外，由于首都位于北部中央地区，所以北部中央地区的数值高于东北、西北地区（UNDP 2010，92-93）。本书所研究的卡诺州位于西北部，西北部大多数人口是豪萨族。东北部有些州的居民为豪萨族以外的多个民族。2009 年的《人类发展报告》表明，尼日利亚人类发展指数居于世界末位，其发展程度落后于豪萨族约占 60% 的邻国尼日尔。

表3-1　尼日利亚六个政治地理区域的性别不平等情况及与尼日利亚、尼日尔全国的对比

地　区	HDI	GDI	GEM
北部中央地区	0.490	0.478	0.244
东北地区	0.332	0.250	0.118
西北地区	0.420	0.376	0.117
东南地区	0.471	0.455	0.315
正南地区	0.573	0.575	0.251
西南地区	0.523	0.507	0.285
尼日利亚全国	0.511	0.499	——
尼日尔全国	0.340	0.308	——

数据来源：六个政治地理区域的数据来源为 UNDP（2010，93），尼日利亚全国和尼日尔全国的数据来源为 UNDP（2009）。UNDP（2010）中没有尼日利亚全国的数据，所以使用了同年《人类发展报告》的数据。

　　表3-2对尼日利亚西北部六个州中豪萨族占绝大多数的五个州的人类发展指数、性别发展指数、性别赋能指数从高到低排序。另外，为了进行比较，笔者还列出了联邦首都区（Federal Capital Territory，FCT）和原首都、现为经济中心的西南地区拉各斯州的数据。赞法拉州、索科托州和卡诺州的人类发展指数高于西北部（0.420），另外，卡诺州的性别发展指数比西北部的数值（0.376）还要低，在五个州中是最低的。人类发展指数表示健康、教育方面的达成度，性别发展指数低于人类发展指数则表示性别不平等情况较为严重。性别赋能指数衡量了男女在经济、政治、职业机会等方面的平等程度（UNDP 1995），除了卡齐纳州之外，其他州均低于0.1，明显偏低。

表 3-2　尼日利亚西北部豪萨族占多数的五州性别不平等情况及与联邦首都
区、拉各斯州的对比

地　区	HDI	GDI	GEM
索科托州	0.475	0.385	0.099
卡诺州	0.436	0.333	0.092
赞法拉州	0.434	0.422	0.056
卡齐纳州	0.410	0.383	0.129
吉加瓦州	0.362	0.303	0.055
联邦首都区	0.717	0.680	0.062
拉各斯州（原首都）	0.607	0.548	0.357

数据来源：UNDP（2010，92)。

　　表 3-3 汇总了西北部四个州性别赋能指数的主要构成因素。在豪
萨社会，对于女性参政问题赞成与反对之声并存，如"当议员是可以
的，但无法接受女性出任省长、市长等长官""一定要完成抚养子女
责任之后才能参政"等（Sada et al. 2005）。在豪萨族人口占绝大多数
的西北四州没有女性议员。另外，在 1999 年民主化时期的统一选举，
以及 2003 年、2007 年每四年举行一次的统一选举中，完全没有选出
过女性国会议员（UNDP 2010，154）。这是因为在 1967 年之前，尼
日利亚北部禁止女性参与政治，父系亲属关系及庇护关系非常紧密，
女性则被排除在这个关系网络之外，这导致女性参与政治进程缓慢
（British Council 2012，56）。表 3-2 中，西北地区性别赋能指数显著
偏低的原因是该地区没有女性国会议员。从事专业技术工作的女性比
例最高的是卡齐纳州，为 25.0%，但仅为原首都拉各斯州 46.2% 的一
半左右。从尼日利亚整体来看，女性的推定收入是男性的 45% 左右，
但是在除卡齐纳州以外的豪萨族占绝大多数的其他三州，女性的推定
收入仅为男性的 10%。

表3-3　尼日利亚西北部豪萨族占多数的四州性别赋能指数
主要构成因素及与尼日利亚全国的对比

地区	女性国会议员的比例（%）	从事专业技术工作的女性比例（%）	女性的推定收入（美元）	男性的推定收入（美元）
索科托州	0.0	17.6	299	2685
卡诺州	0.0	16.0	157	1188
卡齐纳州	0.0	25.0	442	1553
吉加瓦州	0.0	8.8	150	1816
尼日利亚全国	7.5	22.2	715	1596

数据来源：UNDP（2010，152）。由于没有赞法拉州的数据，所以表中未列出。

　　表3-4汇总了西北四州性别发展指数的主要构成因素。这四个州的平均预期寿命与尼日利亚全国的整体数据相差不大，但是男女的成人识字率，初中、高中、大学总就学率均低于尼日利亚国家整体水平，且男女差距较大。男性和女性的推定收入差距也非常大。

表3-4　尼日利亚西北部豪萨族占多数的四州性别发展指数主要构成因素

地　区	平均预期寿命（岁）		成人识字率（%）		初中、高中、大学总就学率（%）		推定收入（美元）	
	女性	男性	女性	男性	女性	男性	女性	男性
索科托州	53	48	39.7	62.6	28.8	51.5	299	2685
卡诺州	53	49	26.7	46.5	46.5	75.4	157	1188
卡齐纳州	54	51	39.5	57.6	34.5	64.7	442	1553
吉加瓦州	50	45	50.5	73.9	23.6	41.6	150	1816
尼日利亚全国	52	48	55.1	73.2	76.0	94.4	715	1596

数据米源：UNDP（2010，153）。由于没有赞法拉州的数据，所以表中未列出。

　　如上所述，本节以《人类发展报告：尼日利亚》（UNDP 2010）为基础，通过性别发展指数和性别赋能指数考察了豪萨族聚集的尼日利亚北部的性别不平等情况。与尼日利亚整体情况相比，尼日利亚北部的人类发展指数、性别发展指数和性别赋能指数都较低，其数值和居于当年世界末位的邻国尼日尔相当。性别发展指数和性别赋能指数的主要构成因素与教育、经济实力和政治实力相关，但在尼日利亚北部的女性身上，这些方面的表现却极为欠缺，这反映出性别不平等问题非常严重。

2. 豪萨社会的女性

（1）家庭和婚姻关系

豪萨社会是父系社会，其基本单位是以年长男性为家长的复合住宅，被围墙环绕的复合住宅中有若干房屋，包括家长、第一夫人、第二夫人的屋子，以及厨房、仓库等（Hill 1972）。家长被称为"Mai gida"，他需要维持家庭和谐，维护其在农业和其他生产活动中的权威，并管理整个家族。儿子成人后在父亲的土地耕种，并把全部或部分收成交给父亲。家庭成员合作劳动收获的作物要根据家长的指示进行再分配，例如，会分给女性购买食材和其他必需品的钱等（Pierce 2007，553）。豪萨族的女性不参与农事活动。由于对已婚妇女有性别隔离的要求，所以女性不从事农业劳动，另外，豪萨族曾广泛实施奴隶制，当时只有身为奴隶的女性才从事农业活动，所以男性不让自己的妻子从事农业活动（Callaway 1987，60）。

图3-5是尼日利亚北部豪萨族占多数的五个州和联邦首都区、原首都所在的西南地区拉各斯州的家庭情况比较。在豪萨族人口较多的州，户主基本都是男性，且单身比例较低，另外，户主有多位配偶的比例最低的是索科托州，为21.9%；最高的是赞法拉州，为39.5%。联邦首都区及拉各斯州，有10%左右的户主是女性，户主为单身的比例约为四分之一，但是在豪萨族占多数的州里，女性户主和单身户主都非常少。

表3-5 尼日利亚北部的家庭情况及与联邦首都区、拉各斯州的对比

单位：%

地 区	户主的性别		户主的婚姻情况		
	男性	女性	一夫一妻	一夫多妻	单身
索科托州	97.5	2.2	73.1	21.9	5.0
卡诺州	97.7	2.3	62.1	31.1	6.8
赞法拉州	98.0	2.0	56.5	39.5	4.0
卡齐纳州	97.1	2.9	58.8	36.0	5.2
吉加瓦州	97.5	2.5	60.3	34.8	4.9
联邦首都区	90.6	9.4	61.5	8.6	30.0
拉各斯州（原首都）	86.5	13.5	69.3	6.6	24.0

数据来源：NBS（2006）。

　　表3-6反映了尼日利亚北部卡诺州夫妻的年龄差。从接受调查的335名已婚妇女的回答来看，与丈夫的年龄差在10岁至14岁之间的最多，占43.6%；其次是15岁至19岁，占23.3%。没有妻子和丈夫同龄或者比丈夫年长的情况（NCWD/JICA 2010）。也经常有丈夫比妻子大20岁以上的情况，少女的初婚对象往往是已经有一位妻子的年长男性（Callaway 1987，36）。

表3-6 尼日利亚北部卡诺州夫妻的年龄差

夫妻的年龄差（岁）	回答人数（妻子）	比例（%）
0—4	6	1.8
5—9	47	14.0
10—14	146	43.6
15—19	78	23.3
20—24	37	11.0
25—29	15	4.5
30 以上	6	1.8
合计	335	100

数据来源：NCWD/JICA（2010）。2007年至2009年在卡诺州的六地实施过四次调查。

表 3-7 反映了尼日利亚北部女性的婚姻情况。1990 年到 2008 年尼日利亚共实施了四次人口与健康调查，结果表明，女性的初婚年龄约为 15 岁，初育年龄约为 18 岁，总和生育率为 7 人，生育间隔为 30 个月，这些年基本没有发生变化。一夫一妻比例为 57%—58%，也没有变化；一夫多妻的情况中，一夫三妻及以上的比例在减少，一夫二妻的比例从 1990 年的 26.0% 增加到 2008 年的 35.0%。可见，这里虽然仍是一夫多妻制，但一位丈夫拥有妻子的人数在减少。

表 3-7　尼日利亚北部女性婚姻情况的变化

项目	1990 年	1999 年	2003 年	2008 年
初婚年龄（岁）	15.2	15.1	14.8	15.3
初育年龄（岁）	18.3	18.2	17.9	18.3
总和生育率（人）	6.53	6.79	6.7	7.3
生育间隔（月）	31.1	29.4	31.3	30.8
一夫一妻比例（%）	56.4	59.0	58.7	57.4
一夫二妻比例（%）	26.0	24.0	32.5	35.0
一夫三妻及以上比例（%）	17.6	14.3	7.7	6.9

数据来源：尼日利亚人口与健康调查（NDHS 1990；1999；2003；2008）。1990 年的调查数据不是按州统计的，而是将全国分成东北、西北、东南、西南四个地区，卡诺州属于东北地区。1999 年的调查将全国分为东北、西北、北部中央、东南、西南五个地区，卡诺州属于东北地区。2003 年、2008 年的调查将全国分为东北、西北、北部中央、东南、西南、正南六个地区，卡诺州属于西北地区。初婚年龄、初育年龄、出生率以 20—49 岁的女性为对象进行统计，初婚年龄、初育年龄为中间值。

在豪萨社会，离婚较为常见。女性离婚后回到娘家，但由于扶养她的责任转移到了父亲、兄弟或其他男性亲属身上，所以大家对其施加的再婚压力较大（Callaway 1987；Cooper 1997，62-63）。如果女性逃跑的话，娘家必须返还男方的彩礼，所以女性的亲属往往会出面调停阻止离婚的发生（Pierce 2007，544）。因为再婚也很平常，所以女性在没有子女或者和丈夫的其他妻子相处不融洽的情况下，也不会眷恋婚姻（Callaway 1987）。无论男女，选择单身的人都属罕见，处于婚姻关系之中本身比较重要。但是，男女双方几乎都不对离婚持抗拒心理或者有负面印象，女性也没有动力维持不满意的婚姻关系，她们往往因为一些琐碎的理由而提出离婚（Adamu 2004，80）。

此外，有子女的妇女为了留住孩子，即使心有不满，也会努力维持婚姻关系。在哺乳期，妻子能够保留孩子抚养权，但是哺乳期结束后孩子会被交给丈夫或丈夫的亲属（Callaway 1987）。离婚或丧偶的女性如果还处于生育年龄，会迅速再婚，如果不再婚，就会被他人认为从事色情交易（Izugbara 2010，195）。

如上所述，豪萨社会的婚姻形式多为一夫多妻。自 1990 年开始的 25 年间，女性的初婚年龄、初育年龄和总和生育率并没有太大变化。

卡诺州的社区街道上看不到已婚妇女

（2）基于性别的差异

教育

在殖民地时期，尼日利亚几乎没有女性上学。自 1960 年独立后，联邦政府于 1976 年提出了实行六年制免费初等教育（UPE：Universal Primary Education），在政治方面和社会文化方面都赋予了女性接受教育的正当性。但是在尼日利亚北部，多数家长没有让女儿读书。即便到了 20 世纪 80 年代后期，接受西式教育的女性也会在 15 岁左右因为结婚而退学（Mark & Coles 1991，14）。

人口与健康调查（NDHS 1990；1999；2003；2008）的数据显示，在包括卡诺州在内的北部地区，没有接受过学校教育的女性比例 1990 年为 83.7%，1999 年为 76.9%，2003 年为 75%，2008 年为 74.2%，呈逐渐下降趋势。最近，已婚妇女开始去伊斯兰教室[3]学习，还有少数高学历女性在外面从事教师或者护士等工作（Renne 2004，281）。此外，社会上开始接受把对女性的教育投资视为嫁妆的做法。有工作的男性也开始期待至少有一位妻子是受过教育、具有现代卫生和健康意识的女性。娶这样的女性为妻有附加的社会价值（Callaway 1987，74）。

尼日利亚联邦政府在 1999 年实现民主化之后，提出了普及基础教育（Universal Basic Education，UBE）的计划，宣布实行小学和初中九年免费教育。很多女性认为教育是"巨大的资源"。因为这不仅增强了女性的工作潜力，而且也能够让女性学到正确的行为和权利的相关知识（Renne 2004，284）。

表 3-8 统计了尼日利亚北部 1990 年至 2008 年人口与健康调查中女性的受教育情况。1990 年，完全没有接受过教育的女性比例为 83.7%，2008 年减少到 74.2%。但是多数女性无法接受教育的情况并没有得到改善。

表 3-8　尼日利亚北部女性的受教育情况

单位：%

受教育情况	1990 年	1999 年	2003 年	2008 年
未受过学校教育	83.7	76.9	75.0	74.2
完成初等教育	7.1	—	6.1	8.1
完成初高中教育	2.0	—	4.8	5.3
成人识字率	—	—	20.9	21.1

数据来源：NDHS（1990；1999；2003；2008）。完成初等教育是指 15—49 岁的女性读完六年小学，完成初高中教育是指 15—49 岁的女性读完六年初中和高中，未受过学校教育比例是指同年龄段完全没有上过学的人口比例，成人识字率统计的也是 15—49 岁年龄段。

表 3-9 反映了尼日利亚北部卡诺州女性和男性的受教育情况。卡诺州接受教育的女性比例略高于表 3-8 中尼日利亚北部的整体情况。但是未接受学校教育的女性比例高达 65.7%，是男性（30.6%）的两倍多。

表 3-9　卡诺州女性和男性的受教育情况

受教育情况	女性		男性	
	%	总数（人）	%	总数（人）
未受过学校教育	65.7		30.6	
完成初等教育	12.5	2070	22.2	853
完成初高中教育	8.4		17.5	
完成高中以上教育	2.9		11.9	
成人识字率	30.5	2070	71.5	853

数据来源：NDHS（2008，334-337）。

社会网络

豪萨社会的女性最忠实于娘家和亲属。几乎观察不到女性之间同为女性的社会连带关系和身处同一阶层的归属感（Mack & Coles

1991，15）。女性是被排除在公共场所之外的，所以女性同伴的联合及女性的独立发展都受到限制，女性也很难联合起来对抗男性的控制（Adamu 2004，78）。

如果女性住在娘家附近，就容易得到娘家的支持。婚姻关系出现问题时，扩展家庭就会介入，被迫与丈夫离婚的女性也会得到扩展家庭的支持。如果住得近，扩展家庭的成员间也会频繁地走动（Salamone 2010，135）。血缘关系之外也存在着社会关系网络。当地语言"Zumunci"是亲情和友情的意思，它不仅仅表示血缘关系，还意味着亲近和相互支持的情感。相互拜访和交换礼物可以培养"Zumunci"，有急事时互相帮助也能够培养"Zumunci"（Adamu 2004，80）。如上所述，女性为了保持和朋友、亲属之间的联系，会在频繁举办的婚礼、起名仪式、葬礼等被称为"Biki"的仪式上，或者在互相拜访之际，和其他女性朋友、女性亲属交换礼物（Cooper 1997，90-109；Schildkrout 2002）。由于参加仪式或交换礼物可以维持女性的社会关系和地位，所以这对女性来说是重要的活动（Callaway 1987）。女性之间交换礼物是物质上的相互支援，参加仪式则可以表达祝福、聊及近况，帮助她们形成感情的纽带，从而建立起"Zumunci"关系。（Cooper 1997，111-157）

芭芭拉·库珀（Barbara Cooper）举了一位妇女的例子，这位妇女用不同的方式对待住在城市里的父亲的亲属和住在农村部落里的母亲的亲属。一方面，她给父亲的亲属送礼物，或者去拜访他们，但是她的投资没有得到回报，因此就减少了联系，这说明在建立Zumunci时血缘关系并不重要。这位女性不再赠送礼物也不再去拜访，父亲的亲属也只把她看成一位远方的朋友而已。另一方面，她与住在村子里的母亲的亲属保持着密切联系，比如生病时去探望，亲属的孩子来城市里读书时帮忙照顾孩子，歉收的年份给亲属粮食等，与其一直保持交往，无论是在物质方面还是在感情方面都保持着联系。但是有时投资也得不到回报，无论男女都认为维持社会网络需要花钱，也存在风险，但对女性来说，没有其他东西可以替代社会网络带来的安全保障。男性有信用贷款、政府支持、资助关系等其他保障机会，所以不会对亲属、朋友关系网络进行大额投资（Cooper 1997，151-157）。

健 康

尼日利亚北部的总和生育率很高。在一夫多妻制中，妻子们为了引起丈夫的关注而互相竞争，或者采取行动不让丈夫再娶新妻。高出生率增加了丈夫的责任，有一种说法是"家里的孩子太多，丈夫就不会再想娶妻"（Izugbara et al. 2010，198）。

表 3-10 反映了尼日利亚北部女性医疗保健情况的变化。尼日利亚的孕产妇死亡率从 2003 年的每 10 万例中 800 例，下降到 2008 年每 10 万例中 545 例（NPC 2010，5）。但按地区来看，1999 年西南地区的孕产妇死亡率为每 10 万例中 165 例，西北地区为每 10 万例中 1025 例，东北地区为每 10 万例中 1549 例，尼日利亚北部的数值非常高（UNICEF 2001，39）。卡诺州在 2005 年发布的经济发展战略中指出，2005—2007 年的目标是将本州的孕产妇死亡率从每 10 万例 1700 例降至 1500 例（Kano State 2005）。孕产妇的主要死因有未接受产检、分娩时没有医务人员看护、在医疗设施以外的场所分娩等（NPC 2010）。从表 3-10 可以看出，尼日利亚北部女性未接受产检的比例从 1990 年的 54.7% 增加到 2008 年的 67.1%。2008 年，在没有医务人员看护的情况下分娩的女性比例为 43.8%，接近总分娩人数的一半。

表 3-10　尼日利亚北部女性医疗保健情况的变化

单位：%

比 例	1990 年	1999 年	2003 年	2008 年
分娩时身边没有医务人员的比例	56.1	23.3	30.5	43.8
分娩前未接受产检的比例	54.7	54.1	59.0	67.1

数据来源：NDHS（1990；1999；2003；2008）。分娩时身边没有医务人员的比例是指过去五年内分娩时没有接受医务人员看护的女性比例，分娩前未接受产检的比例是指过去五年内在分娩前完全未接受过产检的女性比例。

对于尼日利亚北部的女性来说，确保获得个人医疗保健服务并非易事。虽然她们希望生育更多的子女，但是却无法充分享受安全分娩的保健服务，很难获得由女性医生进行的保健服务。此外，难以去医院的理由包括无法筹措交通费用、未获得丈夫的外出许可等，由此可知，女性想获得医疗保健资源，需要其他资源的配合。

经济能力

只要保证性别隔离，女性进行经济活动就不会遭到丈夫的反对（Callaway 1987）。由于性别隔离，已婚妇女的经济活动只能在家中进行，所以她们经常进行烹调食品、洗涤剂、可乐果、盐、糖等商品的零售。在外面销售这些商品以及从外面购买材料，都需要子女作为中间人。女性经济活动范围的大小取决于是否有到了可以帮忙的年纪的子女。自己没有子女也可以领养，或者雇佣附近的儿童（Schildkrout 2002）。但是，去上学的孩子越来越多，导致实践性

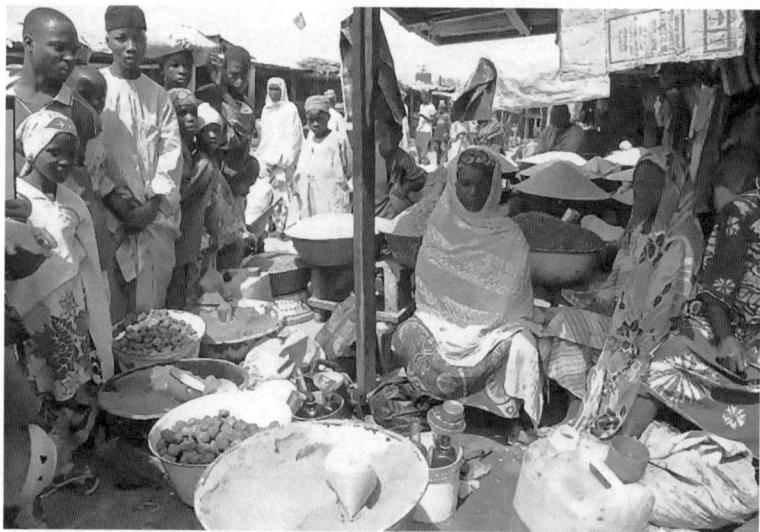

卡诺州的市场，市场上的女性都是丧偶女性或未婚女性

别隔离的已婚妇女的经济活动受到了限制。女性通过子女进行经济活动和信息交换，但如果没有子女的话，她们的活动就会受到限制（Schildkrout 2002）。最常见的女性经济活动是在家里制作主食和点心，再让子女去销售。女性一天中大部分时间都在为了销售而制作食物，却几乎不为家人准备一日三餐。妻子将丈夫为家庭购买的部分食材加工后出售，变为自己的收入（Callaway 1987），而赚的钱属于自己，不与丈夫共享（Hill 1972）。实际上，有94.2%的已婚妇女可以决定自己收入的用途（NDHS 2008）。

在家里，丈夫不能管理女性的收入，也不能要求妻子为家庭做出经济贡献。因为提供食物和其他必需品等家庭所需是丈夫的义务。另外，妻子也会向丈夫要钱用以购买每天的小额必需品。虽然已婚妇女的经济活动多数是由丈夫提供启动资金的，但利润是属于她们自己的。妻子有息借款给丈夫或把粮食卖给丈夫的情况也很多（Tipilda 2008，553；Pierce 2007，546）。

女性收入的用途很多，如存起来用于防止离婚时出现困顿的情况、用来补贴丈夫的收入、用于满足基本需求、用于自己和子女的服装、为女儿准备嫁妆等（DFID/CIDA 2009，18）。女性之间交换礼物的费用几乎不由丈夫承担。

（3）创收和决策

豪萨社会的女性被排除在家庭、社区和政治决策之外。子女的事情由扩展家庭的男性决定，社区的事情也由丈夫代表家庭表态，不会听取女性的意见（Callaway 1987；Sada et al. 2005；DFID/CIDA 2009）。

本小节从尼日利亚人口与健康调查中选取了卡诺州及尼日利亚北部豪萨族人口较多的五个州的数据，并从这些统计资料中了解豪萨族女性参与家庭决策的特征。

管理、决定收入用途

尼日利亚和马里、尼日尔等周边的西非国家一样，妻子收入的用途由妻子自己决定，丈夫收入的用途由丈夫决定。表 3-11 反映了豪萨族占人口大多数的尼日利亚北部五州的情况。在赞法拉州，认为"妻子收入的用途由妻子决定"的妻子比例为 82.3%，而在索科托州、卡诺州和卡齐纳州，持相同观念的妻子比例高达 95% 左右。在尼日利亚北部五州，认为"丈夫收入的用途由丈夫决定"的妻子比例达到 79%—97%。妻子收入的用途由妻子决定，丈夫收入的用途由丈夫决定的特征非常明显。

表 3-11　妻子认为由谁决定自己及丈夫收入的用途

单位：%

地　区	妻子收入的用途由谁决定			丈夫收入的用途由谁决定		
	妻子	夫妻	丈夫	妻子	夫妻	丈夫
索科托州	95.4	2.9	1.3	1.4	2.4	96.2
卡诺州	94.2	0.1	5.7	0.6	1.8	97.3
赞法拉州	82.3	8.0	9.4	2.2	18.5	78.8
卡齐纳州	94.1	3.0	2.7	2.1	17.5	79.0
吉加瓦州	55.0	2.5	41.8	4.1	2.6	93.3
联邦首都区	65.8	28.8	5.4	1.9	26.9	70.7
拉各斯州（原首都）	70.1	18.7	10.8	12.8	28.3	58.5
尼日利亚全国	66.4	19.3	13.2	5.8	24.1	69.6

数据来源：NDHS（2008，429-430 表 A15-2-1 及 A15-2-2）。

参与家庭决策

在参与家庭决策方面，以西非国家为例，即使妻子可以决定自己收入的用途，但参与家庭决策的程度依然很低。表 3-12 是尼日利亚北部豪萨族占人口大多数的五个州的调查结果，与尼日利亚全国、联邦首都区和拉各斯州的数据相比可知，北部五州的妻子参与家庭决策的比例非常低。尤其是卡诺州，不参与四项决策中任何一项的妻子比例高达 87.4%。在同为豪萨社会的赞法拉州和卡齐纳州，虽然女性参与决策比例略高，但与联邦首都区和拉各斯州的情况相比，参与度明显较低。

表 3-12　妻子认为自己参与了哪些家庭决策

单位：%

地　区	妻子的医疗保健	家庭大额资产购置	日常家庭购物	妻子外出探亲	参与所有决策	不参与任何决策
索科托州	4.6	1.6	2.6	24.4	1.1	74.4
卡诺州	6.2	6.3	11.1	4.6	3.0	87.4
赞法拉州	26.4	25.0	28.7	32.7	19.9	60.9
卡齐纳州	23.8	23.8	34.2	59.2	19.6	39.9
吉加瓦州	13.7	15.0	17.3	18.2	10.7	78.6
联邦首都区	49.3	49.5	55.5	54.4	46.3	41.0
拉各斯州（原首都）	68.9	58.0	72.9	74.7	53.6	19.9
尼日利亚全国	43.6	37.6	49.6	54.9	31.4	38.4

数据来源：NDHS（2008，431 表 A15-5-1）。

　　表 3-13 反映了丈夫对妻子参与家庭决策程度的看法。与表 3-12 中对妻子的提问项目有所不同，表 3-13 特别增加了"决定妻子收入用途"的项目，所以"不参与任何决策"的比例较低。关于由谁决定妻子收入用途一项，与妻子自己的认识一样，丈夫基本认为妻子决定自己收入的用途，但是和表 3-12 所反映的情况一样，在赞法拉州和吉加瓦州，丈夫认为由妻子决定自己收入的用途的比例较低。丈夫认为妻子几乎没有参与"家庭大额资产购置"和"日常家庭购物"的决策，但在"妻子外出探亲"的问题上，认为由妻子决策的丈夫比例比认为由自己决策的妻子比例要高。由于探亲需要得到丈夫的外出许可（Callaway 1987；Adamu 2004），所以妻子认为这是由丈夫决策的事项，但是从丈夫的角度来看，因为"想什么时候访问谁"是妻子做出决定后再来请求丈夫的许可，所以可能导致丈夫认为这是由妻子做出决策的。

表 3-13　丈夫认为妻子参与了哪些家庭决策

单位：%

地区	家庭大额资产购置	日常家庭购物	妻子外出探亲	决定妻子收入用途	子女的数量	参与所有决策	不参与任何决策
索科托州	3.3	3.3	58.9	68.7	65.9	1.9	15.0
卡诺州	1.1	1.1	38.7	77.2	49.5	0.4	15.0
赞法拉州	1.5	5.0	57.0	50.1	16.9	0.5	32.6
卡齐纳州	4.0	18.0	59.3	63.7	37.7	1.7	30.0
吉加瓦州	1.3	3.7	22.5	12.4	33.7	0.8	47.7
联邦首都区	2.0	35.9	54.9	60.3	46.3	0.5	36.7
拉各斯州（原首都）	16.7	61.7	53.7	87.2	62.8	8.0	5.6
尼日利亚全国	16.6	46.0	47.5	69.0	48.7	9.5	16.4

数据来源：NDHS（2008，432 表 A15-5-2）。

（4）性别角色规范

婚姻关系中夫妻的角色

在豪萨社会，性别角色规范形成于父权体系中，它决定了家庭内部的力量关系，并通过各种机制决定家庭成员的谈判力（Tipilda 2008，552）。另外，宗教对豪萨族的影响根深蒂固，豪萨文化和伊斯兰文化很难割裂开来（Adamu 1999）。法律明确赋予了女性继承、婚姻、援助的相关权利和保护措施。虽然女性从属于男性，但与其说妻子和丈夫的角色是不平等的，不如说两种角色是互补的（Callaway 1987）。豪萨社会的婚姻关系要求丈夫提供衣食住行等所有必需品，妻子听从丈夫的指示（Callaway 1987；Adamu 2004；Renne 2004；Sada et al. 2005）。对妻子来说，实践性别隔离、做家务和育儿是为了得到丈夫的扶养而付出的代价，因此妻子会服从丈夫的权威。婚姻关系是相互交换，而非共同行动（Adamu 2004，78）。如果丈夫无法通过自己的农田提供食物，就必须到市场上购买，购买时经常需要向妻子借钱。对女性的性别隔离决定了性别角色分工，导致了两性之间经济实力的差距。男性为了家庭利益而努力工作，女性则实践性别隔离，承担家务和育儿的责任（Tipilda 2008，552；Salamone 2010）。

养育子女是女性的性别角色职责之一。豪萨族一夫多妻制下的女性从丈夫那里获得与子女数量相匹配的财富。因此，子女多的妻子可以经常得到丈夫的财产，而且在丈夫去世后也可以继承财产。女性为了防止被迫离婚或丈夫迎娶其他妻子而努力多生孩子。她们认为可以通过多生育子女来维持婚姻关系的稳定，以及获得婚姻关系所提供的保护（Izugbara et al. 2010，202）。此外，女性认为，如果在家庭计划上让丈夫出钱，丈夫会以此为借口迎娶新的妻子（Izugbara et al. 2010，222）。

女性的生活局限在住宅内

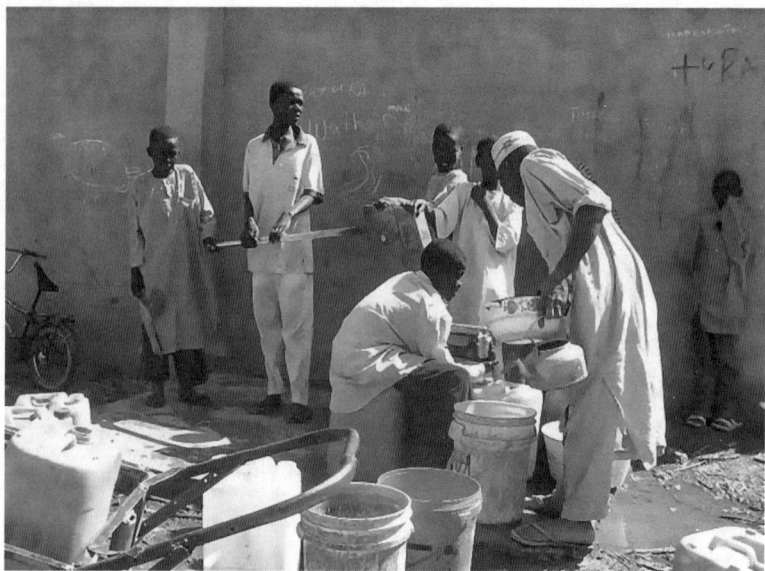

打水是成年男性或男孩的工作

女性待在家中不外出工作，意味着男性尽了扶养义务，这也代表了女性的一种社会地位。因为男性负有满足家庭所需的义务，如果他们不履行这个义务，对女性来说，就有了提出离婚的社会正当性（Adamu 1999）。只有妻子认为丈夫尽到了扶养义务，她们才会服从丈夫的管理。夫妻发生争执时，男性不愿意把问题带到公共场所，因为这意味着丈夫没有管好妻子。但是，女性则希望公开夫妻之间的情况，引起公众的注意。这样一来，妻子能得到社会的支持，而丈夫则会失去尊严，被迫妥协（Adamu 2004，90-93）。

性别隔离实践

豪萨社会的性别隔离传统与奴隶解放有关。农活和砍柴是奴隶女性从事的工作，所以作为奴隶解放的象征，自由的女性不再从事这些工作，男性将女性隔离起来。因此，与其他西非国家不同，尼日利亚的豪萨族女性不干农活，不去挑水、砍柴（Callaway 1987；Tipilda 2008）。

隔离（Kulle）分为三种：Kullen dinga 是完全隔离，传统酋长和宗教领袖的妻子进行这种隔离；Kullen tsari 是在丈夫的允许下，只要有人陪同就可以参加仪式和就医；Kullen zuci 是只要举止和着装得当就可以自由外出。隔离原本是富裕家庭的习惯，贫困阶层没有让妻子不参加劳动的条件，但妻子的隔离体现了丈夫的社会地位，因而也渗透到贫困阶层。在村落和贫困阶层，比起女性作为劳动力所带来的经济效益，对其进行隔离而取得的社会地位更具价值（Callaway 1987）。

已婚妇女在得到丈夫的允许后外出时，必须直接前往她和丈夫所说的目的地，不能被别人看到在附近闲逛。女性要么外出探亲，要么上学，也有少数人外出工作（Renne 2004，281）。女性的隔离实践与男性而非女性自身的受教育程度相关。但女性对性别角色看法的转变则与自身的受教育程度相关（Callaway 1987，65-66）。

维护尊严

在豪萨社会，有一个词叫"Matsayi mace"，它象征着女性的地位，这是女性可以掌握的重要资源，从正确的性别角色的观点来看，女性们很重视 Matsayi mace（Renne 2004，280）。Matsayi mace 建立了积极的两性关系，是维持女性受人尊重（Mutunci）的地位和个人尊严（Daraja）的重要条件。Matsayi mace 的含义包括：①家庭地位，即女性待在家中，通过无须外出的经济活动获得家庭地位；②家庭之外的地位，即通过对扩展家庭做出贡献和参与扩展家庭的活动获得该地位；③适合女性的场所，即这意味着女性须待在家里不外出，或外出时着装和行为得当，以避开男性的视线（Tipilda 2008，560）。与 Matsayi mace 相似的词 Mutunchi 被翻译为：①尊严；②人性；③尊重他人及自尊。待在家里比外出更受人尊重（Renne 2004，281），女性自己赚钱也意味着获得"尊严"（DFID/CIDA 2009）。

一般认为，女性在家里从事力所能及的经济活动，为家庭做出贡献，就可以获得与Matsayi mace相关的尊重。相反，如果丈夫没有尽心扶养妻子，女性没有进行性别隔离而外出工作，这将成为社区的耻辱，也会引发家庭矛盾，导致女性无法获得尊重（Tipilda 2008，561）。近年来，女性开始上学，受过教育的女性的流动性增强，但是她们外出时仍然要戴上一种叫作"希贾布"（Hijab）的长面纱，用来遮住头部，不能被男性看到面容，以此来维护女性的尊严（Renne 2004，282）。

在现实中，丈夫因为经济原因，不能或不能充分扶养妻子和子女，这对女性来说是最大的问题。女性既要维护自己的尊严，又要在性别隔离中有所收获，以满足自己和子女的需求，这也是一种矛盾。另外，有些丈夫不允许妻子进行经济活动。女性把自己的收入用于子女和家庭，以避免别人认为丈夫没有承担满足家庭所需的责任，这是对丈夫的尊重，也是维护自己的尊严（Renne 2004，283）。对丈夫的尊重可以通过"容忍丈夫""与丈夫或其他妻子和平相处""自己赚钱帮助丈夫""照顾家人"等多种方式实现（Renne 2004，283）。

女性进行经济活动，用自己的收入满足自己和子女的需求，这种行为不能被否定。进行经济活动，为满足家庭所需做出贡献，这也被认为是女性的价值，即Matsayi mace。因为寻求他人帮助会被认为有损女性尊严，所以如果自己有收入，就无须向他人借钱，也就能保持尊严（Renne 2004，281）。

3. 调查方法

本书旨在从家庭性别规范和力量关系的视角探讨家庭决策过程。在研究夫妻间的力量关系等问题上，结构化的问卷调查方法可能会忽略普通生活中的各种复杂性，而通过对被调查者及被调查家庭的连续访谈调查进行定性分析则更具优势（パール1994）。因此，本书不使用定量调查把握因果关系和相关关系的特征，而是通过基于质性数据的案例研究，将决策过程的特征和家庭成员言行的含义进行概念化处理，借此尝试理解家庭资源分配这一复杂行为。此外，虽然大多数关于婚姻和家庭生活的研究仅以妻子为对象进行调查，但也有必要考察夫妻间的意见分歧（パール1994）。

本调查对接受调查的夫妻进行了连续的个别访谈及问卷调查，从而获得了陈述式回答。本调查通过对这些质性数据进行符号化和概念化处理，分析决策过程的特征和模式，辨明了各种模式的成因。除了个别访谈和问卷调查之外，本调查还从政府文件、项目报告书、宣传册、报纸、援助机构和非政府组织的报告、统计资料等二手资料中获得了相关数据。

（1）调查概要

本调查分别于2010年9月至10月以及2011年1月至2月、6月至7月，在卡诺州库博托（Kumbotso）地方行政区P区进行。卡诺州有44个地方行政区[4]，调查地点库博托地方行政区位于卡诺市郊外，人口约为29.6万人（NBS 2008），由11个区构成。P区是靠近通往卡诺市主干道的发达地区，有市场、学校、清真寺、医院等生活必需设施。1999年，军政府倒台，民主政权接管国家，随着外资工厂相继建成，这里涌入了大量劳动力，城市不断扩大。为了建设工厂，居民们卖掉了耕地，农业人口减少。大多数男性的职业是工人、公务员及个体经营者[5]。2004年，P区设立了妇女发展中心，这里成为该区女性识字、学习裁缝和编织技术的场所。

调查对象和调查方法如表3-14所示。专题小组讨论（Focus Group Discussion，FGD）及个别采访是通过翻译进行的，问卷使用豪萨语，由翻译将回答译成英语。专题小组讨论是一种对小组进行访谈的调查方法，这种方法的优点是让小组成员进行讨论，小组成员的发言会促使组内其他人发言，从而得到更为准确的信息。在第一次田野调查中，我们组织未婚、已婚、丧偶等不同婚姻状况的女性及她们的丈夫进行了专题小组讨论，除了所调查的P区外，我们还在卡诺州的另外两区（市中心G区、农村B区）实施了专题小组讨论，收集了居民对卡诺州的性别规范、女性的生活情况和经济活动的看法。在第二次田野调查中，我们单独采访了34位已婚妇女。她们都是豪萨族女性，居住在距离P区妇女发展中心步行30分钟路程内的地方，其中包括进行经济活动的已婚妇女17人和不进行经济活动的已婚妇女17人。另外，这34位女性的丈夫大多数白天不在家，无法对其进行采访，所以只向他们分发并回收了豪萨语调查问卷。笔者只对其中6位丈夫进行了个别采访。第三次田野调查与第二次调查相同，首先向34人发放了豪萨语问卷，然后以回收的问卷作答为基础，通过个别访谈询问了与问卷相同的内容。第三次调查中的个别访谈是以逐个走访受访妇女家庭的方式进行的。对她们的丈夫同样发放了问卷并进行了回收（回收31份），并对其中6位愿意接受采访的丈夫进行了个别访谈。对于关键知情人访谈（Key Information Interview，KII），同样是先发放、回收豪萨语问卷后再进行个别访谈。在第三次调查中，组织了8位传统宗教领袖进行了专题小组讨论。

表 3-14　调查对象和调查方法

调查时间	调查对象	调查方法
第一次（预备调查）（2010 年 9—10 月）	已婚、未婚、丧偶女性共 20 人（专题小组讨论 1）	专题小组讨论
	已婚男性 6 人（专题小组讨论 2）	
	进行经济活动的已婚、未婚女性 14 人	个别访谈
	卡诺州妇女部职员 2 人（KI1、KI2）	

续表

调查时间	调查对象	调查方法
第二次 （2011年1—2月）	进行经济活动的已婚妇女 17人	个别访谈
	不进行经济活动的已婚妇女 17人	
	上述34位妇女的丈夫34人	发放问卷（回收24份） 个别访谈（6人）
	妇女发展中心讲师7人 （KI3-KI9）	个别访谈
第三次 （2011年6—7月）	第二次调查时的34位妻子	发放问卷、个别访谈
	第二次调查时的34位丈夫	发放问卷（回收31份） 个别访谈（上述6人）
	第二次调查时的妇女发展中 心讲师7人	发放问卷、个别访谈
	传统宗教领袖8人[6]（专题 小组讨论）	专题小组讨论

注：KI 指关键知情人，KI1、KI2 是卡诺州妇女问题与社会发展部职员，KI3—KI9 是妇女发展中心讲师。笔者制。

（2）调查对象和调查地点的选定理由

本书的研究课题涉及家庭对话，所以调查对象为已婚人士。为了探讨女性的收入是否会影响家庭收入的充足程度及女性对家庭角色的认知，笔者将进行经济活动和不进行经济活动的已婚妇女及其丈夫作为调查对象。在实际选取的样本中，有34户符合上述标准的家庭愿意协助调查。由于调查对象中有些丈夫不在家或者没有回答特定问题，所以一些问题没有得到所有人的回答。

关于关键知情人，为了解卡诺州整体的社会经济情况，特别是女性所处状况，笔者选取了该州妇女问题与社会发展部（以下简称妇女部）的两名女性工作人员作为调查对象，同时为了解P区豪萨族女性的情况、P区社会经济情况的变化、性别角色规范，以及帮助解释其他调查对象的回答、帮助询问笔者无法直接询问其他调查对象的问题，本调查将P区妇女发展中心的7名全职讲师（女性）作为访谈对象。

关于专题小组讨论，为了在第一次预备调查时掌握P区女性的整体情况，笔者将已婚妇女、未婚和丧偶的女性都列入了调查对象。另外，还组织该地区的男性进行了专题小组讨论。第三次调查对8名社区领袖（男性）进行了专题小组讨论，询问了P区的社会经济情况，尤其是男性的经济情况。

选择卡诺州库博托地方行政区P区作为调查地点的理由如下。首先，卡诺州自古以来就是豪萨社会的中心，现在也是尼日利亚北部的中心，援助机构的活动多，容易获得该州社会经济情况和性别问题的报告。关于豪萨社会的研究，特别是关于女性情况的已有研究中，有很多是以卡诺州为对象的。其次，库博托地方行政区P区位于卡诺市郊区，近年来持续发展，社会经济情况不断改善，因此该区的性别角色规范有可能会发生变化。加之P区商业发达，女性参与经济活动的机会较多。最后，P区的妇女发展中心是该区女性自发组织成立的，从参与创办妇女发展中心的讲师身上，可以看到她们自发改变地区性别角色规范的态度。以上是选定该区作为调查地点的理由。

在第一次预备调查中，除P区以外，笔者也在候补调查地点——卡诺州西北部农村B区和卡诺市中心G区，组织已婚、未婚、丧偶女性进行了专题小组讨论。结果表明，B区女性的经济活动比较单一，主要为加工农产品以及制作、销售以农产品为原料的加工食品，而G区的女性大多是十几岁的未婚女性，不符合以已婚妇女为对象的调查条件。

（3）调查误差对策

从2004年3月到2010年1月，笔者作为日本国际协力机构派遣专家，陆续在尼日利亚参与了改善卡诺州女性生活的援助工作。日本国际协力机构在 2007 年 1 月至 2010 年 1 月实施了技术合作项目"尼日利亚 增加妇女中心活力，改善女性生活（第一阶段）"，P 区妇女发展中心是该项目的援助对象。笔者作为该项目的长期派遣专家，与 P 区妇女发展中心保持着联系，因此在本次调查中，委托了可以与普通居民接触的妇女发展中心讲师作为中间人协助调查。

为了减少回答误差，需要用多种调查方法反复提出同样的问题来确认答案（Mikkelsen 1995），笔者通过个别访谈、问卷调查和观察法，在不同时期对同一调查对象提出了同样的问题。另外，在涉及敏感内容时，与调查对象建立信任关系是必不可少的（Mikkelsen 1995），因为本调查涉及家庭收入用途、收入额、家庭角色认知等私人事项，所以需要与笔者建立了信任关系的妇女发展中心讲师作为中间人。

（4）调查的局限性

由于本调查只截取了一个时期的数据，所以无法掌握调查对象的历时性变化。虽然考查了调查对象对变化的认识，但并不知道实际发生了什么变化。例如，本书所研究的夫妻之间的对话过程中存在着"重复游戏"[7]，但笔者无法知晓这种"重复游戏"的实际作用。即使知道了调查对象认为"过去是那样的，现在变成了这样"，但实际上夫妻在长期的家庭关系中不断重复对话，过去的对话结果会对之后的对话过程产生怎样的影响，笔者无法确认。

另外，由于笔者并不精通豪萨语，所以委托了懂英语和豪萨语的豪萨人担任翻译。进行预备调查时，笔者委托了两位卡诺州妇女部的工作人员。第二次调查和预备调查一样，也委托了这两位工作人员，还委托了一位刚从大学毕业的豪萨族男性帮忙翻译。第三次调查时，同样委托了上述两位工作人员及一位豪萨族女大学生作为助手进行口译和笔译。笔者和助手的英语交流没有问题，但是助手在将豪萨语翻译为英语的时候，英语词汇有限。

（5）收集数据

笔者先用英语写好个别访谈和调查问卷的问题，然后请几位州妇女部的工作人员（包括KI1和KI2）确认这些提问的内容是否符合P区的社会文化。另外，由卡诺州妇女部的工作人员及翻译将问卷翻译成豪萨语。妇女部工作人员认为在这个调查阶段进行关于家庭暴力以及家庭计划的提问事项不合适，因此笔者将之删除。不合适的理由是，不识字的调查对象拿到问卷后，去询问丈夫或亲属的可能性很高，即使调查对象识字，也很有可能把问卷给丈夫看，而这两个问题会招致丈夫或亲属的反感。笔者仅对关键知情人中的妇女发展中心讲师提问了这两项内容。此外，在个别访谈时如果派生出新的问题，笔者会向翻译确认该问题是否合适。

社区领袖

问题内容概要

提问项目是基于家庭资源分配和决策的相关研究、豪萨社会的相关研究、尼日利亚北部性别情况的统计材料、政府机构及援助机构的报告而制作的。面向已婚妇女及其丈夫、妇女部工作人员及妇女发展中心工作人员等调查对象的主要提问见表 3-15、表 3-16、表 3-17、表 3-18。以第一次预备调查得到的结果为基础，笔者面向 34 对夫妻实施了第二次、第三次调查。两次调查提问了相同的内容，也对一些问题进行了更细致的询问。

表 3-15　面向女性的主要提问内容

调查内容	第一次（预备调查）专题小组讨论 个别访谈	第二次（正式调查）确定调查对象 个别访谈	第三次（正式调查）调查对象和第二次相同 个别访谈、问卷调查
性别角色分工	• 男性和女性一天的活动 • 社区内男性、女性的活动及角色 • 好妻子、好丈夫的条件	• 女性一天的活动 • 妻子收入高于丈夫的情况 • 丈夫是否协助做家务 • 好妻子、好丈夫的条件	• 准备女儿嫁妆
女性的经济活动	• 女性从事经济活动的种类 • 适合女性的经济活动 • 参加合作社、互助会 • 女性收入的用途、使用理由	• 有无经济活动、经济活动的内容 • 开始经济活动的理由 • 收入额、收入的用途及管理 • 购买原料、销售产品 • 参加合作社、互助会 • 到妇女发展中心学习的理由及感想	• 有无经济活动、经济活动的内容 • 不进行经济活动的理由 • 收入额、收入的用途及管理 • 购买原料、销售产品 • 参加合作社、互助会 • 不去妇女发展中心学习的理由
满足家庭所需	• 家庭所需是什么 • 由谁负责什么	• 家庭所需是什么 • 谁来承担满足家庭所需的责任 • 丈夫满足家庭所需的程度 • 借或给丈夫钱的经历、频率、金额	• 丈夫满足家庭所需的程度 • 借或给丈夫钱的经历、频率、金额 • 满足家庭所需过程中妻子的角色

调查内容	第一次（预备调查） 专题小组讨论 个别访谈	第二次（正式调查） 确定调查对象 个别访谈	第三次（正式调查） 调查对象和第二次相同 个别访谈、问卷调查
社会网络	—	• 外出的频率、目的地 • 和亲友邻居的交往 • 夫妻帮助双方的亲属	• 夫妻帮助双方的亲属 • 出席结婚仪式等的意义 • 困难之际依赖的对象
夫妻对话	—	• 与丈夫日常交谈的内容 • 和丈夫意见不同时的做法 • 日常对话的实际情况（食品、日用品、健康、女性外出、帮助亲属、购买土地、房屋、子女教育）	• 与丈夫日常交谈的内容 • 和丈夫意见不同时的做法 • 日常对话的实际情况（食品、日用品、健康、女性外出、帮助亲属、购买土地、房屋、子女教育）
对性别角色的认识	—	• 对进行经济活动的女性的认知 • 对不进行经济活动的女性的认知	• 家庭内部夫妻的角色
展望未来、认识变化	—	• 开始经济活动后的变化 • 所期待的状况和前景	• 丈夫的变化 • 所期待的状况和前景
基本情况	—	• 年龄、子女数量及子女教育 • 丈夫是否有亲属及其他妻子 • 妻子亲属的居住地 • 丈夫的个人特征、教育及职业	• 是否继承了父母的财产 • 土地、房屋、家畜的持有情况 • 有无存款

笔者制。

表 3-16　面向男性的主要提问项目

调查内容	第一次（预备调查） 专题小组讨论 个别访谈	第二次（正式调查） 确定调查对象 个别访谈、问卷调查	第三次（正式调查） 调查对象和第二次相同 个别访谈、问卷调查
性别角色分工	• 男性和女性一天的活动 • 好妻子、好丈夫的条件	• 好妻子、好丈夫的条件 • 妻子收入高于丈夫的情况 • 丈夫是否协助做家务	—

续表

调查内容	第一次（预备调查） 专题小组讨论 个别访谈	第二次（正式调查） 确定调查对象 个别访谈、问卷调查	第三次（正式调查） 调查对象和第二次相同 个别访谈、问卷调查
女性的经济活动	• 女性经济活动的种类 • 适合女性的经济活动	• 让妻子去妇女发展中心学习的理由及对学习效果的看法	—
男性的经济活动	—	• 月收入额 • 用于家庭所需的月支出额 • 丈夫的收入管理	• 月收入额 • 用于家庭所需的月支出额 • 丈夫的收入管理
满足家庭所需	• 家庭所需是什么 • 由谁负责什么	• 家庭所需是什么 • 谁来承担满足家庭所需的责任 • 丈夫满足家庭所需的程度 • 向妻子借钱、要钱的经历、频率、金额	• 丈夫满足家庭所需的程度 • 向妻子借钱、要钱的经历、频率、金额
社会网络	—	• 夫妻帮助双方的亲属	• 夫妻帮助双方的亲属
夫妻对话	—	• 与妻子日常交谈的内容 • 与妻子意见不同时的做法 • 处理日常话题的实际情况（食品、日用品、健康、女性外出、帮助亲属、购买土地、房屋、子女教育）	• 与妻子日常交谈的内容 • 与妻子意见不同时的做法 • 处理日常话题的实际情况（食品、日用品、健康、女性外出、帮助亲属、购买土地、房屋、子女教育）
对性别角色的认识	—	• 对进行经济活动的女性的认知 • 对不进行经济活动的女性的认知	• 家庭内部夫妻的角色
展望未来、认识变化	—	• 开始经济活动后妻子的变化 • 所期待的状况和前景	• 妻子开始经济活动后丈夫的变化 • 所期待的状况和前景

调查内容	第一次（预备调查） 专题小组讨论 个别访谈	第二次（正式调查） 确定调查对象 个别访谈、问卷调查	第三次（正式调查） 调查对象和第二次相同 个别访谈、问卷调查
基本情况	—	• 年龄、教育经历 • 丈夫是否有亲属或其他妻子 • 丈夫的个人特征、教育及职业	—

笔者制。

表 3-17　面向关键知情人（KI1、KI2）的主要提问项目

调查内容	第一次（预备调查） 个别访谈
卡诺州的社会经济情况	• 男性经济活动的情况、工资水平 • 女性经济活动的情况 • 教育费用、医疗费用、伙食费、日用品的价格、交通费等
卡诺州女性的情况	• 女性问题 • 女性教育情况 • 离婚、再婚 • 已婚妇女的隔离情况
卡诺州政府采取的女性问题对策	• 卡诺州内的妇女发展中心、合作社、小额贷款

笔者制。

表 3-18　面向知情人（KI3—KI9）的主要提问项目

调查内容	第二次（正式调查） 个别访谈	第三次（正式调查） 问卷调查、个别访谈
P 区基本情况	• P 区的历史及经济现状 • P 区女性的情况 • 女性教育情况	• 迄今为止在 P 区实施的面向女性的项目 • P 区设立妇女发展中心的过程

调查内容	第二次（正式调查） 个别访谈	第三次（正式调查） 问卷调查、个别访谈
家庭婚姻关系	• P 区的居住形态（和丈夫的父母、亲人、其他妻子同住） • 离婚、再婚、单身情况 • 离婚的理由 • 已婚妇女的性别隔离实践	• 对结婚对象的要求、结婚前的安排 • 对娶多位妻子的丈夫的评价 • 女性对丈夫娶了其他妻子的反应 • 关于婚资
与性别相关的问题	• 女性面对的问题 • 与家庭相关的问题	• 家庭暴力
女性的经济活动	• 女性参与的经济活动及参与理由 • 经济活动中的问题 • 女性收入的用途、必须有收入的理由	• 男性的经济活动 • 男性收入的用途
社会网络	• 和亲属朋友交换礼物 • 和亲属相互帮助	—
对性别角色规范的认识	• 无法满足家庭所需的男性 • 有经济能力的女性 • 进行经济活动的女性的丈夫	• 何为尊严、体面（Matsayi mace）
妻子所期待的情况	• 何为女性所期待的生活 • 何为女性所必备的能力	• 丈夫不同意时妻子的做法 • 支持妻子的丈夫的特征

笔者制。

数据收集方法

本调查的数据收集方法包括问卷调查、个别访谈、专题小组讨论三种，另外，还通过直接观察和文件资料收集了质性数据。第二次调查时，由于身为调查对象的丈夫白天不在家，能够进行个别采访的对象有限，所以发放并回收了问卷。问卷的内容被翻译成豪萨语，由妇女发展中心讲师送到调查对象家中，三到五天后取回。卡诺州妇女部工作人员及翻译将回收的问卷答案翻译成英语。第三次调查时，首先让妇女发展中心讲师把翻译成豪萨语的问卷分别发放给接受调查的 34 户家庭的丈夫和妻子，三到五天后取回。翻译将答案译成英语，笔者以回收的问卷答案为基础，对 34 位妻子和其中 6 位丈夫进行了采访，追加了一些问题并确认了不明确的地方。

个别访谈是在 P 区妇女发展中心（第一、二次调查）或调查对象的家中进行的（第二、三次调查），对每个人进行一个半小时到两个小时的访谈。在妇女发展中心进行访谈时，房间里只有笔者、翻译和调查对象，不过在调查对象家里进行时，虽然也创造了只有笔者、翻译和调查对象的环境，但同行的妇女发展中心讲师及调查对象的亲属（婆婆、子女）也在周围，因此无法排除调查对象的回答受到他人影响的可能性。另外，为了避免给调查对象带来压力，我们没有对采访进行录音。对妇女发展中心讲师的采访是在妇女发展中心进行的。

专题小组讨论是在妇女发展中心的房间里进行的，在翻译的协助下组织了 20 名已婚、未婚、丧偶女性（第一次调查）及 6 名已婚男性（第一次调查）进行讨论。此外，对 8 位社区领袖的调查是在他们的家中进行的（第三次调查）。面向男性进行专题小组讨论时，调查对象中出现了夸大其词的倾向，没能发挥出小组讨论的优势，即"通过群体的相互作用，将隐藏的情况表现出来"（パンチ 2005，241）。关于女性的经济活动及让女性感到不满的各种限制等问题，笔者通过面向女性的专题小组讨论收集到了比个别访谈更丰富的数据。但是由于很难在其他女性面前谈起有关家庭对话的问题，所以专题小组讨论没能收集到相关的确切数据。

（6）数据分析方法

分析质性数据的方法多种多样，调查目的决定方法。再现性判定标准必须是合理的（パンチ 2004，269-273）。在质性研究中，研究者扮演着转译者的角色，需要将从对象社会的人们的言行中读取的"现场语言"，转换成研究者群体所能理解的一般性抽象的"理论语言"。研究者多次往返于"现场语言"和"理论语言"间，解读质性数据的含义（佐藤 2008，17-32）。佐藤郁哉阐述了在往返于原始数据和编码及概念化数据的过程中辨明研究对象言行含义的必要性，他认为质性数据分析"不仅要通过编码对数据进行集约，还要多次回归到原始语境中，一边参照原始语境一边努力阐明其言行的含义"（佐藤 2008，57）。另外，不能只是单纯地描述事物，也有必要说明为何如此以及会产生何种影响等（佐藤 2008，59-73）。

因为本书主要通过分析夫妻互动的质性数据来揭示家庭决策过程，所以有必要一边往返于"现场语言"（源于夫妻的数据）和"理论语言"（基于已有研究建立起来的分析框架的相关语言），一边理解夫妻的认知和行为。为此，本书参考了佐藤（2008）的质性数据分析法，对质性数据进行分析。首先进行定性编码，将类似的代码进行分类，并为每一类调查对象建立数据库。其次，分别读取每类代码下近似代码的文字文本数据，并进行概念化处理，使它接近"理论语言"，完成叙事。

最后，为了观察案例的特殊性和整体性，制作了"案例—代码矩阵"。"案例—代码矩阵"中横向排列的是案例，纵向排列的是多个代码，同时，笔者整理了相关的文字文本数据。横向来看，可以看到特定的调查对象所处的情况；纵向来看，对于某个行为或认识，可以有效地观察到超越调查对象特殊性的一般模式或规律性（佐藤 2008，59-73）。另外，"案例—代码矩阵"被称为"持续比较法"，在对多个数据进行反复比较分析时效果显著（佐藤 2008，111-127）。

表 3-19、表 3-20 展示了"案例—代码矩阵"的一部分。本书的质性数据分析就是通过这种"案例—代码矩阵"对数据进行持续比较，确认缺失的数据或提出新的问题，并将其应用到下一次调查中。

表3-19　案例—代码矩阵示例（近似代码间的比较）

受访者	妻子应该对家庭做出经济贡献吗？	家务是对家庭的贡献吗？	谁做的贡献更多？
妻子1	丈夫不在家或者没钱时，我来买食物。女性也应该做出经济贡献。	家务当然是贡献。如果我不做家务的话，丈夫也没时间做，家里会变脏，丈夫也会发脾气。	两个人做出的贡献相同。
妻子2	应该。我看见好东西就会买给孩子，其他家里用的，如扫帚、杯子也是我买的。女性有钱的话应该做出经济贡献。	我认为家务是贡献。如果我不做家务，丈夫就吃不上饭了。	丈夫。几乎所有必需品都是丈夫买的。
妻子3	我当然在做贡献。需要买什么时，如果我有钱就自己买。女性应该做出经济贡献。因为丈夫不肯给家里花钱的话就糟了。	当然，做家务可以帮到家里。	丈夫。因为丈夫是一家之主。

笔者制。

表3-20　案例—代码矩阵示例（夫妻回答的比较）

受访者	借或给丈夫钱（妻子的回答）	向妻子借或要钱（丈夫的回答）
妻子1／丈夫1	有时我会借钱给丈夫。那是丈夫没钱却需要钱的时候。丈夫会还钱。另外，即使我把钱当礼物送给丈夫，他也会还给我，他说女人需要钱。丈夫有时会向我借钱。	我向妻子借过钱，我会还的。妻子也想给我钱，但是我没接受。因为我才是付出的一方。
妻子2／丈夫2	月末需要钱买菜时，我会借给丈夫700—1000N。丈夫会还给我的。有时我也会给丈夫钱。如果是用来购买菜或做汤的食材，我就不让他还了。有时，丈夫会向我借钱，但即使他要还给我，我也说"算了"。	我不会向妻子借钱。妻子也从来没有给过我钱。

续表

受访者	借或给丈夫钱（妻子的回答）	向妻子借或要钱（丈夫的回答）
妻子3 /丈夫3	虽然我没多少钱，但丈夫没钱而我有钱时会借他。丈夫有时也会还给我。我也给过丈夫钱，但不频繁。	我向妻子借钱，事后会还给她。妻子赚到钱时会给我钱。

笔者制。

（7）确认分析结果

P区妇女发展中心的7位讲师和该州妇女部的工作人员对本调查的分析结果进行了确认。如前文所述，本调查分三次进行。在进行第二次调查（2011年1—2月）前，笔者在P区妇女发展中心用英语就第一次预备调查（2010年9—10月）的结果进行汇报，并由翻译译成豪萨语。另外，笔者向卡诺州妇女部妇女局的6名工作人员（包括KI1、KI2）用英语汇报了同样的内容。在第三次调查（2011年6—7月）开始前，以及在第三次调查结束时，由笔者以口头和书面两种形式，向P区妇女发展中心和卡诺州妇女部的工作人员分别汇报了第二次和第三次调查的结果，他们确认了调查结果。

笔者对调查结果的解释没有太大偏差，基本上得到了认同。另外，妇女发展中心讲师和妇女部工作人员对调查结果做出了更为深刻的评论。P区妇女发展中心的7名工作人员（KI3—KI9）与调查对象同为P区居民，她们认同笔者对调查结果的解释，这说明本调查已最大限度地掌握了调查对象的认识和行为。

4. 调查地点和调查对象的特征

本节将总结调查地点P区的情况，并以从关键知情人和调查对象处获得的信息为基础，总结接受调查的34位妻子和34位丈夫的特征。

（1）调查地点的特征

调查地点 P 区是尼日利亚北部卡诺州库博托地方行政区的 11 个区之一，距卡诺州首府卡诺市中心大约 40 分钟公共汽车车程，是一个沿干道发展且交通便利的地区。几十年前，P 区是一片广阔的耕地，但随着政府兴建水利资源公社和电力公社，大量男性劳动力移居此处。1999 年，外资工厂陆续建立，工人及家属迁入，导致人口增加（KI4）。2000 年左右，P 区只有一家医院，人们生病时必须到卡诺市中心就医。因此，对于女性来说，生病或分娩时接受医疗服务并非易事。小学也只有一所，初中高中都要到其他区或卡诺市区去上，父母们不愿意把女儿送到其他区的学校，认为她们读完小学就可以了（KI5、KI6）。

20 世纪 80 年代后期，由于"美好生活计划"这一国家计划的实施，在库博托地区的中心建立了妇女发展中心，但 P 区既没有妇女发展中心，也没有可供女性学习技术的场所。"10 年前（2000 年左右），没有妇女发展中心等场所"（KI4、KI5），"10 年前，女性不进行经济活动，也学不到技术，只能依赖丈夫"（KI7、KI8），可见 2000 年左右，P 区没有可供女性学习的场所。

2000 年之后的 10 年间，P 区发生了巨大的变化。P 区的居民将耕地作为工厂用地和住宅用地出售，越来越多的男性不再从事农业。医院增加到三家，女性可以在 P 区的医院接受产前检查，也可以在医院分娩。学校有多所私立小学，也有初中、高中，因此更便于父母送女儿去学校读书。还有多处供成年女性学习的场所。另外，小型市场增加，不去卡诺市区也能买到布料、毛线等用于经济活动的材料（KI3—KI9）。虽然 P 区的生活环境日益完善，但近年来经济情况不佳，物价上涨。很多父母都想把子女送到卡诺市区的私立学校读书，这也增加了他们的教育负担（KI3—KI9）。男性没有足够的工作，又由于已把耕地卖给工厂，无法从事农业，所以很多男性的收入都无法满足家庭所需（FGD3）。

如上所述，近年来，P 区居民普遍认为社会状况发生了巨大变化。2004 年，P 区设立了妇女发展中心。妇女发展中心的讲师走访学员和毕业生的家庭，成为他们的咨询对象。讲师们也会走访社区内与妇女发展中心无关的家庭，劝说家中女性进入妇女发展中心学习（KI3—KI9）。另外，以妇女发展中心讲师为中心，妇女发展中心的学员和毕业生成立了裁缝工会、编织工会、坚果油工会等各种各样的工会。工会向因资金不足而无法购买材料和设备的成员提供贷款或为她们集中采购材料；此外，每个月收集一次产品，由妇女发展中心讲师拿到卡诺市卖给批发商（KI3—KI9）。即使对已婚妇女实行性别隔离，妇女发展中心的学员及毕业生的丈夫们也大多认为"去妇女发展中心没有问题"，这也对其他男性产生了影响（KI3）。

（2）P 区女性面临的问题

妇女发展中心的讲师认为，P 区女性面临的最大问题是"丈夫无法满足家庭所需"。按照豪萨族的性别角色，提供家庭所需是丈夫的义务，但在经济困难的情况下，有很多丈夫无法履行义务。这样的男性会被社区鄙视，"无论男女都不会尊敬他"（KI5、KI6），"这意味着丈夫失去了管控家庭的能力"（KI8）。"在我们这里，丈夫提供家庭所需。不能充分满足家庭所需的男人就不应该结婚"（丈夫 28）。但是，单身的男性就是"连一个妻子都养不起的人"（KI6），"在社会中他的男性尊严会被削弱"（KI8）。在现实生活中，很多男性即使没有足够的收入也会结婚，甚至娶多个妻子。"丈夫要迎娶新妻子是个问题，很多女性都不喜欢这样。如果有多位妻子的话，从丈夫那里得到的东西就会减少"（KI5），妻子担心多妻婚姻会妨碍丈夫提供家庭所需，"如果新妻子有钱的话，自己就会被拿来比较，为了应对这种情况，女性需要进行经济活动努力攒钱"（KI6），"丈夫有三四位妻子的话，收入就不够用了，所以她们想有自己的积蓄"（KI7），以上也是妻子们想获得收入的动机之一。而对于有多位妻子的男性，

"人们尊敬他们"（KI4、KI5、KI7）。也有人认为"这样的男性内心是不安宁的"（KI6）。

在上述情况下，女性希望自己有收入。一方面，"有时丈夫的钱不够用，我又不愿意向邻居或亲属借钱，所以想自己赚钱"（妻子28）。在豪萨社会，一般认为女性进行经济活动是有违于性别角色的行为，需要得到丈夫的许可。另外，已婚妇女实行性别隔离，经济活动仅限于在家中进行。"有些丈夫不允许妻子进行经济活动，这种情况下，妻子只能待在家里"（KI4、KI5），妻子得到丈夫的许可才能进行经济活动。此外，她们还需要挑战现有的性别隔离制度或者挑战夫唱妇随的性别角色，比如争取丈夫的外出许可，或者让丈夫允许她们去妇女发展中心等学习场所上学等。

另一方面，近年来，女性所处的环境也发生了变化。随着女性开始接受学校教育，初婚年龄有所推迟。10年前（20世纪90年代后半期），女性12岁左右结婚，现在大多是18岁到20岁（KI3）。结婚年龄变大的原因是，大多数父母希望女儿能读完初中（15岁）再结婚，甚至有些父母希望女儿能上大学，可见父母对教育的关心程度越来越高（KI4）。另外，虽然离婚、再婚并不少见，但近年来，离婚的人数在减少。自己赚钱的女性会用自己的收入补贴丈夫提供家庭所需时不足的部分，以前丈夫未能满足家庭所需会成为离婚的理由，但现在因为这个理由发生纠纷的情况减少了。离婚的原因一般是，在丈夫无法提供足够的家庭所需、妻子也不参与经济活动的情况下，妻子频繁地告诉丈夫他没有提供足够的家庭所需（KI5—KI8）。如果离婚的原因是丈夫供给不足，或者妻子与公婆不和，那么在社区里就会有风言风语，导致再婚困难（KI6）。在这个社会，离婚后子女由丈夫抚养，子女未满3岁时由妻子暂时抚养，3岁后要交还给丈夫（KI4）。关键知情人访谈中，所有的妇女发展中心讲师都提到，在调查地点无论男女再婚都很普遍，也很容易。再婚是可以的，但需要被周围人认可这个人不是离婚的过错方。

在妇女发展中心讲师所认为的已婚妇女面临的问题中，有"和公婆一起生活、丈夫娶了别的妻子"这一项。关于和公婆同住，调查对象们细数了和婆婆一起生活的难处，如"很难好好生活，也有导致离婚的例子"（KI3），"和公婆住在一起对大多数女性来说很困难。婆婆期待儿媳帮自己做家务，丈夫送礼物给妻子的话，婆婆也想要同样的东西"（KI5）。在豪萨社会，女性结婚后会和丈夫在公婆的院子里新建住所一起生活，但近年，也有一些手头宽裕的夫妻在其他地方租房子或新建房子（KI3）。

（3）调查对象的特征

年龄

调查对象各年龄段的数据分别为：妻子 20—29 岁 12 人，30—39 岁 11 人，40—49 岁 9 人，50—59 岁 2 人；丈夫 20—29 岁 2 人，30—39 岁 8 人，40—49 岁 10 人，50—59 岁 8 人，60 岁以上 6 人。妻子的平均年龄为 32.9 岁，丈夫的平均年龄为 45.7 岁。

夫妻的年龄差

夫妻年龄差为 10—14 岁的占 35%，比例最高；其次是相差 5—9 岁，占 29%。年龄差在 20 岁以上的也达到 27%，可见，这是一种有年龄差的婚姻形态。没有妻子比丈夫年长的情况。尼日利亚北部的情况是，夫妻年龄差在 10—14 岁的比例最高，达到 43.6%，其次是 15—19 岁，达到 23.3%。年龄差在 20 岁以上的为 17.3%，9 岁以下的为 15.8%。

妻子的结婚年龄

34 位妻子中有 38% 没到 15 岁就结婚了。也有 12 岁（妻子 12、14、18）、13 岁（妻子 6、22）结婚的案例。16—20 岁结婚的人占 56%，比例最高。有 94% 的人在 20 岁之前结婚。34 位调查对象的平均初婚年龄为 16.7 岁。尼日利亚北部女性的初婚年龄为 15.3 岁（基于 2008 年的数据），调查对象的初婚年龄略高于尼日利亚北部的平均初婚年龄。

与丈夫的家人、其他妻子同住

34 位妻子中有 12 位与丈夫的父母、兄弟姐妹以及其他亲属一起生活，占三分之一。在 34 位妻子中，有 7 人与被称为丈夫的"伴侣"的其他妻子同住，占 20.1%。在尼日利亚北部，一夫多妻的比例为41.9%（2008 年），调查对象中一夫多妻的比例约为其一半，但是调查对象中丈夫的平均年龄为 45.7 岁，在调查地点，丈夫与第二名妻子结婚时的平均年龄约为 50 岁，所以调查对象今后还有可能与丈夫的其他妻子同住。

社区里的男性

子女的数量

妻子们的年龄跨度很大，子女的数量从 0 到 11 个不等，中位数是 5 个，最频值是 6 个，平均值是 4.62 个。尼日利亚北部的总和生育率为 7.3 人（2008 年）。调查对象中妻子的平均年龄为 32.9 岁，因为尼日利亚北部女性的平均生育间隔为 30.8 个月（2008 年），所以可以推定调查对象到 45 岁左右会再增加 2—3 名子女，这样可以达到尼日利亚北部的数值[8]。

夫妻的受教育程度

从丈夫的受教育程度来看，获得学士学位证书的高学历丈夫比例最高，达到 38%，其次依次是只上过古兰经学校（27%）、完成初高中教育（26%）、完成初等教育（9%）。而妻子的受教育程度分别为完成初高中教育（27%）、完成初等教育（26%）、仅读过古兰经学校（47%）。尼日利亚北部及卡诺州女性的受教育情况（2008 年）如下：在尼日利亚北部未接受学校教育的女性比例为 74.2%，卡诺州的该比例为 65.7%；尼日利亚北部完成初等教育的比例为 8.1%，卡诺州的该比例为 12.5%；尼日利亚北部完成初高中教育的女性比例占 5.3%，卡诺州的该比例为 8.4%[9]。调查对象中妻子的受教育程度高于尼日利亚北部和卡诺州的数据。此外，从卡诺州男性的受教育程度来看，完全没有接受过学校教育的男性占 30.6%，完成初等教育的占 22.2%，完成初高中教育的占 17.5%，获得学位证书及以上程度的占 11.9%（2008 年）。与调查对象中丈夫的受教育程度相比，完全没有接受过学校教育的比例基本相同，但调查对象中获得学位的丈夫比例高达 38%，完成初高中教育的也有 26%，可见调查对象受教育程度很高。

丈夫的职业

丈夫的职业中公务员占 23%，雇员占 41%，自营业者占 24%。公务员和雇员合计占 64%，他们从事定期领取工资的职业。人口与健康调查（DHS 2008）结果显示，卡诺州有 18.8% 的男性受雇于家庭之外，14.2% 受雇于家庭，67% 的男性从事自主经营。在调查地点，专门从事农业的男性很少，因为家附近有很多政府机关、民办工厂，所以从事公务员、雇员职业的人较多。

上文分析了作为调查对象的 34 对夫妻各自的特征。本章通过现有的统计资料呈现了尼日利亚北部家庭和婚姻关系的情况、女性和男性的受教育情况及经济能力等。在这些方面，本书的调查对象与尼日利亚北部数据的比较结果如表 3-21 所示。

表 3-22 列出了接受调查的 34 对夫妻的基本情况，表 3-23 列出了关键知情人的基本情况，表 3-24 列出了调查对象（妻子）的基本情况。在关于夫妻二人学历的项目中，"古兰经学校"是指在古兰经学校就读的经历。

表 3-21　本书调查对象的特征

妻子、丈夫的特征	调查对象的数据	尼日利亚北部的数据
女性的初婚年龄	16.7 岁	15.3 岁
夫妻年龄差距大（20 岁以上）	27%	17.3%
夫妻年龄差距小（9 岁以下）	34%	15.8%
女性受教育程度低（未受过学校教育）	47%	65.7%（仅卡诺州）
男性受教育程度低（未受过学校教育）	27%	30.6%（仅卡诺州）
女性受教育程度高（完成初高中教育）	27%	11.3%（仅卡诺州）
男性受教育程度高（获得学位证书及以上）	38%	11.9%（仅卡诺州）
男性雇员	64%	33%（仅卡诺州）

数据来源：尼日利亚北部的数据来自表 3-6、3-7、3-8。笔者制。

表 3-22　调查对象的基本情况

受访者		妻子的年龄区间（岁）	夫妻年龄差	子女数	妻子的学历	丈夫的年龄区间（岁）	丈夫的学历	丈夫的职业
进行经济活动的妻子	妻子 1	20—24	3	0	高中毕业	20—24	大学毕业	雇员
	妻子 2	20—24	11	3	小学毕业	35—39	高中毕业	雇员
	妻子 3	25—29	11	2	高中毕业	35—39	高中毕业	自营业者
	妻子 4	25—29	9	4	初中毕业	35—39	大学毕业	雇员
	妻子 5	30—34	8	6	小学毕业	40—44	大学毕业	公务员
	妻子 6	35—39	17	9	高中毕业	55—59	高中毕业	雇员
	妻子 7	40—44	25	0	古兰经学校	65—69	大学毕业	公务员
	妻子 8	45—49	5	4	古兰经学校	50—54	古兰经学校	公务员
	妻子 9	25—29	8	未作答	小学毕业	30—34	大学退学	自营业者
	妻子 10	45—49	12	7	古兰经学校	55—59	古兰经学校	退休
	妻子 11	35—39	10	6	古兰经学校	45—49	古兰经学校	雇员
	妻子 12	50—54	30	8	古兰经学校	80—84	小学毕业	退休
	妻子 13	50—54	20	6	古兰经学校	70—74	古兰经学校	自营业者
	妻子 14	35—39	5	7	古兰经学校	40—44	大学毕业	自营业者
	妻子 15	20—24	20	1	古兰经学校	40—44	高中毕业	雇员
	妻子 16	40—44	20	7	高中退学	60—64	古兰经学校	自营业者
	妻子 17	45—49	10	10	小学退学	55—59	大学毕业	退休

续表

受访者		妻子的年龄区间（岁）	夫妻年龄差	子女数	妻子的学历	丈夫的年龄区间（岁）	丈夫的学历	丈夫的职业
不进行经济活动的妻子	妻子18	30—34	20	5	古兰经学校	50—54	古兰经学校	自营业者
	妻子19	30—34	10	5	小学毕业	40—44	高中毕业	雇员
	妻子20	30—34	15	2	小学毕业	45—49	大学毕业	公务员
	妻子21	20—24	9	3	高中毕业	30—34	古兰经学校	雇员
	妻子22	35—39	9	7	小学毕业	45—49	高中毕业	雇员
	妻子23	40—44	14	11	古兰经学校	50—54	大学毕业	公务员
	妻子24	30—34	10	5	古兰经学校	40—44	高中毕业	雇员
	妻子25	45—49	5	6	古兰经学校	50—54	小学毕业	雇员
	妻子26	30—34	20	6	古兰经学校	50—54	小学毕业	自营业者
	妻子27	20—24	6	1	高中毕业	25—29	大学毕业	公务员
	妻子28	25—29	12	5	高中退学	40—44	大学毕业	雇员
	妻子29	25—29	10	3	小学退学	35—39	高中退学	失业
	妻子30	20—24	12	1	高中毕业	30—34	大学毕业	自营业者
	妻子31	20—24	10	1	小学毕业	30—34	古兰经学校	雇员
	妻子32	40—44	20	10	古兰经学校	60—64	大学毕业	公务员
	妻子33	35—39	5	5	古兰经学校	40—44	高中毕业	公务员
	妻子34	40—44	25	4	古兰经学校	65—69	古兰经学校	雇员

笔者制。

表 3-23　关键知情人的基本信息

受访者	年龄区间	性别	职业
KI1	35—39	女	卡诺州妇女问题与社会发展部工作人员
KI2	25—29	女	卡诺州妇女问题与社会发展部工作人员
KI3	40—44	女	P区妇女发展中心讲师（在P区居住24年）
KI4	50—54	女	P区妇女发展中心讲师（在P区居住20年）
KI5	40—44	女	P区妇女发展中心讲师（在P区居住17年）
KI6	40—44	女	P区妇女发展中心讲师（在P区居住30年）
KI7	35—39	女	P区妇女发展中心讲师（在P区居住27年）
KI8	50—54	女	P区妇女发展中心讲师（在P区居住21年）
KI9	40—44	女	P区妇女发展中心讲师（在P区居住11年）

笔者制。

表 3-24　调查对象（妻子）的基本情况

	受访者	初婚年龄(岁)	和丈夫家人同住	和丈夫其他妻子同住	和娘家亲属住得近	经济活动的种类	参加互助会、合作社
进行经济活动的妻子	妻子1	18	否	否	是	裁缝	否
	妻子2	18	否	否	是	裁缝、制作凉鞋	是
	妻子3	23	否	是	否	裁缝、编织、卖水	否
	妻子4	18	否	否	是	裁缝、出租VCD、卖水	是
	妻子5	20	否	否	否	编织、小规模经营	是
	妻子6	13	是	否	否	编织、磨工米粉	是
	妻子7	16	是	否	否	编织、卖饮料和发蜡	是
	妻子8	15	否	否	是	裁缝、制作饮料	是
	妻子9	未作答	是	是	是	裁缝、编织	否

受访者		初婚年龄（岁）	和丈夫家人同住	和丈夫其他妻子同住	和娘家亲属住得近	经济活动的种类	参加互助会、合作社
进行经济活动的妻子	妻子 10	14	否	否	否	加工食品	是
	妻子 11	16	否	否	否	加工食品	是
	妻子 12	12	否	否	否	加工食品	否
	妻子 13	14	是	否	否	加工食品	是
	妻子 14	12	否	否	否	制作饮料	是
	妻子 15	18	是	否	否	加工食品	是
	妻子 16	17	是	否	否	小规模经营	否
	妻子 17	15	是	是	否	小规模经营	否
不进行经济活动的妻子	妻子 18	12	否	否	否	无	是
	妻子 19	22	否	否	否		否
	妻子 20	25	否	否	否		否
	妻子 21	18	否	否	否		否
	妻子 22	13	否	否	否		否
	妻子 23	15	否	否	否		否
	妻子 24	20	否	是	是		否
	妻子 25	15	否	否	否		否
	妻子 26	17	否	否	否		是
	妻子 27	20	否	否	否		否
	妻子 28	18	是	是	否		否
	妻子 29	16	是	否	是		否
	妻子 30	18	是	否	否		否
	妻子 31	17	是	否	否		否
	妻子 32	15	是	是	是		否
	妻子 33	17	否	否	否		否
	妻子 34	16	是	是	是		否

笔者制。

（4）本书的分析项目

本节将基于前文探讨的尼日利亚北部豪萨社会的背景，对表 3-25 中所列修正合作博弈模型中的各个项目进行分析。

表 3-25　合作博弈模型的分析项目

合作博弈模型中的因素	提高谈判力的主要具体因素	
提高妻子谈判底线的因素	年龄	夫妻年龄差小 妻子年龄大、初婚年龄大
	子女	子女数量多
	扩展家庭	不和丈夫的父母、兄弟姐妹同住 不和丈夫的其他妻子同住
	社会网络	帮助过丈夫的亲属 妻子和自己的父母、兄弟姐妹、其他亲属同住一个社区 妻子有互助会、合作社的伙伴
	教育	妻子受教育年数长 妻子接受过学校教育
	经济能力	妻子的月收入较多 定期借或给丈夫钱 有土地、房产或存款等财产
提高丈夫谈判底线的因素	年龄	夫妻年龄差大 丈夫年龄大
	扩展家庭	丈夫和自己的父母、兄弟姐妹同住 实行一夫多妻（和其他妻子同住）
	社会网络	帮助过妻子的亲属
	教育	丈夫受教育年数长 丈夫接受过学校教育
	经济能力	丈夫的月收入较多 丈夫每月的家庭所需支出额较高 作为雇员工作 支持妻子的经济活动
对家庭贡献的认识（妻子）	妻子对自己家庭贡献的认识 丈夫对妻子家庭贡献的认识	
对自身价值的认识（妻子）	对经济独立有信心 认识到自己对他人有用 对家务劳动的自我评价 有目标、理想并付诸实践	
对性别角色变化的接受情况（夫妻）	对妻子的家庭经济贡献／丈夫帮做家务的接受情况 对妻子帮助丈夫满足家庭所需／妻子收入高于丈夫的接受情况	

数据来源：Sen（1990，123-149）。

提高谈判底线的因素

下文将从前文考察过的豪萨社会的特征出发，从年龄、子女数量、扩展家庭、社会网络、受教育程度、经济能力等方面对提高夫妻双方各自谈判底线的各项因素进行说明。

①年龄

①-a 夫妻的年龄差

在豪萨社会，因为要尊敬年长者，所以夫妻间的年龄差越大，妻子就越难以向丈夫主张自己的要求。如表 3-6 所示，尼日利亚北部的夫妻年龄差较大，夫妻相差 10—14 岁的占 43.6%，15—19 岁的占 23.3%。对丈夫来说，夫妻间的年龄差大则容易表达自己的意见，而对妻子来说，年龄差小则容易表达自己的意见。

①-b 夫妻的年龄

表格 3-26 统计的是尼日利亚全国的情况，从中可以看出随着年龄的增长，妻子参与家庭决策的情况越来越多。此外，如前文所述，豪萨社会尊重年长者，因此，可以认为夫妻年纪越大，他们在扩展家庭及社区中的发言权就越强，在家庭内部也是一样。

表 3-26　妻子参与家庭决策的比例（尼日利亚）

单位：%

妻子的特征		决策事项				参与所有决策	不参与任何决策
		妻子的医疗保健	家庭大额资产购置	日常家庭购物	妻子外出探亲		
受教育程度	未接受教育	26.5	23.2	30.2	38.9	18.5	55.8
	小学毕业	52.8	45.9	61.4	64.4	38.3	27.7
	高中毕业	61.1	51.7	68.9	70.7	44.1	20.9
	大学及以上	69.9	60.2	76.7	78.4	52.9	14.5

续表

妻子的特征		决策事项				参与所有决策	不参与任何决策
		妻子的医疗保健	家庭大额资产购置	日常家庭购物	妻子外出探亲		
年龄（岁）	15—19	23.7	19.9	26.1	35.0	15.6	58.9
	20—29	39.8	33.7	45.7	51.8	27.7	41.3
	30—39	47.9	42.2	54.7	59.0	35.4	34.2
	40—49	49.6	42.8	55.7	60.3	36.3	33.3
子女数量（人）	0	36.4	31.5	40.8	47.0	25.6	45.7
	1—2	42.6	36.0	47.9	53.7	30.1	39.4
	3—4	46.1	40.0	52.6	57.8	33.5	35.7
	5 及以上	44.6	39.1	51.3	55.8	32.6	37.4

数据来源：NDHS（2008，245 表 15-5-1）。对象为 15—49 岁的已婚妇女。

①-c 妻子的初婚年龄

如表 3-7 所示，尼日利亚北部女性的平均初婚年龄为 15.3 岁（2008 年）。初婚年龄越小，与丈夫的年龄差距就越大，因此，妻子就越难发表意见。此外，初婚年龄的高低与接受学校教育的时间长短正相关，如表 3-26 所示，妻子受教育程度越低，对家庭决策的影响也越小。因此，可以认为妻子的初婚年龄越大，就越能提高妻子的谈判底线。

②子女数量

在豪萨社会，妻子从丈夫那里得到的财产与子女的数量正相关，所以子女多的妻子能够从丈夫那里得到更多的资源（Izugbara et al. 2010，222）。如表 3-7 所示，尼日利亚北部的总和生育率为 7.3 人（2008 年），妻子希望自己能够多生育子女。因此，生育子女、子女数量较多与妻子在家庭内部、扩展家庭内部受尊敬程度挂钩，子女越多，妻子的意见也更容易被接受。此外，从表 3-26 尼日利亚全国的统计数据可知，妻子参与家庭决策的程度取决于是否有子女，没有子女的妻子参与家庭决策的程度较低。因此，可以认为子女数量多，妻子年龄大，两个条件并存能提高妻子谈判底线。

③扩展家庭
③-a和丈夫的父母、兄弟姐妹同住

在豪萨社会，年长的男性是家长，在复合住宅中，家长的第一、第二位妻子和其他妻子都有自己的住所或房间。长子结婚后会在父亲的院落中盖房居住，其妻子则会帮助婆婆做家务。但是和丈夫的父母或未婚的兄弟姐妹同住，特别是和婆婆同住也有困难的一面，如果经济条件允许，有些新婚夫妇会离开父亲的院落在外面居住。在和丈夫的父母、兄弟姐妹同住的情况下，丈夫的父亲作为一家之主处于权力顶端，妻子参与决策的机会很少，在这种环境下妻子也很难向丈夫表达自己的意见。因此，可以认为，对于妻子来说，不与丈夫的父母、兄弟姐妹同住会提高其谈判底线，而对于丈夫来说，与父母、兄弟姐妹同住则会提高自己的谈判底线。

③-b与丈夫的其他妻子同住

豪萨社会实行一夫多妻制，根据2008年的数据，在尼日利亚北部各州，丈夫有多位妻子的比例为41.9%（见表3-7）。如上节所述，妻子不能与丈夫的其他妻子和睦相处可能会导致婚姻破裂（Callaway 1987），"与其他妻子和平相处"也被认为是对丈夫的尊敬（Renne 2004）。但是对于妻子来说，与丈夫的其他妻子一起生活并非易事，不同住的环境才能确保自己可以同丈夫进行对话。因此，不与丈夫的其他妻子同住会提高妻子的谈判底线，但对于丈夫来说，有多位妻子意味着他有扶养多位妻子的经济能力，会受到社会的尊敬。因此，可以认为有多位妻子的丈夫谈判底线较高。

④社会网络

④-a 是否帮助过亲属

女性会给父母和其他亲属送现金或物品，如果住在一起或住在附近时帮忙他们做家务等，女性对亲属的这类帮助频繁发生。女性会参加亲属的婚礼等仪式或拜访亲属时交换礼物，亲属有困难时去帮忙，女性通过这样的行为与亲属建立了相互帮助的关系。无论是妻子还是丈夫帮助自己的父母和其他亲属都被认为是理所当然的，而且人们也期待妻子对丈夫的亲属、丈夫对妻子的亲属施以援手。因此，可以认为夫妻去帮助对方的亲属，就可以在紧急情况下获得帮助，也可以获得良好的评价，从而提高各自的谈判底线。

④-b 妻子和自己的父母、亲属住在同一社区

在豪萨社会，已婚妇女外出需要得到丈夫的许可，因此妻子去探望父母或其他亲属时也需要丈夫同意。即使是不离开社区的外出也需要丈夫许可。如果不需要乘坐交通工具去很远的地方，也不需要住宿就可以探望父母或亲属，那么探亲也会相对容易实现，所以和父母、其他亲属住在同一社区的妻子更容易得到父母和其他亲属的帮助。因此，可以认为这会提高妻子的谈判底线。

④-c 妻子是否为合作社等的成员

在豪萨社会，人们对血缘以外的归属意识很淡薄，而且已婚妇女有性别隔离的习惯，所以女性同伴的合作社等活动并不盛行，即使女性加入了合作社，也不会频繁地开展活动。但是，有了合作社的成员资格，在紧急情况下就有可能得到其他成员的帮助。另外，加入互助会也同样可以得到帮助。因此，可以认为拥有合作社等会员资格可以提高妻子的谈判底线。

⑤受教育程度

如表 3-26 所示，随着妻子受教育程度的提高，妻子参与家庭决策的程度也随之提升。没有接受过学校教育的妻子参与决策的比例整体偏低，只有小学文化的妻子参与决策的比例约占半数。此外，如表 3-27 所示，丈夫受教育程度的提高也可以提高妻子参与家庭决策的比例。因此，可以认为夫妻双方受教育程度的提高都会提高妻子的谈判底线。

表 3-27 丈夫所认为的妻子参与家庭决策的情况（尼日利亚）

单位：%

丈夫的特征		决策事项				子女数量	参与所有决策	不参与任何决策
		家庭大额资产购置	日常家庭购物	妻子外出探亲	决定妻子收入的用途			
受教育程度	未接受教育	7.4	20.2	41.2	56.4	35.2	4.2	29.3
	小学毕业	16.6	47.9	46.1	68.1	48.8	8.9	15.6
	高中毕业	19.8	58.8	48.8	74.4	54.8	10.2	9.6
	大学及以上	24.2	60.0	58.7	80.3	63.4	16.4	8.1
年龄（岁）	20—29	14.2	39.7	42.5	62.6	45.0	7.2	20.4
	30—39	16.5	45.4	47.3	68.8	49.5	8.9	16.2
	40—49	17.2	49.3	50.2	71.8	51.1	10.4	14.4
子女数量（人）	0	17.4	44.0	49.5	63.4	49.9	9.5	18.9
	1—2	16.6	48.1	46.4	69.5	49.3	9.2	16.2
	3—4	16.4	47.9	49.7	71.3	53.2	9.9	14.3
	5 及以上	15.0	41.1	45.4	67.1	44.3	8.0	17.6

数据来源：NDHS（2008，246 表 15-5-2）。对象为 15—49 岁的已婚男性。

⑥经济能力

虽然豪萨族对已婚妇女实行性别隔离，但只要丈夫允许，她们就可以在家中进行经济活动，赚的钱由妻子自行管理并决定用途。为了能够向父母、其他亲属提供帮助、与亲友交换礼物、借钱给丈夫、购买自己和子女需要的物品，女性会努力赚钱。表3-28和表3-29是尼日利亚全国的数据，反映了夫妻双方的经济能力对妻子参与家庭决策的影响。从夫妻双方的情况来看，收入阶层越高，妻子参与决策的比例越高。在"家庭大额资产购置""日常家庭购物""妻子外出探亲"这三个问题上，与丈夫的回答相比，妻子认为"与妻子的决策有关"的比例更高（NDHS 2008，239-247）。

表3-28　妻子认为的参与家庭决策的比例和妻子的经济特征（尼日利亚）

单位：%

妻子的特征		决策事项				参与所有决策	不参与任何决策
		妻子的医疗保健	家庭大额资产购置	日常家庭购物	妻子外出探亲		
收入阶层五分位⁽¹⁰⁾	最低五分位	25.7	23.3	30.2	37.4	18.3	57.1
	第2五分位	33.8	30.1	38.6	46.5	24.3	47.3
	第3五分位	45.1	40.4	52.2	58.2	33.4	35.1
	第4五分位	55.8	46.3	62.2	66.3	39.2	26.3
	最高五分位	62.8	52.2	70.3	71.1	45.5	20.6

数据来源：NDHS（2008，245 表15-5-1）。对象为15—49岁的已婚妇女。

表3-29　丈夫所认为的妻子参与家庭决策的比例和丈夫的经济特征（尼日利亚）

单位：%

丈夫的特征		决策事项				子女数量	参与所有决策	不参与任何决策
		家庭大额资产购置	日常家庭购物	妻子外出探亲	决定妻子收入的用途			
收入阶层五分位	最低五分位	8.2	21.4	39.6	53.1	37.1	4.8	29.3
	第2五分位	12.2	31.5	43.5	62.7	42.0	5.2	20.9

续表

丈夫的特征		决策事项				子女数量	参与所有决策	不参与任何决策
		家庭大额资产购置	日常家庭购物	妻子外出探亲	决定妻子收入的用途			
收入阶层五分位	第3五分位	18.8	47.6	47.8	69.0	47.7	10.3	15.5
	第4五分位	20.9	61.5	49.8	75.2	52.7	13.5	10.1
	最高五分位	21.3	66.5	55.8	83.0	64.7	12.1	5.7

数据来源：NDHS（2008，246 表 15-5-2）。对象为 15—49 岁的已婚男性。

在豪萨社会，丈夫有责任提供家庭所需，所以衡量丈夫经济能力的项目不仅是"月收入高"，还包括了"每月家庭所需支出额高"。这是因为丈夫不一定会把全部收入用于家庭所需。进而，判断丈夫是否有稳定收入的标准为"是否作为雇员工作"。另外，还涉及了"支持妻子的经济活动"。虽然支持妻子的经济活动并非丈夫的义务，但即便如此仍能支持妻子，则说明丈夫经济宽裕且对妻子宽容，丈夫会因此受到尊敬。同时，作为衡量妻子经济能力的项目，不仅要"月收入高"，还要"定期借或给丈夫钱"。即便丈夫在很难满足家庭所需的情况下向亲属或邻居借钱，也是很丢人的事情，所以对丈夫来说，能向妻子借钱是很重要的。妻子希望丈夫还钱，但有时妻子也不让丈夫还钱。妻子能够定期借钱给丈夫，这表明了妻子经济宽裕。如上所述，如果夫妻双方都有经济实力，那么各自的谈判底线也会随之提高。

对家庭贡献的认识

"对家庭贡献的认识"是指如何认识家庭成员对家庭的"经济贡献"，谁为家庭的繁荣做出了贡献。也就是说，对贡献的认识不是指实际在工作上花费的时间和精力，而是认识到做出了贡献（Sen 1990）。关于妻子对家庭贡献的认识，应从"妻子是否认识到自己对家庭做出贡献"以及"丈夫是否认识到妻子对家庭做出贡献"两个方面探讨。而且，对家庭的贡献不仅限于经济贡献。

对自身价值的认识

"对自身价值的认识"指是"女性自身认识到自己的价值和工作的价值"（ヌスバウム 2005）。如果对自身价值认识不足，"认为自己不重要，或者认为他人的目标比自己的更有价值"，"这样的人谈判力就会降低"（Sen 1990），会在谈判中处于不利地位。由此，可以将对自身价值的认识细分为以下四点进行探讨：①女性如何评价自己按性别角色进行的家务劳动；②是否认为自己经济独立；③是否认识到自己对他人有用；④自己的目标是否明确。

接受性别角色的变化

豪萨社会的夫妻关系基本是"丈夫养活妻子，为其提供衣食住行等全部生活所需，而妻子则顺从丈夫，承担家务，养育子女"，但是近年来社会经济情况发生变化，丈夫有时无法充分履行这种传统性别角色职责，所以性别角色本身发生了变化。关于接受性别角色的变化这一问题，笔者将探讨人们对这种变化的接受程度。具体来说，通过探讨人们是赞成还是反对"丈夫应该承担满足家庭所需的责任""丈夫的收入应该超过妻子"等既有的性别角色，来探讨夫妻双方对性别角色变化的接受程度。

以上分析的项目是构成夫妻双方谈判力的因素，具有这些谈判力因素的夫妻会做出与生活相关的决策，但大多数情况下都由丈夫单独决策，也有可能是因为没有和妻子进行对话的环境，丈夫才单独进行了决策。因此，需要根据图 2-1 的分析框架，分析丈夫对"与妻子意见不同时的做法"这一问题的回答，来确认何时容易营造对话环境。只有夫妻间存在可以对话的环境，才能产生对话的过程。下文将会探讨丈夫需要具有何种谈判力因素，才更容易营造对话环境。

注释

（1）尼日利亚将全国按政治和地理情况统一划分为东北地区、西北地区、北部中央地区、西南地区、东南地区、南部中央地区。调查地点所在的卡诺州位于西北地区。另外，西北地区的大部分居民是豪萨族。"尼日利亚北部"是上述六个政治地理区域中的东北地区、西北地区、北部中央地区三个区域的总称。

（2）联合国开发计划署引入"性别发展指数"和"性别赋权指数"作为反映性别不平等情况的指标。性别发展指数表示在人类基本能力实现程度上的性别不平等情况，与《1990 年人类发展报告 1》中使用的"人类发展指数"一样，反映健康和教育方面的达成度。一个国家的性别不平等情况越严重，和人类发展指数相比，该国的性别发展指数就越低。性别赋权指数衡量了男女在经济、政治和职业机会方面的平等程度。性别发展指数关注的是能力的提高，而性别赋权指数关注的是运用所获得能力的机会（UNDP 1995）。

（3）社区中有多处这种教室，分为男性专用、儿童专用、女性专用，地点不同开课时间也不同。面向女性的课堂会教授女性正确的生活方式，如举止、得体的装扮、饮水方法等。

（4）尼日利亚的行政机构：联邦政府下有 36 个州政府，州政府下还有地方政府。

（5）笔者在 2011 年 6 月至 7 月的田野调查中，与 P 区的社区领袖进行了专题小组讨论。

（6）社区领袖中，Hakimi 管辖的是相当于地方政府的范围，其下级 Dagachi 的管辖范围是区，再下级 Maiunguwa 管辖的是社区。在 P 区，库博托地方政府有一位 Hakimi，在 P 区有一位 Dagachi 和十多位 Maiunguwa，他们负责调解人们日常生活中的纠纷。

（7）在分析长期关系时，博弈论会考虑同一博弈无限重复的情况。博弈者（谈判者）以长期利益最大化为目的，他们不在乎在一次博弈中获益较少，只要在将来的博弈中获得更多的利益即可（神户 2004，116-128）。

（8）子女数量是指被调查女性与现任丈夫所生并共同抚养的子女数量，不包括丈夫与其他妻子所生的孩子，也不包括女性自己所生但由娘家或前夫抚养的孩子。

（9）完成高中及以上教育的占 2.9%（卡诺州：DHS 2008）。

（10）原文为 "Wealth Quintiles"。参照日本总务省统计局主页：http://www.stat.go.jp/data/kakei/kaisetsu.htm#p9（2012 年 12 月 7 日访问）。

四、女性获得收入是否会提高其家庭决策权？

本章将探讨子课题一"女性获得收入会如何影响其参与家庭资源分配的决策"。已有研究指出，谈判底线是影响家庭决策谈判力的因素之一，而它又包括自己的年龄、夫妻年龄差、受教育程度、经济能力、社会网络等因素。其中，"女性获得收入"提高了女性的谈判底线，进而也强化了另一个影响谈判力的因素——"对家庭贡献的认识"（Osmani 1998）。

　　在以往的发展援助中，有很多以消除女性贫困、改善女性生活为目的的面向女性的创收活动。这些创收活动都有一个前提，那就是女性获得经济能力能提高谈判力和发言权。但是，女性通过创收活动获得收入的同时，也产生了负面影响，比如男性不再负责家庭开支或对女性施加暴力。另外，即使在自己管理收入的情况下，女性也不一定能对自己的家庭生活进行决策。人口与健康调查结果表明，在尼日利亚北部的豪萨社会，近90%的已婚妇女认为自己能够决定收入的用途，但几乎没有人参与有关自己外出和日常购物等方面的家庭决策。而关于家庭资源分配的已有研究表明，经济能力是提高谈判力的重要因素之一，通过获得经济能力，女性提高了对自身所做家庭贡献及对自身价值的认识，这些也被认为是提高谈判力的主要因素。如上所述，已有研究、统计资料和发展援助现场的实际情况并不一致，因此无法判断女性获得经济能力是否能提高其谈判力和发言权。

在豪萨社会，一般由丈夫负责提供食品及日用品等家庭成员共同所需[1]。本章从豪萨社会的案例入手，探讨女性获得收入和参与家庭决策的关系。在豪萨社会，女性可以管理自己的收入，因此可以将女性的收入视为她们能够自由使用的资源。至于女性为什么想努力赚钱，本章将从性别角色的视角分析女性经济活动的状况和收入的用途，辨明女性的收入对满足家庭所需的意义，以及妻子获得收入对提高其家庭决策能力的影响。第 1 节将介绍女性经济活动的情况，包括活动的种类和形式，以及阻碍她们扩大经济活动的原因。第 2 节介绍女性收入的用途，第 3 节是关于调查地点与家庭所需相关的物价、丈夫和妻子的收入额及家庭所需支出额的内容。第 4 节将讨论对家庭内部性别角色的认识，第 5 节论述如何满足家庭所需及女性所期待的状况。最后，第 6 节将对本章内容进行总结。

1. 女性经济活动的情况

本节将论述已婚妇女的经济情况。由于已婚妇女须实践性别隔离，所以她们的经济活动主要在家里进行。参加婚礼、起名仪式等仪式时，女性会遇到亲属或邻居，这会成为她们宣传经济活动、交换信息的机会（妻子 1、2 等）。但是，外出需要丈夫的许可，很多时候丈夫认为仪式、探亲、就医、学习之外的外出都不重要，所以不同意她们出行（KI4—KI9）。本节将探讨在这种情况下，女性会进行哪些经济活动。

（1）适合女性的经济活动的种类和形式

适合女性的经济活动受到性别隔离、不能与男性接触等性别角色规范的影响（见表 4-1）。一方面，男性认为卖东西有时赚不到钱，有时会上当受骗，可能会产生各种问题。而当老师则不存在这样的问题，教书是值得尊敬的，因此，男性最支持的职业是小学等学校的教师。另一方面，女性最支持的是裁缝这个职业，理由是"这种技术利润最高，也不需要小孩子把商品顶在头上到处兜售，在家里就能干，也能把手艺教给别人"。可以看出，对适合女性的经济活动的认识会被周围人的看法所左右。

表4-1　适合女性的经济活动的种类和形式

经济活动	男性视角下适合女性的经济活动	女性视角下适合女性的经济活动
种类	• 教师（小学等） • 制作、销售衣物、编织物 • 制作、销售加工食品 • 小本经营 • 编发	• 制作、销售衣物、编织物、刺绣制品 • 销售加工食品、大坚果油 • 磨粉（玉米粉、大豆粉、土豆粉） • 小本经营 • 编发 • 制作海娜染色的手足饰品 • 制作凉鞋、串珠
形式	• 在家工作 • 不与其他男性一起工作 • 需要小额启动资金	• 在家工作 • 顾客来家采购 • 能够传授给孩子或其他女性的技术

笔者根据在P区妇女发展中心进行的已婚妇女、已婚男性的专题小组讨论（2010年9月）制作。下划线项目是最受支持的种类和形式。

（2）女性经济活动的实际情况

女性进行的经济活动大致分为小本买卖（petty trading），销售加工食品，制作及销售成衣、编织品和凉鞋这三类。第一种小本买卖是指集中采购日用品、调味料、服装面料、水等商品后进行零售，因为要集中采购商品，所以需要大笔资金。第二种销售加工食品主要是在家制作、销售大豆薄饼（kosai）和油炸大豆（awara）等早餐和点心，或者是制作扶桑花饮料（zobo）并将其装入小塑料袋里冷藏后销售。第三种裁缝、编织、制作凉鞋等需要一定的技术和设备，没在妇女发展中心学习过的女性无法进行这项活动。妇女发展中心的毕业生利用在妇女发展中心学到的技术进行第三种活动，也会同时进行前面两种活动。下面是 5 位妇女进行经济活动的案例。

案例 1：裁缝及制作凉鞋（妻子 2）
妻子 24 岁、丈夫 35 岁、子女 3 人

妻子 2 在妇女发展中心学习了裁缝和凉鞋制作技术。裁缝的布料是客人提供的，她只需准备衬里和线。缝纫机是以分期付款的形式从妇女发展中心购买的，丈夫每月还 3000N。她在各种仪式上宣传自己的生意，再加上顾客的口碑，慢慢有了客源。一天可以制作 5—10 双凉鞋，大人凉鞋每双售价 350—400N，儿童凉鞋每双 200—250N。每卖 5 双拖鞋能赚到 500—700N。材料费为 300—500N。她没具体算过每月用多少材料，所以不太清楚，但每个月会在丈夫的允许下外出采购两次。制作凉鞋一个月的收入大约为 4000N。

案例 2：编织和磨玉米粉（妻子 6）
妻子 38 岁、丈夫 55 岁、子女 9 人、和公婆同住

妻子 6 在妇女发展中心学习了编织技术，平时接邻居和亲属的订单，销售编织好的婴儿套装。编织机是以分期付款的方式从妇女发展中心购买的，由丈夫还款。11 月到 2 月的寒冷时期，一个月能卖出去 4 套，其他月份能卖 1—2 套。每套售价是 800N。另外，她还和附近的妇女成立了一个小组，10 名成员一起销售玉米粉。她们以每袋 4000N 的价格购买玉米后，送到磨粉作坊磨成粉，这需要 1000N 的费用。在市场上销售这种玉米粉，每袋能赚 3500—4000N。10 个人每个月进 2 袋玉米，平分利润。

案例 3：编织和卖饮料（妻子 7）
妻子 40 岁、丈夫 65 岁、子女 6 人

妻子 7 在妇女发展中心学习了机器编织技术。毕业后，她以分期付款的方式从妇女发展中心购买了一台编织机，由丈夫每月还3000N。现在，她用这台机器编织婴儿套装。订单集中在12月到2月的寒冷时期，这个时期能拿到来自零售店的以打为单位的订单。每套售价为500—800N。一年大约能收到6打即72套的订单。此外，她还卖冰水和果汁，先集中采购瓶装果汁，再分装进小塑料袋放入冰箱冷藏后销售。一天能赚500—1000N。

在家销售袋装果汁和袋装水的妇女

案例 4：销售加工食品（妻子 13）
妻子 50 岁、丈夫 70 岁、子女 6 人、和丈夫的兄弟姐妹同住

妻子 13 在 20 年前开始进行经济活动。她制作大豆薄饼及油炸大豆，大豆薄饼 5N 三张，炸大豆 5N 一份。人们会买去当早餐。她一天能赚 500N。每天的材料即大豆和油需要花费 940N。要么邻居们来家里买，要么让孩子拿到附近或市场去卖。

案例 5：小本买卖（妻子 16）
妻子 40 岁、丈夫 60 岁、子女 7 人、和公婆同住

妻子 16 在 8 年前开始进行经济活动，从事销售调味料、蔬菜、大坚果油的小本买卖。一天能赚 500N。大坚果油是从村里批发的，其他商品则是孩子们到市区的大市场批发回来的[2]。买东西可以赊账，顾客先拿走商品，到月底一起结算。这种卖法很受顾客的丈夫们欢迎，所以她有很多顾客。

在上述 5 个案例中，案例 1—3 的妇女在妇女发展中心学习裁缝、编织等技术，并使用这些技术进行经济活动。缝纫机和编织机都是在妇女发展中心和丈夫的帮助下购买的。妻子 6 和妻子 7 认为，裁缝并不是每天都有订单，编织衣物除了寒冷时期（11 月到 2 月）以外都卖不出去，但烹饪食品和饮料是人们每天都需要的，即便赚得少，但每天都能卖出去。案例 2 和案例 3 的妇女都是在运用所学技术进行经济活动的同时，还从事磨粉、卖饮料的工作，这样一年到头也能赚到一些小钱。

大多数妻子不会为家人做一日三餐，她们将烹饪作为自己的经济活动（KI4、KI5 等）。没在妇女发展中心学习过但进行经济活动的 8 位妇女中，有 6 人销售加工食品，2 人进行小本买卖，没有人进行裁缝、编织等需要技术的经济活动。案例 4 和案例 5 中的妻子没有在妇女发展中心学习过，她们从事销售加工食品的小本买卖。这两个案例

利用在妇女发展中心学到的技术缝制衣物的妇女

中，都是由子女采购原材料或者进行销售。已婚妇女在隔离的同时进行经济活动，子女起到了非常大的作用，他们在外面销售产品、从外面采购原料。不进行经济活动的已婚妇女无法开始经济活动的理由中也有没有子女帮忙这一条："想开始售卖加工食品，但是孩子太小还不能出去售卖食品。"（妻子 20、24 等）关于采购原料，妻子 3 和妻子 4 也是让子女去市场采买。可见，在很多案例中，女性进行经济活动是需要子女帮忙的。裁缝和编织等经济活动是顾客上门订货，所以不需要孩子们流动售卖商品来确保客源。

也有一些妇女发展中心的毕业生不喜欢销售加工食品或小本买卖，所以选择了利用所学技术进行经济活动。对销售加工食品和小本买卖的负面看法包括"销售加工食品需要一大早就开始准备，家里烟雾弥漫不利于健康，有小孩的话很危险……没有可以在外面流动售卖的孩子"（妻子 20、23、24 等）等，而裁缝、编织的优点在于，"在一年一度的节日里，人们都会买新衣服，所以对裁缝的需求会翻倍，这会带来很大利润"（妻子1、2、4）、"我们织的是婴儿套装，人们经常把这作为礼物送人，寒冷时期能赚到很多钱"（妻子3、5、6、7、9）。

近十年来，政府机关和援助机构开展了促进合作社发展的活动，妇女们为了在设备和资金方面获得帮助而结成团体，在地方行政区和州政府注册了很多合作社（KI1、KI2）。但对女性来说，合作社并不是共同进行某种工作的场所，而是定期举行聚会、分享想法或一起采购原料的平台。很多女性喜欢单独活动，不加入合作社。在进行经济活动的17人中，只有4人加入了合作社。"我喜欢一个人工作。因为孩子还小，所以没有时间和别人共事。"（妻子5）还有人因为"不喜欢和别人一起处理问题，一个人的话可以随心所欲"（妻子10）、"如果丈夫允许的话想加入合作社，但丈夫并不怎么看好合作社"（妻子2）等理由没有加入合作社。

（3）阻碍女性扩大经济活动的主要原因

阻碍女性扩大经济活动的主要原因有三个：①家务和育儿；②性别隔离；③资金难以获取。第一个原因是已婚妇女要优先做家务和育儿，无法在经济活动上花费太多时间。在进行经济活动的17名已婚妇女中，有7人每天在经济活动上花费2—3小时，有6人每天花费4—5小时。"早上8点左右送孩子上学，8点到9点左右做裁缝，9点以后做家务，中午孩子回来吃饭，再送孩子去学校，15点到16点左右继续做裁缝。16点以后要准备晚饭。晚上不累的话也会做裁缝"（妻子4）。"因为丈夫有其他妻子，所以大家轮流做家务。轮到自己做家务时，经济活动只能从早上8点持续到12点。不做家务的日子可以从早上9点干到14点，晚饭后再继续"（妻子9）。像上面这样，很多妇女利用做家务和育儿的空余时间进行经济活动。表4-2列出了已婚妇女一天的活动。能够看出，她们在各种家务和育儿上花费了大量时间。

表 4-2　P 区已婚妇女的一天

时间	活动
5:00—5:30	起床，准备礼拜用水，礼拜
6:00—7:00	打扫房间，洗碗 买或做早饭，吃早饭（和丈夫、子女一起） 让子女洗澡，目送子女上学（大孩子自己去，小孩子由丈夫或者大孩子带去）
7:00—8:00	清洗早餐餐具
9:00—12:00	开始经济活动（在家做小本买卖，去妇女发展中心，在家做裁缝）
12:00—13:30	买午饭或做午饭，和子女一起吃午饭（13：30左右返回学校），让子女洗澡，自己洗澡
14:00	送子女去学校 清洗午餐用的餐具，打扫房间
16:00	准备晚餐。晚餐要做汤，需要准备时间。礼拜
17:00—17:30	丈夫下班回家
18:30—19:00	吃晚餐（和丈夫、子女一起，或者丈夫和朋友一起吃），休息（看电视、放松）
20:00	礼拜，辅导子女作业
21:00—22:00	自己去古兰经学校，和丈夫聊天
22:00—	就寝

笔者根据对 P 区 20 位已婚妇女、妇女发展中心毕业生进行的专题小组讨论（专题小组讨论 1，2010 年 9 月）制作。

　　第二个原因是已婚妇女要进行性别隔离，外出受到限制，很少有机会亲自到市场采购原料、销售产品，接触市场上的新产品并了解价格、宣传自己产品的机会也很有限。她们会让丈夫关注新的裁缝设计，或者报纸上刊登时尚新闻时，让丈夫帮忙购买报纸（KI5），这些活动都需要丈夫作为媒介进行。而出席能够宣传自己经济活动的婚礼、起名仪式，或是拜访近邻等活动也都需要丈夫的许可，但大多数丈夫不允许妻子频繁外出。

第三个原因是女性开始经济活动，需要购买设备和原料，这需要大笔资金，而女性获得资金的途径有限。女性获得资金的方法有两种，一种是来自被称为Adashi的互助会的支持，另一种是来自丈夫的支持。Adashi由10—20名成员构成，每人定期缴纳固定费用，然后将这笔钱一次性发给一名成员。按照顺序依次发放，这样每位成员都能集中获得一笔资金。很多互助会一个月能集中获得1000N左右的资金。由于每周或每月都需要定期缴纳现金，所以没有收入的话就很难加入Adashi，不进行经济活动的17名女性中仅有1人参加了互助会。能否从丈夫那里获得经济上的支持取决于丈夫，进行经济活动的17名女性中有13人从丈夫那里获得了资金，而不进行经济活动的17名女性中有14人认为无法开始经济活动的理由是"没有启动资金"，其中6人明确回答"丈夫不支持我"。

已婚妇女要想获得启动、维持、扩大经济活动的资金，就需要丈夫或者Adashi的帮助。但是无论是从丈夫的收入来看还是从参加Adashi的人数、从Adashi获得的金额来看，这两种途径都无法获得大笔资金。因此，来自丈夫和Adashi的帮助都无法让女性大幅扩大经济活动。

2. 女性收入的用途

本节将探讨女性想获得收入的理由、女性收入的用途及为何这样使用。

（1）女性想获得收入的理由

女性想要获得收入的理由是"想帮助家人和丈夫""不想给丈夫添麻烦""为了孩子的教育""想确保自己需要用钱时有钱可用"。丈夫并不是一次性把生活费交给妻子，而是直接购买食材和日用品，或者每天给妻子少量的钱，让孩子去买东西。妻子需要交通和医疗等费用时，会告诉丈夫自己需要钱，然后丈夫把钱给妻子。如前文所述，需要用钱而向丈夫要时，很多妻子会认为"丈夫觉得很烦"，她们希望可以不求助丈夫，用自己的收入解决问题。"不进行经济活动的妻子总是向丈夫要钱，丈夫很累，不能安稳地生活"（KI2），"妻子总向丈夫要日常所需的钱是离婚的原因"（KI5），有人指出妻子频繁向丈夫要钱，有可能导致夫妻关系恶化。丈夫自己也说："如果妻子对家庭做出经济贡献，我的负担就会减轻，也能很好地维系婚姻关系。"（丈夫26）"妻子的经济贡献有助于改善夫妻关系。丈夫一个人无法承担所有责任。"（丈夫18）可见妻子做出经济贡献会改善夫妻关系。

女性做裁缝的收入用于子女身上

（2）女性收入的用途

女性收入的用途主要有以下五种：①帮助丈夫负担家庭所需（12人）；②维持人际关系（7人）；③满足包括子女需求在内的女性自身

需求（8人）；④维持经济活动（7人）（以上为进行经济活动的17位妻子的答案）。此外，34位调查对象中有16人把收入的一部分用于⑤存款。

用途①是从自己的收入中支出本应由丈夫承担的家庭责任的一部分，如购买每天必需的蔬菜、调味料，孩子的点心、文具、日用品等。在丈夫月末发工资前钱不够或者丈夫不在家的情况下，如100N以下的小额支出，由妻子先代替丈夫支出，之后再让丈夫还钱。如果食材、日用品和孩子的需求得不到满足，女性就无法履行做饭、洗衣、打扫、育儿等性别角色的职责。因此，保证这些费用对女性来说是必需的，虽然丈夫有支出义务，但她们还是要用自己的收入来负担其中的一部分。

用途②是维持和父母、亲属、邻居、朋友的人际关系，这是用于帮助父母、其他亲属或在各种仪式上交换礼物的费用。无论是否进行经济活动，女性都要用金钱和实物帮助自己的父母及其他亲属和丈夫的父母及其他亲属。帮助频率和金额取决于女性有多少钱，或视与亲属的亲疏关系而定。丈夫和妻子会互相帮助对方的父母和其他亲属，"丈夫在斋月时给我的父母和其他亲属食物，节日时送给他们衣服。我在探望丈夫的父母和其他亲属时，会带香皂和洗涤剂作为礼物"（妻子21）。但是也有妻子没有收入而无法帮助丈夫的亲属，"丈夫送给我父母和其他亲属礼物，但我没有钱，所以无法帮助丈夫的亲属"（妻子28）。"我是亲属中最穷的，所以我的亲属会给我钱或礼物。但只要我有一点点钱，哪怕只是小礼物我也会送给他们"（妻子13），即使金额很小，也是一笔支出。礼物一般是现金或肥皂、布料等物品。"我想自己赚钱。因为需要送给亲属、朋友、邻居礼物，买礼物的钱是必需的"（妻子24），丈夫不承担妻子交换礼物的费用，这一点正是女性想赚钱的理由。"我每周参加两次起名仪式，每月参加一次婚礼。在起名仪式上，送给宝宝的礼物是一套毛衣（价格为600N）。参加婚礼时给新人1000N礼金"（妻子6），女性希望能够频繁出席仪式，互赠礼物。

用途③主要是衣服和化妆品等女性自身需求的支出。进行经济活动的女性认为有收入的好处是"可以买自己想要的东西，可以买自己的衣服和化妆品"，而不进行经济活动的女性想获得收入的理由是"想买自己想要的东西、衣服和化妆品"。另外，妈妈们认为子女的衣服和鞋子等的需求等于自己的需求。

用途④是维持经济活动的必要支出。经营裁缝店的话，客人会带布料来，但需要自己购买针线、衬里和缝纫机油，销售饮料的则需要钱购买大桶饮料及分装的袋子，小本买卖也需要进货的钱。

用途⑤是存款。希望有存款的理由是可以在丈夫没钱给子女看病、丈夫收入减少、丈夫去世以及父母和其他亲属有困难等情况下救急。另外，虽然女性还要为女儿准备嫁妆，但她们优先考虑的是家庭的日常需求、学费和帮助亲属。一般认为教育是可以代替嫁妆的，所以很多父母都想让女儿读到初中或高中毕业，这时就会优先考虑学费。大多数进行经济活动的女性都参加了邻居或朋友组成的互助会，每周、每月都需要定期支付固定费用。

女性收入的用途就是上述五项。由此可见，女性无意用自己的收入满足家庭的全部需求，她们只想补贴家用或临时垫付丈夫无法承担的部分。另外，她们并不是把所有的收入都用于填补家庭所需的缺口，还会用在维持人际关系及自我需求上。

3. 夫妻的收入额及家庭所需的支出额

本节论述的内容包括：调查地点的食品、日用品的价格，以及一个家庭每月购买多少食物；承担满足家庭所需责任的丈夫每月有多少收入以及每月将多少收入用于家庭所需。此外，也将列出妻子的收入额，进而考察丈夫收入的高低与妻子进行或不进行经济活动是否相关。

（1）食品、日用品的价格和一个家庭的购买量

家庭所需的很大一部分是食品和日用品，一般应由丈夫提供。

表 4-3 是调查对象在卡诺州日常购买的玉米、大米、杂粮、豆类、薯类、调味料、文具等的价格。表 4-4 从调查结果中选取了家庭构成及丈夫的家庭所需支出额相近的三个家庭作为示例，详细列出每个家庭每月购买食物的数量。三个家庭的妻子年龄都是 25 岁到 30 岁出头、有 4—6 名子女、丈夫的家庭所需月支出额都是 20000N。这些钱除了用于支付伙食费之外，还需支付交通费和教育费[3]，根据妻子的回答和物价，能够推算出每月的伙食费在 12000—13000N。

表 4-3　卡诺州的食品、日用品价格[4]

单位：N

食品、日用品	价格	食品、日用品	价格
大米	7500—9000/50kg	辣椒	400/1 篮
山药	200—1000/1 个	调味料（Maggi）	250/1 包
大豆	300/1 碗	砂糖	600/1 碗
杂粮	100/1 碗	盐	10/ 一周的量
高粱	100/1 碗	点心	5—20/1 个
玉米	100/1 碗	香皂	25—40/1 个
红薯	200/1 篮	洗涤剂	15—20/1 袋
鸡肉	400—500/1 只	笔记本	20/1 本
牛肉	700/1kg	铅笔	5/1 支
羊肉	5000/1 只	布料	700—2000/1 套
大坚果油	250/1 瓶	鞋（凉鞋）	300
鸡蛋	600/24 个	化妆品	100—250/1 个

2010 年 10 月采访 KI1、KI2 后，笔者去市场确认了物价。笔者制。

表 4-4　每个家庭每月购入的食材

案例	家庭构成	家庭所需额[5]（上）丈夫的收入额（下）	每月所购食材细目[6]
夫妻 4	妻子 26 岁、丈夫 35 岁、子女 4 人（女儿 1 人：2 岁；儿子 3 人：2 人到入学年龄，1 人为婴儿）	20000N 25000N	大米 1 袋 50kg（2 个月的量）7500N，山药、玉米、面条小计 7000N，油、Maggi、辣椒小计 3000N。
夫妻 26	妻子 30 岁、丈夫 50 岁、子女 6 人（女儿 1 人：7 岁；儿子 5 人：3 人到入学年龄，2 人为婴幼儿）	20000N 6000N	大米 1 袋 50kg、面条 1 箱、大坚果油 1 加仑、棕榈油 1 加仑、Maggi 1 包、砂糖 4 碗。
夫妻 33	妻子 35 岁、丈夫 40 岁、子女 5 人（女儿 3 人：19 岁、8 岁、10 个月；儿子 2 人：15 岁、4 岁）	20000N 10000N	大米半袋、面条 5 包、大豆 2 碗、Maggi 1 包、大坚果油 3 瓶、玉米 10 碗、杂粮 2 碗、砂糖 1 碗。

笔者根据调查对象中妻子的回答制作。

（2）收入额和家庭所需支出额的特征

　　男性的收入因职业而异，以卡诺州的公务员为例，工作两三年且有初高中文凭的公务员月收入为 8000N，有大学文凭的公务员月收入为 20000N；在私企里每天工作 12 小时的工人每月收入为 17000N 左右（KI1）。多数男性在工作时间以外从事个体经营或其他合同工作（专题小组讨论 3）。尼日利亚政府规定的最低工资为每月 7500N[7]。

　　女性获得现金的方法有两种，一是赠与，二是进行经济活动获得收入。赠与是女性在婚礼和起名仪式上获得的来自亲属、朋友、邻居的贺礼，或是去探望父母及其他亲属时收到的红包，她们会把这些钱存起来。女性也期待自己能够在同样的机会下向亲属、朋友、邻居赠送现金或礼物。进行经济活动是指女性进行小本买卖或者从事裁缝、编织、销售加工食品等。

图 4-1 是丈夫每月的家庭所需支出额[8]和妻子的收入。进行经济活动的 17 位妻子中有 12 位月收入不足 10000N，而丈夫的家庭所需支出额（26 人回答）大多在 10000N 到 20000N 之间。可见，仅靠妻子的收入很难满足家庭所需。

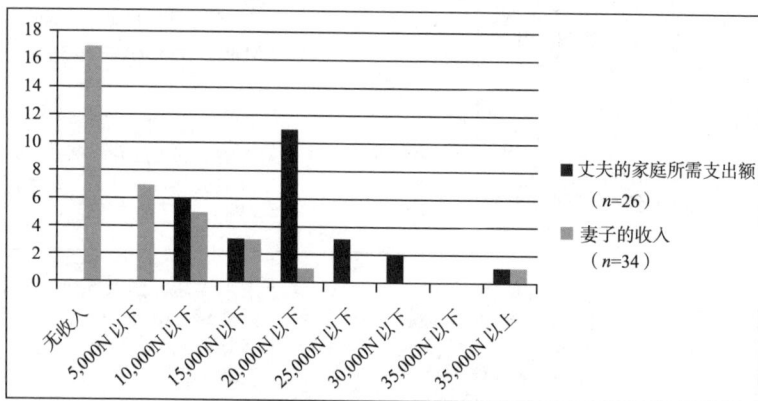

图 4-1 丈夫每月的家庭所需支出额和妻子的收入[9]

笔者制。图 4-1 数据仅统计了 P 区 34 对受访夫妻问卷调查的回答。2011 年 1 月、6 月实施。

（3）丈夫的收入额、家庭所需支出额与妻子参加经济活动

表 4-5 将 18 个家庭按丈夫收入从高到低进行排列。丈夫的收入额在 30000—35000N 的家庭，其家庭所需额多在 20000—25000N；丈夫的收入在 20000N 以下的家庭，其家庭所需额多在 10000—15000N 之间。另外，也有回答表明家庭所需额超过了丈夫的收入，这种情况下，丈夫的解决办法是向亲属、朋友寻求帮助（丈夫 23）。丈夫收入较高的情况下，有的妻子进行经济活动（妻子 2），有的妻子不进行经济活动（妻子 27）。在丈夫的家庭所需支出额和家庭结构都很相似的家庭中，既有妻子进行经济活动的案例（妻子 8），也有不进行经济活动的案例（妻子 19）。也就是说，丈夫的收入额和家庭所需支出额并不是妻子进行经济活动的动机。事实上，很多妻子并不了解丈夫

的收入和家庭所需支出额，"虽然不知道丈夫的收入有多少，但丈夫提供的东西是足够的"（妻子16、23等），妻子每月用丈夫提供的食物和日用品安排生活，"不够的话就告诉丈夫"（妻子5、15等）。但是，很多妻子认为，告诉丈夫食物不够，或要医疗费和交通费等行为会"让丈夫烦心"。

表4-5 丈夫的收入额、家庭所需支出额与妻子的收入

受访者	丈夫的收入（N）	丈夫的家庭所需支出额（N）	妻子的收入（N）	家庭构成（妻子视角）
夫妻20	47000	18000	3000	丈夫、子女2人
夫妻27	40000	16000	无收入	丈夫、子女1人
夫妻2	35000	25000	3000	丈夫、子女3人
夫妻17	35000	20000	50000（推算）	丈夫、子女10人、丈夫的哥哥、丈夫的其他妻子
夫妻32	35000	25000	1000	丈夫、丈夫的其他妻子2人、子女22人
夫妻5	30000	20000	3000	丈夫、子女6人
夫妻7	30000	25000	18000	丈夫、子女6人、丈夫的父亲和哥哥
夫妻10	30000	15000	5000	丈夫、子女7人
夫妻23	30000	45000	无收入	丈夫、子女11人
夫妻4	25000	20000	3200	丈夫、子女4人
夫妻29	20000	15000	无收入	丈夫、子女3人、丈夫的母亲
夫妻8	15000	10000	6300	丈夫、子女4人
夫妻12	15000	10000	9000	丈夫、子女8人
夫妻19	12000	10000	无收入	丈夫、子女5人
夫妻22	12000	10000	1500	丈夫、丈夫的其他妻子1人、子女10人

续表

受访者	丈夫的收入（N）	丈夫的家庭所需支出额（N）	妻子的收入（N）	家庭构成（妻子视角）
夫妻 30	10000	7000	无收入	丈夫、子女 1 人、丈夫的母亲
夫妻 33	10000	20000	无收入	丈夫、子女 5 人
夫妻 15	8000	15000	6000	丈夫、子女 1 人
夫妻 26	6000	20000	无收入	丈夫、子女 6 人

笔者制。本表数据仅统计了 P 区 34 对受访夫妻问卷调查的回答。实施时间：2011 年 1 月、6 月。

4. 对家庭分工的认识

前文我们从性别角色的角度探讨了女性想获得收入的理由、女性的经济活动状况及收入的用途。结果表明，虽然女性的收入不高，但在帮助丈夫弥补家庭所需不足，维持和父母、亲属、邻居的人际关系等方面都做起到了作用。本节将在"丈夫负责赚钱养家"这一性别角色背景下，围绕女性进行经济活动这一问题，探讨人们对谁来负责养家等家庭角色的看法。

（1）承担满足家庭所需责任的人

无论是丈夫还是妻子都对女性的经济活动持肯定态度。"如果妻子进行经济活动，丈夫的负担就会减轻，妻子也能够帮助丈夫和父母。如果不进行经济活动，想买东西时只能求助丈夫。如果丈夫没钱的话，亲属有什么事时妻子也帮不上忙"（丈夫 28），"不进行经济活动的女性得不到丈夫的尊重，即便提出什么建议，也会被丈夫说'你什么都没做，就不要说了'，她的建议不会被丈夫接受。如果进行了经济活动，就可以给家人钱，因此受到丈夫的尊敬，建议也会被丈夫接受"（妻子 19）。由此可见，从家庭外部获得收入会影响家庭内部关系。

如前文所述，提供家庭所需是丈夫的角色职责。一方面，虽然男性比女性更认同"满足家庭所需是丈夫的责任"，但有半数进行经济活动的妻子认为这不只是"丈夫的责任"，"妻子也应该做出贡献"。另一方面，很多不进行经济活动的妻子认为这是"丈夫的责任"，但是"妻子有收入的话也应该做出贡献"。

男性虽然认为"满足家庭所需是丈夫的责任"，但他们也欢迎妻子在经济上做出贡献。理由如下，"我希望妻子进行经济活动为家庭做贡献，哪怕只有 500N 也是好的。女性为家庭做贡献是好事，这样丈夫就可以从负担中解脱出来。为了维持良好的婚姻关系，和谐地生活，妻子最好能帮帮忙"（丈夫 26），"女性也应该为家庭做出经济贡献。特别是丈夫没钱的时候，丈夫可以向自己的妻子借钱，而不用向别人借钱"（丈夫 2）。

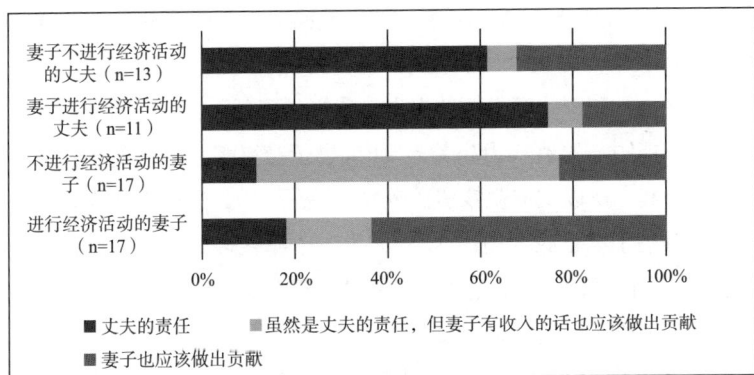

图 4-2　谁应该负责满足需求？

笔者制。本图数据仅统计了 P 区 34 对受访夫妻问卷调查的回答。2011 年 1 月实施。

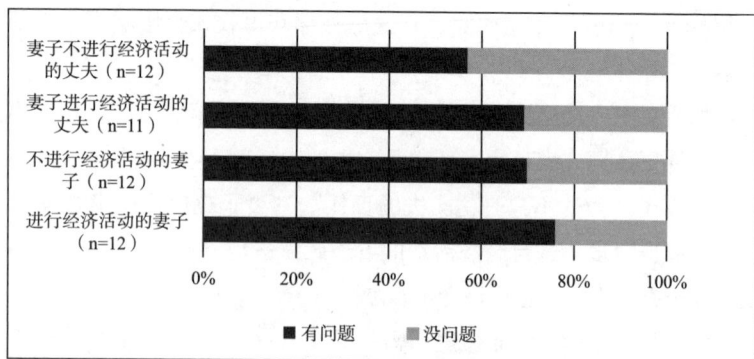

图4-3 如何看待妻子的收入高于丈夫

笔者制。本图数据仅统计了P区34对受访夫妻问卷调查的回答。2011年1月实施。

（2）对妻子经济能力超过丈夫的看法

如图4-3所示，妻子中的70%、妻子进行经济活动的丈夫中的64%认为妻子的收入超过丈夫是有问题的，而妻子不进行经济活动的丈夫中的58%则认为没有问题。对妻子比丈夫赚得多有各种各样的看法，有人认为提供家庭所需是丈夫的责任，"丈夫应该赚钱更多。承担衣食住行和医疗等必要的支出是丈夫的责任"（妻子1），也有人认为经济能力与家庭权力相关，"如果妻子赚得多，那么妻子就会管控整个家庭，所以丈夫赚钱多比较好"（妻子3），还有人认为是否会有问题取决于妻子收入的用途，"如果妻子赚钱多的话，应该把钱用于家用，以此帮助丈夫，这样的话就能和谐相处"（妻子17）。

妻子不进行经济活动的丈夫多数对妻子收入高表示接受，"没有问题，但妻子应该把收入用于家庭"（丈夫22），"如果妻子有钱，孩子的需要就能得到满足了"（丈夫26）。但是，也有人认为妻子比丈夫赚得多本身就是个问题，"如果妻子贤惠的话，就不应该比丈夫赚得多"（丈夫3），还有人认为妻子拥有经济能力会导致家庭内部的力量关系逆转，"如果妻子不再尊重丈夫，那就是个问题"（丈夫25）。

"妻子不应该比丈夫赚得多，丈夫应该管控家庭。如果妻子接受过教育，即使赚了很多钱，也会明白必须服从丈夫，所以没有问题"（丈夫28），虽然有人会考虑社会规范和受教育程度，但可以看出男性担忧女性经济能力的提高会与其在家庭中的权力产生关联。

（3）好妻子、好丈夫

性别角色也反映在被视为"好妻子""好丈夫"的妻子及丈夫的特征上。一方面，"好妻子是指尊重丈夫，照顾子女，并进行经济活动帮助丈夫的妻子。坏妻子是指什么都不做，只等别人帮助的妻子"（妻子8等），无论是丈夫还是妻子，都认为"尊重、服从丈夫"是好妻子的特征。妻子认为"在经济上帮助丈夫"也是好妻子的特征，但丈夫并不重视这一点。

另一方面，对"好丈夫"特征的理解，几乎所有人的回答都集中在"提供家人所需"上，如"好丈夫是为家人提供所需的丈夫。坏丈夫不知道家人需要什么，不考虑家人的吃穿"（妻子10），"好丈夫承担所有责任，为妻子提供衣食住行、医疗费用等所有需要的东西。坏丈夫不为家人提供必需品，早上起床后就不知去向。不给家里留钱，自己去外面吃饭"（妻子33），"好丈夫会为家人提供所需，坏丈夫不会照顾家人"（丈夫34）等。

"好夫妻""坏夫妻"的特征分别是"好夫妻幸福地生活在一起，为对方做所有的事。有问题两个人一起商量解决。坏夫妻经常吵架，一直吵到别人来劝架为止"（妻子16），"好夫妻互相理解，和谐地生活。坏夫妻无法彼此理解，经常吵架"（妻子33），"好夫妻互相尊敬，尊重彼此的亲人"（丈夫25），"好夫妻互相帮助、彼此照顾"（丈夫18）等。"互相理解""互相帮助、互相商量"，有这种交流的夫妻被认为是"好夫妻"。"好夫妻"的特征并未反映出夫妻间的不对称力量关系，但"好妻子"要服从丈夫，"好丈夫"要提供家庭所需，丈夫和妻子的角色明显不同。

5. 如何满足家庭所需及女性的理想状态

本节将探讨以下问题：如何能够满足家庭所需，妻子替丈夫分担满足家庭所需的责任和丈夫的还钱情况，以及妻子替丈夫分担家庭责任后得到了什么。

如果家庭所需得不到满足，妻子就无法履行做饭、打扫、洗衣、育儿等性别角色，这时她们只能用自己的钱暂时垫付。丈夫和妻子都认为提供这笔费用的义务在丈夫，妻子认为自己是"在帮助丈夫"，丈夫则认为自己是"向妻子借钱"，"得到了妻子的帮助"。

（1）妻子替丈夫分担家庭责任和丈夫的还钱情况

调查对象中的 34 位丈夫中有 22 位是雇佣工人。他们月底领工资，但临近月底钱就会不够用。这时的解决方法是向妻子借钱。"没钱的时候会向妻子借，之后还给她。有时妻子会承担满足子女需求的责任，就不让我还钱了"（丈夫 10），"月底丈夫没钱了，我会借给他700—1000N，他用这些钱买蔬菜和其他必需品。丈夫事后会还钱给我，但有时我不让他还"（妻子 2）。

丈夫不在家的时候妻子也需要用自己的钱解决问题。"丈夫不在家时，我出钱采购家用物资。丈夫事后会把钱还给我。虽然我不会白给丈夫钱，但是有时会用自己的钱买家里需要的东西，不要求丈夫还钱。"（妻子 16）不进行经济活动的女性说："我有父母给的钱，丈夫没钱的时候会借给他。丈夫也会把钱还给我。"（妻子 26）女性会用自己的钱应对丈夫钱不够或丈夫不在家的情况。

案例 1 妻子 8/丈夫 8

丈夫是一位 50 岁出头的公务员，月收入为 15000N，家庭所需支出为 10000N。妻子 40 岁出头，做裁缝以及制作、贩卖扶桑花果汁，每月收入约 6300N。4 位子女的教育需要不少钱。"孩子生病、食物不够而丈夫又没钱时，就由我来出钱。丈夫一有钱就会还给我。这种情况基本一个月一次，每次大概500N。因为饭是大家一起吃的，所以有时不需要他还钱。"（妻子8）丈夫说："妻子在买食材方面帮了我。我有困难时，她也会借钱给我。我当然会还钱，但妻子有时会把钱当作礼物送给我。"（丈夫8）

案例 2　妻子 10/丈夫 10

丈夫 50 多岁，月收入为 30000N，家庭所需支出为 15000N。妻子 40 多岁，每月卖加工食品能赚 5000N 左右。7 位子女都需要教育费用。"丈夫每个月都会向我借两次钱，每次 1000N。他用这笔钱买食物，有钱后会还给我。丈夫不在家时，我出钱买调味料和蔬菜，事后再告诉他。"（妻子 10）丈夫意识到妻子的贡献，"我没钱的时候就向妻子借钱，然后把钱还给她。如果是孩子的需求和学费，妻子有时不用我还钱。她每月会为家庭花费 2000N 左右"（丈夫 10）。

通过上述案例可知，当丈夫无法支付全部家庭所需费用时，会向妻子借钱弥补不足的部分，之后再还钱，这种行为已成为常态。虽然丈夫所借的金额都是不及家庭所需支出额十分之一的小钱，但可以看出，丈夫认为妻子借钱给自己或不让自己还钱的行为是在"帮助丈夫"。"我每月借给丈夫一两次钱，每次 1000N 左右"（妻子 4），"我每月一次性借给丈夫 2000N"（妻子 10、13），丈夫们有钱后就会把钱还给妻子。进行经济活动的 17 位妻子中有 16 位每月借钱给丈夫。不进行经济活动的 17 位妻子中，有 9 位会每月借钱给丈夫，由于自己没有收入，可以自由使用的现金不多，所以和进行经济活动的妻子相比，她们"帮助丈夫"更为不易。

虽然有些丈夫不需要还钱给妻子，但因为不能提供足够的家庭所需，人们认为他们是"不负责任的""不好的"等等，无法在社区受到尊重（KI4—KI8）。如果丈夫无法提供足够的家庭所需，又一直只借钱不还钱，就会导致夫妻之间发生争执，女方的亲属也会认为这会产生问题。如果丈夫多次逃避还钱，他在社区的风评也会变差。

（2）满足家庭所需

食物是最主要的家庭所需。如前文所述，大多数家庭都是丈夫领到工资后，每月去一次市场，采购当月的主食，如杂粮、大米、豆类，然后交给妻子。如果丈夫是个体经营者，那么在他有了一笔收入时，每个月也会购买一两次必要物资。不易保存的蔬菜和调味料，则是在有需要时由丈夫买回来，或者丈夫给妻子一点钱让孩子去买。孩子需要买文具和点心时，丈夫也会给妻子一些零钱。此外，需要购买肥皂、洗涤剂等日用品或支付交通费、医疗费等时，也是妻子将需求告诉丈夫后，丈夫给妻子少量现金。但丈夫手头钱不够时，妻子会自己垫付以满足家庭所需。

对女性来说，理想的生活是丈夫的收入能够满足家庭所需，"和丈夫和谐相处，没有争吵和误解，无论需要什么，丈夫都能满足自己"（妻子20），"丈夫能赚到足够的钱购买家庭所需"（妻子6）。对于女性而言，通过暂时垫付资金来满足家庭所需，如果丈夫能够履行还款义务，这不仅是"帮了丈夫的忙"，还会激励丈夫更积极地还钱。即使丈夫未能还钱，女性也能赢得"贤内助"的美名，同时家庭所需也得到了满足。也就是说，无论丈夫还钱与否，都能达到满足家庭所需的目的，而且自己还能赢得美名。如果向妻子借钱后再还钱成为常态，丈夫对妻子的依赖就会增加。

根据上文内容，图4-4对丈夫和妻子满足家庭所需的行为进行了分类。模式1中丈夫提供家庭所需是常态，妻子虽然依赖丈夫，但很好地履行了身为妻子的角色职责。在模式2和3中，由于丈夫无法提供足够的家庭所需，妻子不能很好地履行家务和育儿的角色职责。因此，在模式2中，妻子会向丈夫索要不足的部分，丈夫则用手里的现金或用从朋友那里借的钱补充不足的部分，但妻子会因为丈夫感到困扰。在模式 3 中，妻子先用自己的收入替丈夫补足家庭所需，事后再告诉丈夫，丈夫发完工资、手头有现金时把钱还给妻子。因此，丈夫无须在家庭所需不足时到处筹钱，也不用面对自己无法履行提供家庭所需的义务的现实。此外，妻子还会"帮助"自己履行义务。模式 2 中的妻子虽然履行了"家务、育儿""服从丈夫"等角色，但她们明确表示了丈夫没有"满足家庭所需"，所以自己也没能做到"尊重丈夫"，反复向丈夫提出补足家庭所需的要求，会导致夫妻关系恶化，甚至可能无法做到"努力维持婚姻关系"。

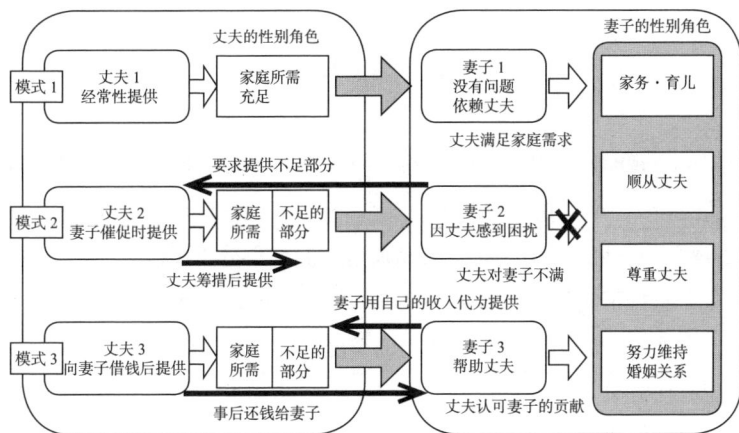

图 4-4　满足家庭所需的三种模式

笔者制。

（3）女性的理想状态

"好妻子"的特征是"尊重、服从丈夫"。已婚妇女出席婚礼、访问亲属、参加经济活动等所有事情，都需要丈夫同意。很多女性都有过因丈夫不同意而不能自由行动的经历。她们还认识到，在经济上为家庭做出贡献的女性会受到丈夫的尊敬，建议容易被丈夫接受，也很少因家庭物资不足的问题和丈夫发生争吵，夫妻能够和谐地生活。

随着妻子暂替丈夫满足家庭所需的次数越来越多，丈夫在经济上对妻子的依赖就会增加，当妻子要求外出或想进行某些活动时，丈夫很难拒绝。

调查对象中的 34 位女性的理想状态是"与家人和睦共处（14人）""家庭所需得到满足（11 人）"，而实现这些心愿的条件是"有自己的收入"（25 人）（多选）。女性想要获得收入的理由有以下两个：一是帮助丈夫履行满足家庭所需的义务，以此确保家庭所需得到满足；二是想获得"贤内助"的美名，从而与丈夫保持良好的关系，避免自身的行动遭到丈夫反对。

6. 本章小结

为了辨明子课题一"女性获得收入会如何影响其参与家庭资源分配的决策"，本章探讨了与女性经济能力相关的事项。具体来说，本章着眼于女性的经济活动，从性别角色的视角分析了以下几个问题：在丈夫履行了满足家庭所需的义务的情况下已婚妇女依然要赚钱的理由，女性收入的用途和经济活动的情况，以及女性的收入对满足家庭所需有何意义。

研究结果表明，女性挣钱的目的不是用自己的收入来满足家庭所需，而是"帮助"丈夫履行满足家庭所需的义务，以此确保丈夫能够满足家庭所需。大多数有收入的女性月收入不足 10000N，低于丈夫在满足家庭所需上的支出（15000—20000N）（图 4-1）。女性不想用自己的收入满足家庭所需的理由有三：一是女性的收入并不高；二是没有必要赚很多钱；三是她们认为赚得多并非好事。

首先，适合女性的经济活动受到已婚妇女性别隔离实践和性别角色规范的影响。妇女在家中工作，购买原料、销售商品主要通过子女作为中间人完成，因此她们很少有机会根据市场的流行趋势和价格水平思考改善产品或扩大客源。此外，人们认为家务、育儿是女性的责任，应优先于经济活动。进而，妇女从公共机构借到启动、维持、扩大经济活动所需资金的机会有限，他们只能和附近的妇女组成互助会或依靠丈夫的帮助。在性别隔离实践和性别角色规范下，女性很难大幅扩展经济活动。

其次，从女性收入的用途也可以看出女性并不需要赚太多钱。"暂替丈夫满足家庭所需"是指要么她们先替丈夫垫付购买每天的食材和孩子点心的钱，事后让丈夫还钱，要么在丈夫购买家庭所需时借钱给他。无论哪种方式，每个月的金额也只有 1000—2000N。"维持人际关系"的用途指拿钱帮助父母及其他亲属，或购买各种仪式上交换的礼物。即使帮助父母及其他亲属或购买礼物都所用不多，但在她们看来这本身就是维持人际关系的必要手段。

最后，对性别角色的认识也导致女性不愿获得高额收入。男性和女性都认为满足家庭所需是丈夫的责任，妻子的收入高于丈夫并非好事。丈夫担心妻子经济能力提高会导致家庭内部的力量关系发生变化，妻子则担心丈夫不再对家庭所需负责。从这些想法中可以看出，人们并不期待女性获得更多收入。

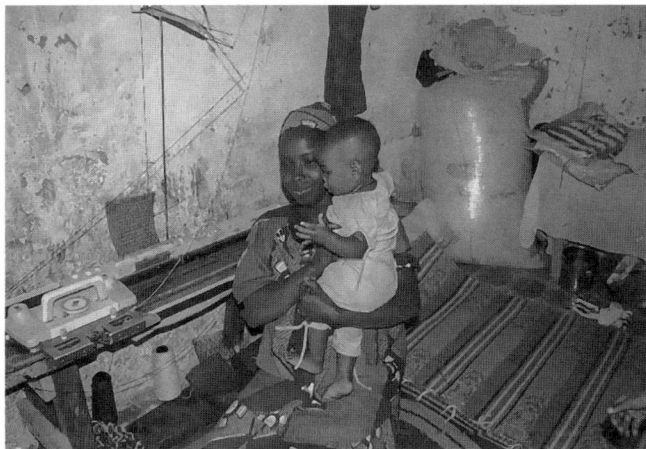

一边照顾小孩一边织毛衣的妇女

如上所述，妻子的收入具有"帮助"丈夫履行其性别角色职责的意义。暂替丈夫承担义务，事后让丈夫还钱，用这种方式满足家庭所需，这就是女性的生存战略。女性巧妙地利用了"丈夫承担满足家庭所需的责任"这一性别角色规范以及丈夫需还钱给妻子的做法。如果丈夫不允许，妻子就不能进行经济活动、参加仪式或外出探亲。为了实现自己的愿望，妻子必须想办法让丈夫满意，让他无法拒绝。遵守性别角色规范，尊重丈夫、公婆、其他亲属，尽到家务、育儿的责任，与"好妻子"的评价息息相关。此外，和丈夫、公婆、亲属保持良好的关系也是为了防止丈夫拒绝自己的请求。能让女性达到理想状态的不是女性进行或不进行经济活动本身，而是它和家庭、社会对女性贡献的认可、价值评价之间的平衡（Hoodfar 1998，121）。除是否有收入外，如何使用收入、如何履行妻子的性别角色职责、如何对待丈夫、公婆和其他亲属等都关系到女性能否达到理想状态。与其说女性是被动地服从性别角色规范，不如说她们是通过主动履行角色职责达到自己的理想状态。

发展援助基于"女性获得经济能力后可以提高其家庭发言权"这一假设，以女性为对象开展了许多创收活动，其间也出现了一些女性不想看到的情况。因此，笔者以女性能够管理自己收入的豪萨社会为立足点，探讨了女性获得收入对家庭决策的影响。结果表明，女性获得收入后，手里有可以自由使用的现金，这样她们就可以暂时代替丈夫的角色，与父母、其他亲属保持良好的人际关系，能够主动履行身为"好妻子"的性别角色规范。另外，女性虽然想赚钱，但她们不以赚取更多为目标，而是将和身边的人建立良好的人际关系作为优先项。女性获得收入，不仅有助于提高她们的谈判底线，也会影响她们对自身所做家庭贡献的认识。但是，由于女性重视维持人际关系和自身声誉等其他资源，所以收入这种资源并不是影响女性参与家庭决策的唯一因素。下一章将探讨哪些资源可以在家庭内部交换，以及通过对话妻子可以获得哪些资源。

注释

（1）在调查地点，可以将家庭所需理解为食品、日用品、服装、医疗、子女教育费用以及交通费。

（2）从调查地点P区到卡诺市区拼出租车出行大约需要30到40分钟车程。单程交通费用为60N。

（3）卡诺州的公立小学对男女均免学费，初中、高中女生免费，男生每学期（3个月）的学费为600N（KI1、KI2）。但是P区有很多学校，很多家长为了让孩子上私立学校而支付较高学费（KI4—KI9）。除学费外，还有书籍、文具、每天休息时间吃的点心等费用，此外还有家委会的费用，每个孩子每学期需要支付600N。

（4）食材的单位是在调查地点的市场上所通用的。"碗"是人们在市场上买谷物时使用的容器，容量大约500毫升。"篮"是买蔬菜时用的篮子，直径30厘米，高30厘米。油类一瓶约为一升。Maggi是当地广泛使用的固体调味料的商品名。

（5）不仅包括食材的费用，还包括日用品费用、教育费、医疗费、交通费。

（6）食材的单位直接按受访妻子的回答填写。

（7）2011年2月，尼日利亚国会通过了将最低工资翻倍至每月18000N的法案，但2011年6月时该法案还未实施。

（8）虽然也有妻子临时垫付的情况，但是丈夫会还钱，所以丈夫的家庭所需支出额包含了所有用于家庭所需的支出。

（9）女性并不清楚自己的收入，所以笔者根据商品的单价、材料费、销售数量推算出她们的月收入。

五、家庭决策围绕什么进行？

本章将明确子课题二"在家庭决策时，女性采用哪种对话方式更容易表达自己的意见"。许多发展援助都致力于帮助女性获得收入以提高其在家庭决策中的话语权，关于这一点，上一章探讨了豪萨社会的女性获得收入及其对家庭决策的影响，结果表明，虽然获得收入影响了女性参与家庭决策的程度，但其他资源也会对女性参与家庭决策产生影响。本章将探讨什么样的对话环境能让妻子更容易向丈夫表达自己的意见。第1节将分析哪些家庭资源在什么人之间进行交换，并整理能够在调查地点的家庭内部进行交换的资源。第2节围绕家庭内部的对话展开，分析夫妻在日常生活中如何对话，分配了哪些资源，以及通过对话妻子能够获得哪些资源。第3节将探讨以下问题：夫妻之间哪些话题需要进行决策？对话话题不同是否导致妻子对待丈夫的态度也不同？夫妻意见不同时二人的做法是否不同？在不同的夫妻关系下对话环境是否也不同？本章将通过对上述问题的分析来辨明由丈夫做出的决策中是否反映了妻子的希望和意见。

1. 家庭结构和资源交换

资源的特征是有用的、有价值的、有潜在可能性的，并在一定作用下能够流动（熊谷·筱原 1980；森冈他 1993）。还有一种见解是，虽然资源具有潜力，但能否实现会受到其他因素的影响（Kabeer 1999）。具体而言，资源包括物质资源，劳动力、劳动人口等人力资源，信赖、权力、威信、权利、各种制度等社会关系资源，以及信息、知识等文化资源（森冈他 1993）。本书将资源理解为通过拥有"支配资源的权利"来"扩大获取其他资源和财产的途径的'可能性的集合'"（佐藤 2007，92）。家庭资源的交换反映了家庭内部的力量关系。家庭成员的关系是根据家庭外部男女经济地位和社会地位的差异以及性别意识形态形成的（Whitehead 1981，93-116）。

本节将辨明调查地点的家庭结构，以及家庭内部有哪些资源、如何进行交换。研究将使用调查地点 P 区的案例，阐述豪萨社会的家庭结构和资源交换。

（1）家庭结构和家庭的生产、消费活动

P 区的传统居住形式是夫妻结婚后在男方父母的复合住宅里新建房屋，和公婆、丈夫的已婚兄弟及家人、未婚兄弟姐妹一起居住，组成扩展家庭。但是，妻子和婆婆同住在一个院子里，容易因对方的所有物产生嫉妒和争执，因此，近年来婚后置办新的居所并和男方父母分开住的情况越来越多（KI3—KI9）。实际上，在 34 位调查对象中，与公婆或丈夫的兄弟姐妹同住的只有 12 人，占三分之一左右。

在 P 区，以农业为主要生存手段的人很少，男性一般打工或者从事个体营业。即使拥有耕地，也会雇人干农活，因此日常生活中，扩展家庭的成员不会共同从事农业劳动。实际上，调查对象中没有人回答自己的职业是农民。由于已婚妇女有性别隔离的习惯，所以除了部分公务员和教师以外，在 P 区很难见到女性在院子外进行经济活动的

情况。因此，丈夫和扩展家庭也不会让妻子在家外面进行经济活动。妻子通过经济活动和继承获得的经济资源归自己所有，因此丈夫和扩展家庭的成员不会参与妻子在住宅内进行的经济活动，妻子也不会与丈夫及扩展家庭成员共同进行生产活动。但是，也有丈夫会帮助妻子销售产品或购买原料（妻子9等）。在豪萨社会，夫妻不共有财产是很普遍的。妻子结婚时的嫁妆，如带来的家具，婚后也是妻子的个人财产。虽然丈夫知道妻子的嫁妆有什么，但他却未必知道婚后妻子购买了土地。买地手续让娘家人或自己的儿子代劳，而非丈夫或扩展家庭的成员代劳，"买地的女性不会告诉丈夫，丈夫自然也不知道。在当地买地的话要去区长那里办理手续，她们一般让自己的哥哥或儿子去，而不是让丈夫去"（KI8）。

出入邻居家的孩子们

家务和育儿等无偿的再生产活动由妻子承担。在扩展家庭中，做饭和打扫等家务由公婆和丈夫的兄弟姐妹分别完成，但大家都希望妻子帮助婆婆做家务。在消费方面，有的夫妻和扩展家庭一起消费，有的各花各的。在与扩展家庭分开消费或者不与扩展家庭成员同住的情况下，有很多夫妻会商量家庭支出的用途，但在扩展家庭共同支出的情况下，有的妻子不参与讨论，"如果需要肥皂、化妆品等个人用品，我会告诉丈夫。但关于食物的购买，丈夫会和公婆以及他的哥哥商量，我不参与"（妻子28）。

在一夫多妻的情况下，妻子们在院子里有各自的房间。"关于食物，以及孩子的教育、校服、学费和文具的事情，我和丈夫及丈夫的另外一位妻子一起商量"（妻子9），"购买食物和日用品时，我和丈夫、丈夫的另外一位妻子一起商量。食材放在仓库里，钥匙由丈夫保管。轮到我做饭时，去丈夫那里拿钥匙，取出必要的食材"（妻子32），在家庭支出上，丈夫的收入是妻子们共有的，但是家务由妻子轮流进行而不是一起合作。妻子们也不会在住宅内共同开展经济活动。34位被调查的妻子中有7人与丈夫的其他妻子同住。

即使是在与丈夫的父母、兄弟姐妹以及其他妻子共同生活的扩展家庭，妻子们也不会共同进行生产活动和再生产活动，在只有夫妻二人的情况下，妻子才更容易参与消费用途的讨论。妻子不与丈夫、扩展家庭成员或其他妻子共有财产和收入。

（2）夫妻间的资源交换

丈夫提供衣食住行、医疗、交通费等妻子的全部所需，妻子则顺从丈夫，负责家务、育儿，努力维持婚姻关系。如果不能履行这些职责，可能会导致离婚。夫妻间的资源交换正是基于这种规范下的婚姻关系进行的。

图 5-1 反映了夫妻间的资源交换。丈夫每隔一个月或两周购买一次妻子和子女需要的食物和日用品，然后把实物交给妻子。至于调味

料和一些无法长期保存的食品，丈夫或是按需购买后给妻子，或是把购买的钱给妻子。食物和日用品不足，或者需要医疗费、交通费、育儿费时，妻子将情况告诉丈夫，丈夫给妻子实物或现金。但如果丈夫手头没有现金，则由妻子垫付，之后丈夫把钱还给妻子。另外，有时妻子会把钱作为礼物送给丈夫，不需要丈夫还钱。丈夫定期向妻子借钱，或者请妻子帮忙补充家庭所需的不足部分，这样的案例多见于进行经济活动的妻子。

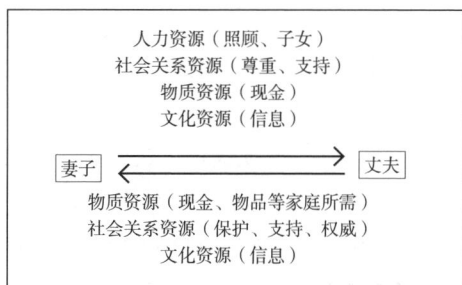

图 5-1 夫妻之间的资源交换
笔者根据 34 户家庭的回答制作。

夫妻间还会交换关于子女教育和经济活动的信息（文化资源）。妻子在日常生活中与孩子接触，丈夫希望能向接受过学校教育的妻子确认孩子的学习进度。另外，夫妻各自收集有关教育的信息，并就子女的教育展开对话，"我会和丈夫商量向哥哥姐姐或者懂教育的人寻求建议"（妻子 6），"我会和妻子一起拜访学校，考察学校的教学体系并进行讨论"（丈夫 32）。2000 年之后掀起了儿童教育热潮，P 区在实施本调查的 10 年前只有一所公立小学，但现在有了初中、高中，以及包括私立小学在内的多所小学（KI6、KI7 等）。因为有关教育的准确信息本身就不多，所以夫妻之间的信息差较小，夫妻互相交换信息，为给子女提供更好的教育一起努力。

在经济活动方面，丈夫会把在市场上看到的新产品和原料告诉妻子，也会把从同事和朋友那里听到的消息转达给妻子，对被要求进行性别隔离的妻子来说，这些都是宝贵的信息。

妻子通过日常的家务、育儿等无偿劳动，给予丈夫"照顾"这一资源（人力资源），这些被认为是妻子的义务。另外，妻子通过重复人口再生产，即生育，为丈夫生儿育女，子女被视为丈夫的资源。丈夫是妻子的保护者，提供必要的家庭所需，同时行使权威限制妻子行动。当妻子想要外出或想要开始某项新的活动时，丈夫会针对妻子的请求行使这种权威（社会关系资源）。以上是夫妻之间日常交换的资源（图 5-1）。

因为丈夫的工作原因，有时夫妻无法在一起生活。调查对象中有两户家庭的丈夫仅在每周末回家。在丈夫统一购买家庭所需这一点上，这两家与其他家庭相同，从丈夫那里获得外出许可则是妻子通过电话进行的（妻子 6、13）。即便丈夫平时不在家，但这两对夫妻交换资源的方式和住在一起的夫妻没有区别，"丈夫在阿布贾（首都）工作，周末回家时会问我缺什么。他不在家的时候，我自己购买香皂之类的东西，丈夫回来后会把钱给我"（妻子 13）。

（3）亲子间的资源交换

在亲子间的资源交换上，妻子给子女的资源和丈夫给子女的资源反映了性别角色规范的不同。

图 5-2 表示的是亲子间的资源交换。一方面，对子女来说，妻子是母亲，母亲的职责是照顾和教育子女。丈夫为子女提供学费、文具费等教育费用。子女在选择学校和前途时，由父母决策，父母作为监护人在保护子女的同时也行使了权威。子女长大结婚的时候，不管是儿子还是女儿都需要结婚资金。女儿的嫁妆主要由母亲准备，这是女儿的婚前财产。近年来，人们认为受教育程度高是可以代替嫁妆的，因此花费在女儿婚资上的费用有所减少。另外，还需要给新郎家一部分现金。如果是儿子结婚，则需要给新娘家彩礼（KI9）。另一方面，

子女为父母提供劳动力资源。特别是母亲在家中进行经济活动时，销售产品、购买原料等需要子女的劳动力支持。

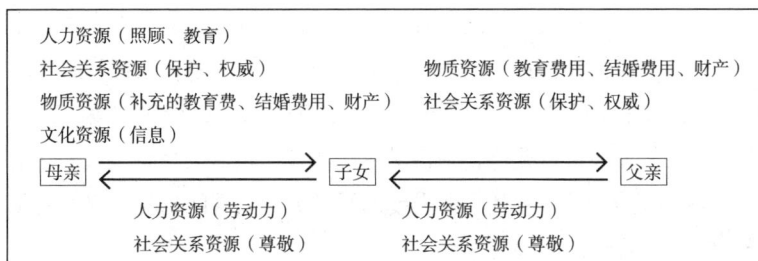

图 5-2　亲子间的资源交换

笔者根据 34 户家庭的回答制作。

（4）和夫妻双方的父母、其他亲属间的资源交换

图 5-3 表示的是夫妻和夫妻双方的父母、其他亲属间的资源交换。一方面，妻子经常为自己的父母或其他亲属提供金钱或实物帮助（图 5-3 中的①）。同样，妻子也会向丈夫的父母、其他亲属提供金钱、实物帮助（图 5-3 中的⑥）。即便无法提供金钱或实物帮助，也会帮助同住的婆婆做家务（妻子 16、31）、或免费为他们做衣服（妻子 2）。不进行经济活动的妻子中，也有人因为钱不够而无法帮助丈夫的父母和其他亲属（妻子 20、28、34）。有的丈夫会给妻子钱去帮助公婆（妻子 26）。丈夫也会向自己的父母、其他亲属和妻子的父母、其他亲属提供金钱和实物帮助（图 5-3 中的②⑤）。除了上述经济资源往来以外，他们还会提供劳动力和照顾，如与公婆同住的妻子替婆婆做家务等。此外，有时她们也会利用社区中的人际关系来调查别人的情况，"亲戚会来我家拜托我帮忙，比如要结婚的时候，会拜托我调查对方的情况"（妻子 6）。在重视亲属关系的豪萨社会，一般认为妻子向娘家的父母、其他亲属表示敬意是理所当然的，但同时也

期待妻子向丈夫的父母、其他亲属表示敬意。"不尊敬公婆，就等于不尊敬丈夫""如果讨厌公婆的话，那么过不了多久就会开始不尊敬丈夫了"，人们把尊敬丈夫和尊敬公婆同等看待。

　　另一方面，在夫妻遇到困难或问题时，双方父母或其他亲属或作为后盾给予支持和保护，或行使权威来协调人际关系，或提供必要的信息（图5-3中的③④）。双方的父母、其他亲属都会对夫妻二人做出评价，如公婆认可儿媳，则岳父岳母和其他亲属也会同样认可女婿（图5-3中的⑦⑧）。尤其是在夫妻的婚姻关系出现问题时，双方的父母、其他亲属会出面调解。

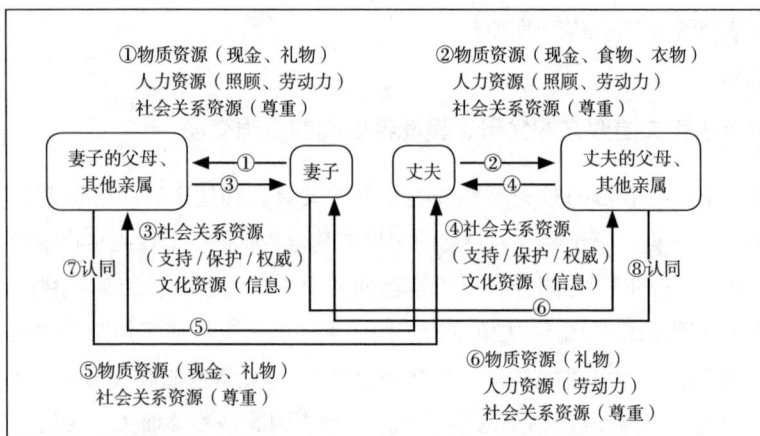

图5-3　夫妻和双方父母、其他亲属间的资源交换

笔者根据34户家庭的回答制作。

（5）家庭资源

　　上文以34个家庭为例，探讨了家庭内部夫妻间、亲子间，以及外部扩展家庭和夫妻间的资源交换。本小节将总结上文的内容，整理出家庭内部可利用的资源。

如上文所述，调查地的夫妻间，亲子间，夫妻和各自的父母、其他亲属间都进行日常的资源交换。对照前文中资源的定义可知，收入和用收入购买的东西是经济资源，劳动力和照顾是人力资源，支持、保护、权威和尊敬是社会关系资源，信息和知识是文化资源，这些都可以视为能够在家庭内部交换的资源（表5-1）。但是，由于夫妻各自拥有的土地、房屋、家畜等财产是不进行交换的，所以这些不包含在上述资源内。如表5-1所示，夫妻、子女和扩展家庭各自拥有经济资源、人力资源、社会关系资源和文化资源。在人际关系或经济方面出现问题，或者需要社区内的信息时，人们会在某种条件下与特定对象进行资源交换。虽然资源交换受既有的力量关系影响，但资源交换的结果有可能反过来改变现有的力量格局。比如，获得公婆、男方其他亲属认可的妻子会比不受认可的妻子在家里家外更受尊重，也会更有权威。她们也会有效地利用尊敬、权威这些资源。

表5-1　家庭内部交换的资源

所有者	丈夫	妻子	子女	扩展家庭
经济资源	收入、用收入购买的物品	收入、用收入购买的物品	—	收入
人力资源	劳动力	劳动力、照顾	劳动力	—
社会关系资源	支持、保护、权威、尊敬	支持、保护、权威、尊敬	尊敬	支持、保护、权威、认可
文化资源	信息、知识	信息、知识	信息、知识	信息、知识

笔者制。

2. 家庭决策

本节将从夫妻所讲述的内容入手，阐明夫妻间对话的话题以及应对对方的方式。当问妻子"谁来决定家庭所需的具体内容""谁来决定为亲属提供哪些帮助"时，大多数人回答说："由丈夫决定。"即使问丈夫同样的问题，他们也会回答说："由作为一家之主的我来决定。"也有人回答说"一起决定"，但"最终是由丈夫做决定的"。但是，如果详细询问现实中二人是如何进行对话的，就会发现在对话过程中夫妻间交涉的形式是多种多样的。

（1）对话的话题及分配、获得的资源

妻子和丈夫日常对话的话题包括"子女的教育"（妻子21人，丈夫12人）、"家里的事情"（妻子11人，丈夫16人）、"满足家庭所需"（妻子10人，丈夫10人）（回答人数：妻子31人，丈夫30人，多项选择）。笔者追问"家里的事情"包括什么，得到的回答是"子女的教育""满足家庭所需"等。本小节将就夫妻的日常话题，探讨夫妻围绕哪些资源的分配进行对话，以及通过对话可以获得哪些资源。此外，还将探讨夫妻双方所采取的策略。

"子女的教育""满足家庭所需"是调查对象提出的话题。除了这两个话题之外，人口与健康调查（NHS 2008）还提出了"妻子就医""家庭大额资产购置""妻子外出探亲"等家庭决策的话题，笔者也询问了调查对象是否就这些问题进行对话以及如何对话。

子女的教育

在子女教育方面，夫妻围绕子女的在校情况进行对话。

学校放假的时候，丈夫晚上回来会让儿子把教材拿过来，检查他是否理解了学习内容。然后我会和丈夫聊聊儿子为什么会出错，存在什么问题。（妻子4）

丈夫周末下班回来会和我聊聊，比如"你检查过儿子的笔记了吗？他有什么作业？"之类的。然后丈夫让儿子把笔记拿过来。如果

学校发过书单的话，也会让他拿过来，丈夫会去市场买书单上的书。
（妻子20）

孩子放学回家后，晚上丈夫会让我把孩子的书包拿过来，我把书包给丈夫后我们一起检查练习册。丈夫会对我说："你给孩子读读书，这样他考试就能及格。"（妻子34）

我经常和妻子讨论子女的教育问题。我认为，为了与他人建立良好的沟通和关系，必须接受教育。（丈夫26）

从妻子4、妻子20、妻子34的例子可以看出，丈夫想知道子女在学校学到的知识和对知识的理解程度等信息，他们会向妻子确认情况。为了了解孩子在学校的进步情况或能给孩子读书，夫妻俩也必须识字并理解内容，否则就无法掌握孩子的学习情况。妻子34的丈夫常让妻子给孩子读书，但夫妻二人都没有上过学。也有一些丈夫和丈夫26一样，不是用对课程的理解程度来检验学习效果，而是想观察孩子社会性培养的情况。

在尼日利亚北部，有小学、中学、高中等学校。学校教育也有公立学校和私立学校两种选择。上了高中后就会选择专业。夫妻会就这些选择进行商谈。

我会和丈夫商量把孩子送到哪种学校，把孩子送到西式学校（普通学校）好不好，去西式学校可以学习工程、医疗、会计等。我会问丈夫和他的亲属中有没有懂工程、医疗和会计等的人。我们各自从了解这些事情的亲属那里听取建议，我把听到的建议讲给丈夫听。然后问问孩子自己对什么感兴趣，我再和丈夫讨论选择哪种学校好。最后由丈夫做出决定。（妻子5）

关于让孩子在哪个教育领域学习，我会询问孩子的意愿，然后告诉丈夫。比如，老大想学医，老二想学税务，最小的孩子想当兵。我和丈夫讨论孩子们的能力是否合适。有时我们也会咨询亲属的意见。最终由丈夫做出决定并告诉孩子们。（妻子10）

女儿中学快毕业的时候，我问了女儿接下去打算怎么办，她说想继续学习。我向丈夫提议让女儿继续学习，丈夫表示同意："只要女儿想继续学习的话就没问题。"在教育上，我和丈夫的想法是一致的。（妻子13）

我会听取朋友、邻居、亲属关于教育的建议，看看对孩子来说去哪所学校能接受更好的教育，然后和丈夫讨论哪个学校好。基本上我和丈夫的意见是一致的。（妻子2）

我会和妻子讨论怎样才能让孩子们得到更好的教育，什么样的教育能让孩子受益。（丈夫19）

有一些案例中的妻子会像妻子5、妻子10那样和丈夫讨论孩子的前途，这些夫妻都是在听取孩子意见之后进行对话的。妻子13建议丈夫让女儿上高中。也有很多案例中的妻子像妻子2一样，收集信息来确认众多学校中哪个更好，她们都询问孩子的想法，并听取亲属的建议，收集信息后和丈夫一起讨论。还有很多案例中的丈夫像丈夫19那样，他们的想法并不具体，虽然提到了"要给孩子提供优质的教育"，但笔者并没有从他们那里听到具体的做法。在这些关于子女前途的对话中，夫妻交换了各自的信息。

另外，教育费用也是夫妻对话的内容。

丈夫手头宽裕时，我会让他给孩子支付教育费用。如果丈夫没有钱的话，我会说"我也出一点"。平时，学费以及校服、家委会、文具等的费用都是丈夫支付的。孩子们需要买文具和书。（妻子14）

因为丈夫要交学费，所以我会说："我来承担其他要交的费用和圆珠笔、铅笔等的费用。"其他要交的费用和圆珠笔、铅笔等的费用比学费便宜。但到月末，丈夫经常会没钱。（妻子17）

我总是建议丈夫按时支付学校的费用，付钱买书、买文具等。有时，我也会提议由我来买文具。（妻子32）

我和妻子一起谈论如何交学费，或者给孩子买哪些书。每当我和妻子说起如何交学费，她都会建议我去朋友那里借钱。虽然向别人借钱比较难为情，但妻子也不会帮我分担学费。我曾经向朋友借钱给孩子交学费。（丈夫32）

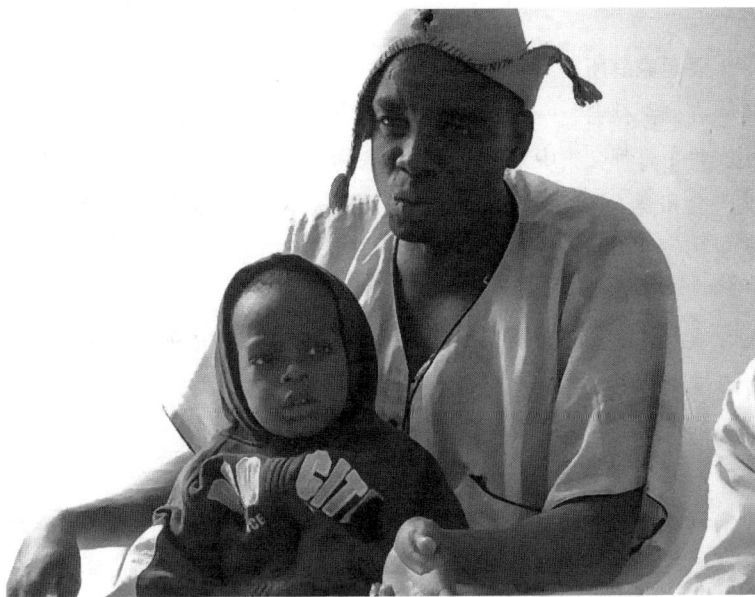

照顾孩子的父亲

妻子 14、妻子 17、妻子 32 都会和丈夫讨论教育费用。在这些案例中，妻子都向丈夫表达了自己承担一部分费用的意愿。夫妻 32 商量了如何筹措教育费用，妻子向丈夫提出的建议被丈夫采纳。

如上所述，夫妻二人从亲属、朋友处收集关于孩子教育的信息，然后互相交换并讨论这些信息。近年来，随着学校教育的盛行，可选择的学校也增加了，子女的教育情况和夫妻自身的教育经历有所不同，所以夫妻都热衷于收集现在的教育信息。另外，夫妻二人也会就教育费用进行对话。虽然子女的教育费用和家庭所需一样应由丈夫提供，但一些案例中的妻子也会提出分担部分教育费用。这些案例中，没有妻子提出过让丈夫还钱。在教育问题上，夫妇之间没有意见分歧，也没有一方对对方心怀不满。在关于子女教育的对话中，可分配的资源是关于教育的信息和教育费用。通过对话能够获得的资源包括：受过教育的子女以后会成为劳动力，以及父母将来会得到子女的尊敬。

满足家庭所需

在豪萨社会，一般认为提供全部家庭所需是丈夫的责任。大多数丈夫每个月都会集中采购下个月的食物和日用品，并交给妻子。有的丈夫会和妻子讨论家庭所需，也有的丈夫不问妻子需要什么就直接购买食物和日用品。

我向丈夫提议把收入分成三部分："一笔钱用于教育，一笔钱用于伙食费，一笔钱用于医疗。"我丈夫每个月都会从市场买食品回来。我不知道伙食费要花多少钱。（妻子 7）

我在记账。每个月丈夫一拿到工资，我们就会看这个账本，看看他借了多少钱，必须还多少钱，多少钱要用于采购日用品、洗发水、牙膏，多少钱要用于每天的食材。（妻子 28）

这些夫妻会讨论下个月需要购买哪些家庭所需。因为妻子自己去市场的机会有限，所以不知道食品和日用品的价格并不稀奇。在上述两个案例中，夫妻双方讨论丈夫的收入如何分配，即使妻子不知道教育费用和伙食费等的具体金额，她也会参与讨论丈夫的收入用于何处。也有的夫妻不进行对话。

我丈夫没问过我需要什么食物。他只是一个月带一次食物回来。我不知道他在食物上花了多少钱。我觉得他带回来的东西足够了。（妻子34）

我不会和丈夫谈论食物的话题。只要他为我提供食物就没有任何问题。（妻子10）

这些丈夫履行着"给妻子提供食物"的责任。夫妻间不就家庭所需进行对话，妻子被排除在购买家庭所需的决策之外，她们也不知道伙食费需要多少钱。但是这些妻子接受了丈夫的行为，只要家庭所需得到了满足，她们就不会对这种情况感到不满。

而在以下案例中，丈夫并没有尽到"提供足够的食物"的义务。

我不会和丈夫说。食物不够的时候，我就只用大米和豆子做饭。因为丈夫不带食材回来，所以我做不了饭。（妻子26）

我丈夫不会问我实际需要多少食物。他带回来的食物是不够的，但他并不知道靠这些食物维持生活是多么困难。丈夫把钱都花在自己身上，不会花在食物和其他家庭所需上。但是，我也不能对丈夫说什么，因为那是他自己的钱。买多少食物要看丈夫的决定。（妻子3）

妻子既没有告诉丈夫食物不足，也没有请求他补充食物。相对应的是妻子 26 以敷衍的饭菜来表达不满，而妻子 3 已经放弃了行动。即使食物不充足，人们也希望妻子"好好管理食物"，也就是说，希望妻子们每个月努力用丈夫提供的食物来维持生活。

在需求供给不足时，夫妻之间的互动还有如下案例。

我经常会和丈夫讲。丈夫也会问我需要哪些食物和日用品，以及需要多少。我把需要的东西列成清单交给他。然后他去购买必需品。另外，丈夫每天给我 1000N，我用这些钱购买每天做饭需要的蔬菜和香料，剩下的留着做其他事情。（妻子 2）

家里食物不够时我会告诉丈夫。如果丈夫说"钱不够"，那么我就用自己的钱买。丈夫有钱后会把钱还给我。（妻子 13）

食物和日用品不足的话，我会用自己的钱购买。我不会告诉丈夫，但是我想他知道我做出了贡献。（妻子 4）

在这些夫妻之间，发生了"丈夫问妻子""妻子告知丈夫"这样内容的对话。无论是妻子还是丈夫，都认识到了"家里食物不足"这个事实。妻子 13 和妻子 14[①]在"丈夫没钱的时候，自己买食物"，代替丈夫承担提供家庭所需食物的责任。虽然丈夫在赚到钱后会把钱还给妻子，但会形成对妻子的依赖，妻子和丈夫都认为妻子为家庭做出了贡献。

也有一些时候，妻子会明确地反对丈夫。

丈夫说"想把房子重新粉刷一遍"，但我反对。我们还有其他必须要做的事情。我对他说："要把钱花在家庭所需上。"（妻子 1）

我建议丈夫"一有钱，最好马上去买食物"。这样的话，即便丈

---

① 此处应为"妻子 4"，译者按原文翻译。（译者注）

夫的钱不够花，家里也有吃的。（妻子32）

因为丈夫没有支付教育费用，所以我建议他马上支付。（妻子22）

在这些案例中，妻子以"反对丈夫的意见""建议丈夫换个想法"等方式，表达与丈夫不同的意见。在豪萨社会，因为人们认为妻子服从丈夫是好事，所以像上文这样对丈夫的做法和想法表示"不同意"的行为是违反豪萨社会规范的。从对其他问题的回答中可以推测出，这些案例中的夫妻有着密切的交流。在能进行这样的交流的关系中，无论豪萨族的传统和规范如何，妻子都很容易向丈夫表达自己的想法。

在上述关于满足家庭所需的对话中，是否告诉丈夫每个月的家庭所需情况，特别是是否会告诉丈夫食物不足，妻子们的做法因人而异。另外，在告诉丈夫的情况下，一些案例中的妻子表示不同意丈夫的想法。在不告诉丈夫的情况下，一些案例中的妻子虽然对丈夫有不满但不能说出来，或者说了也改变不了什么，所以就不说了。

在丈夫的视角下，关于满足家庭所需，多数丈夫认为要"和妻子对话"。

我会和妻子讨论家里需要什么。特别是食物方面，妻子知道得更清楚，所以我会问她。（丈夫1、2等）

我通常和妻子一起计划如何花钱。在食物方面，我们会制定计划，看看到月底需要多少食物。（丈夫7）

我们会讨论收入如何分配，如何制订每天的活动计划。在食物方面，也会讨论为了保证一个月的需求，应该买什么为好。（丈夫19）

这些案例中，有的妻子说"我不和丈夫说"（妻子 26）、"丈夫把钱花在食物以外的东西上"（妻子 3），但她们的丈夫却说"我会和妻子讨论收入的用途。对于和生活有关的事情必须进行对话。在食物方面，会和妻子商量如何才能够维持生活"（丈夫 26）；"我会和妻子商量买什么食物以及怎么买"（丈夫 3）。妻子和丈夫的说法不同，这也说明了满足家庭所需是夫妻争论的焦点。

在上述关于家庭所需的讨论中，可分配的资源是丈夫的收入和妻子的收入，通过对话可以获得的资源是家庭所需得到满足的状态。

一名妇女展示用自己的收入购买的餐具

购买土地、房屋、家畜等大额资产

下文要考察的对话事项不是家庭所需等日常必需品，而是土地、房屋、家畜等金额较大的资产。在这些事项上夫妻二人会如何进行对话？

我饲养绵羊、山羊、鸡，在购买时会和丈夫商量。丈夫会在院子里为我准备一块地作为饲养用地。[1]（妻子6）

因为丈夫建议我买家畜，并在需要的时候卖掉，所以我有钱时买了羊。羊是我自己出钱买的，但是丈夫去卖羊的市场帮我选了好羊。（妻子8）

我以前买过鸡。那是和丈夫商量之后买的。丈夫也给我添了一些钱。（妻子9）

我以前养过家畜，在卖掉的时候和丈夫商量了一下。（妻子3）

我想买家畜的时候，丈夫替我去市场买回来了。现在我养了两只山羊、两只绵羊。（妻子11）

我买家畜的时候，丈夫帮我出了一些钱，还出了饲料的钱。卖的时候也帮我找了买家。（妻子16）

上述案例中的妻子在买卖羊、鸡等家畜时，会和丈夫商量。在豪萨社会，夫妻各自管理财产，妻子购买的家畜是妻子的财产。但是，从上述案例中可以看出，丈夫给予了妻子一些帮助，如给妻子添一点钱、提供饲养家畜的场所、支付饲料的费用等。

我在制定买地计划，并和丈夫聊起了这个话题。我告诉丈夫，因为现在的房子是租的，所以我想买地盖房子。但不是用我的钱买。（妻子18）

因为现在的房子是租的，所以我正在和丈夫商量买块地。（妻子26）

我们现在住在丈夫继承的房子里，我和丈夫商量着将来买块地。（妻子 22）

我们现在没有钱，没有土地和房子，但我们在商量将来购买土地的计划。（妻子 33）

关于土地和房屋，从妻子的发言来看，"丈夫有购买的计划"，且二人就这件事进行了对话。这意味着丈夫要用自己的资金购买。在豪萨社会，结婚时丈夫要准备婚房。因此，在关于土地和房屋的讨论中，妻子谈论的是作为"丈夫的财产"的土地和房屋。

"女性间流行着一存够钱就去买地的做法。买地时，代办购买手续的是女性的哥哥或儿子，而不是丈夫。因为丈夫可能会认为妻子有钱，从而减少供给。买了地以后妻子们也不会告诉丈夫，丈夫也不知道。"（KI9）可见有的妻子会购买土地，但这并不是家庭财产，而是妻子的个人财产，她们只和娘家人或儿子商量。

关于土地、房屋、家畜的购买，虽然也有丈夫和自己的父母商量，但最多的还是和妻子谈，"如果我要买房子、土地、家畜的话，在买之前要和妻子、孩子商量"（丈夫 12），或是"和父母、妻子商量"（丈夫 1、2、6 等）。也有一些案例中的丈夫和自己的父母、亲属商量，但把妻子排除在外，"和父母及其他亲属商量"（丈夫 27），"和我父母商量"（丈夫 30）。还有丈夫不与任何人商量，自己决定，"我现在没有土地和家畜。如果今后要买的话，到时会自己决定，不想接受任何人的建议"（丈夫 30），"我不和别人商量，自己决定"（丈夫 23）。

与购买食物和日用品不同，土地、房屋、家畜的所有权明确。在夫妻各自拥有财产的豪萨社会，关于土地、房屋、家畜的对话是"商量"，是"分享信息"，并不会出现夫妻产生分歧或争执的情况。关于购置大额资产的对话，可分配的资源是夫妻各自的收入和信息。此外，妻子购买家畜时，需要饲养场所，因此需要得到丈夫的同意，这关系着丈夫的"权威"资源。在关于大宗购物的对话中，能够获得的资源是夫妻各自的财产。

妻子就医

妻子要就医就必须外出，所以需要得到丈夫的许可。

如果我告诉丈夫自己身体不舒服，他会让我去医院。有时也会带我去医院。（妻子8）

每次我身体不舒服，问丈夫是否可以去医院时，他都会带我去。（妻子9）

丈夫会给我交通费。在医院开完处方，丈夫帮我把药买回来。（妻子18、21等）

丈夫会给我交通费和药费。孩子突然生病的时候，我先给丈夫打电话，然后再带孩子去医院。（妻子24）

丈夫会给我交通费和药费。如果他没有钱，我就自己出，丈夫之后会把钱还给我。（妻子26）

因为丈夫在其他城市上班，所以我一个人去医院。他在家的时候会陪我一起去。不在时，我会打电话问他我能不能去医院。丈夫会把应急的钱拿出一部分作为交通费。孩子生病的时候也是一样。（妻子27）

由此可知，妻子去医院的交通费和药费都是丈夫出的。另外，如果丈夫没有钱，妻子就用自己的钱垫付，丈夫事后再还给妻子。紧急情况下可以用手机联系丈夫，取得去医院的外出许可。因为可以打电话得到丈夫的许可，所以妻子不必等到丈夫回家再去医院。[2]

关于妻子生病时丈夫的做法，没有妻子"不能告诉丈夫身体不舒服"的案例，也没有妻子告诉丈夫身体不舒服后被拒绝外出的案例。丈夫会支付交通费和药费，这个话题不会导致夫妻的意见不合，也不会成为决策的焦点。第三章的统计资料表明，尼日利亚北部的女性获得医疗保健的途径有限，她们很难从丈夫那里获得去医院的许可，也很难确保得到交通费用。但是调查对象所在的社区里都有诊所和医院（KI3），没有出现妻子医疗保健得不到保障的案例。因为交通费和医疗费由丈夫支出，而妻子外出也需要得到丈夫的许可，所以在关于妻子就医的对话中，可分配的资源是丈夫的收入和权威。通过对话可以得到的资源是妻子就医从而获得健康。

妻子外出探亲或参加仪式

豪萨族对已婚妇女实行性别隔离。因此，妻子外出时必须得到丈夫的许可。妻子能否外出取决于有权限制妻子出行的丈夫。

我想参加婚礼的时候，会请求丈夫许可。虽然丈夫基本上不允许，但有时也会让我去。我要么屈膝俯身恳求丈夫，要么端上美味的饭菜和冰果汁，为了得到丈夫的许可做出努力。但这一切都取决于我丈夫的决定。（妻子34）

我会恳求丈夫说"想参加婚礼""想去看望农村的父母"。但是，如果他觉得"那不太重要""外出太频繁了"，就不会同意。我会在丈夫放松的时候小心翼翼地和他说起外出的事情。（妻子4）

这些妻子为了得到丈夫的外出许可，表现出了"恳求"或"屈膝俯身"等卑微的姿态。另外，妻子还会为丈夫提供美食和冷饮等，这在豪萨社会中被视为"表示尊敬"的行为。妻子知道丈夫有时会拒绝她们参加仪式或拜访亲属的请求，所以她们不会把自己的要求强加给丈夫，而是小心地恳求他。下面的案例也表明丈夫的心情也会影响妻子的交流方式。

我不会在丈夫心情不好时去说，因为很明显他不会同意。这个时候我会放弃参加仪式或拜访亲属，等待下一次机会。孩子们在身边时我也不会请求丈夫。还没有准备好晚饭时也不会去说。因为我知道这些时候丈夫都不会同意。（妻子28）

晚上和丈夫坐在一起聊天时，我会问他我可否外出。然后丈夫问我去哪里、做什么。我一点点地说明，比如"想去探望生病的朋友""想去参加婚礼"。如果丈夫认为我外出的理由合理，他就会同意。我会找丈夫心情愉快、下班回家后身心放松的时机。有时丈夫不允许，那样的话我就得待在家里。（妻子10）

在这些案例中，妻子非常在意丈夫的心情，会根据丈夫的心情决定"不提出请求""等待下次机会"等。另外，妻子会选择"孩子不在身边""做好晚饭"等合适的时机和丈夫对话。而且在这些案例中，妻子不仅要考虑丈夫的态度，还要详细地说明外出的理由。妻子们明白，最好要在适当的情况下有逻辑地把自己的期望传达给丈夫。

在另外一些案例中，妻子们不用费太大力气就能够得到丈夫的允许。

想去看望住在村里的祖父母时，我会问丈夫自己是否可以外出。只要他有时间，就会陪我一起回村里，或者给我些钱。我丈夫几乎不会拒绝我外出。（妻子2）

丈夫不允许我外出的话，我会等两三天，再问一遍。我会小心地说明为什么要外出。这样的话，丈夫最后会同意我外出。（妻子 15）

我对丈夫说："我想回村子探望父母。"丈夫一般都会同意，有时他会给我些钱或礼物让我带给父母。（妻子 20）

这些妻子不用考虑丈夫的心情，直接向丈夫表达"想外出"的想法。妻子在知道丈夫基本会赞成自己请求的前提下采取行动。即使要求被驳回，她们也不会放弃，而是会像妻子 15 那样"再问一次"。这些丈夫在妻子去拜访亲属的时候，会提供"钱和礼物""和妻子一起去"等支持。

接下来，从丈夫的叙述来观察丈夫的做法。

我同意妻子外出，但要她按时回来。（丈夫 9）

我会同意妻子外出，但不是每次都同意。（丈夫 19）

我会看重要程度，如果是很重要的拜访，就会允许；如果不那么重要，就让她下次再说。（丈夫 3）

如果是去重要的地方，比如妻子去父母家，我同意她去。但是，我不允许妻子去一些无关紧要的地方。（丈夫 25）

我妻子明天也要一个人去扎里亚（Zaria，卡诺的邻市）走亲戚。我有时会一起去。如果真的是去走亲戚，那什么时候去都可以。（丈夫 32）

上述案例中的丈夫虽然都同意了妻子外出，但会附加条件，如

"回家时间""外出频率""外出的重要性"。另外，也有下面这些因为经济原因而不允许妻子外出的案例。

当我钱不够时，我会建议妻子等我有钱了以后再去走亲戚。（丈夫11）

妻子参加结婚仪式时听了其他妇女的话，回来对我说想买新首饰，所以我不会让她频繁出席仪式。（丈夫29）

如上所述，一方面，在妻子外出问题上，丈夫拥有否决的权限。因为已婚妇女有性别隔离的习惯，所以丈夫有正当理由不允许妻子外出。另一方面，妻子有外出的需求，关于妻子外出的决策会导致夫妻产生意见分歧，成为争论的焦点。在围绕妻子外出的对话中，可分配的资源是允许妻子外出的丈夫的权威。通过对话，妻子可以获得的资源是通过访问亲属和参加仪式建立社会网络，以及获得来自亲属、朋友的信息或交换的礼物。

表5-2汇总了上文中通过对话可分配及可获得的资源。

表5-2 可分配的资源及妻子可获得的资源

夫妻对话的话题	可分配的资源	妻子可获得的资源
子女的教育	信息 教育费用（夫妻的收入）	子女作为未来的劳动力 子女的尊敬
满足家庭所需	夫妻的收入	家庭所需得到满足的状态
妻子外出	丈夫的权威	社会网络、信息、礼物
妻子就医	丈夫的权威、丈夫的收入	健康
购买土地、房屋、家畜	丈夫的权威、夫妻的收入	财产

笔者制。

（2）妻子为获得资源而采取的策略

如前文所述，夫妻之间日常讨论的话题有子女教育、满足家庭所需等。其中容易引起夫妻意见分歧、导致争论的是"满足家庭所需"和"妻子外出许可"这两项（见表5-3）。妻子会根据对话话题改变对待丈夫的策略，当妻子要求丈夫满足家庭所需时，会强烈主张自己的要求。一方面，在豪萨社会，丈夫应该提供全部家庭所需，所以妻子强势要求丈夫满足家庭所需具有正当性。丈夫不满足家庭所需的行为是不对的。事实上，有些丈夫无法充分满足家庭所需，为了补充食物和其他日用品的不足，会定期向妻子借钱。虽然这些丈夫一有钱就会把钱还给妻子，但他们会越来越依赖妻子。对于妻子来说，提供充足的食物和日用品是丈夫履行"持家"之性别角色职责的必要条件。这也是妻子为确保自己的女性地位（Matsayi mace）和擅于料理家务的"贤名"所必需的。

表 5-3　夫妻的日常对话

话题	对话内容	对话的方法和契机	夫妻意见不同的案例
子女教育	选择学校、升学与否、学习的进度、筹措教育费用、购买必要的文具。	从亲属、朋友那里收集信息、交换信息、相互商量。	基本同意对方意见。
满足家庭所需	采购1个月的食品和日用品；食物和日用品不足时如何应对。	丈夫和妻子商量、问妻子情况；妻子告知丈夫家庭所需不足，提出建议。	丈夫不与妻子商量；丈夫不回应妻子的要求。
妻子就医	处理妻子和孩子生病的事情；丈夫同行，支付交通费和药费。	妻子告诉丈夫自己身体不舒服。	丈夫同意/基本同意；帮助妻子就医。
购买土地、房屋、家畜	商量购买、出售家畜的事宜；商量购买土地、房屋的计划。	互相商量购买、出售事宜。	基本同意对方意见；在财产上没有意见分歧。

续表

话题	对话内容	对话的方法和契机	夫妻意见不同的案例
妻子外出许可	允许妻子外出参加婚礼等仪式； 妻子向丈夫提出探亲的外出请求。	妻子拜托、恳求丈夫。	丈夫认为没必要外出或外出太频繁时不允许。

笔者根据 34 对夫妻的回答制作。

　　另一方面，因为豪萨族的已婚妇女有性别隔离的习惯，所以外出时必须得到丈夫的许可。因此，丈夫拒绝妻子外出的要求是有正当性的。对女性来说，参加婚礼、起名仪式等，是和亲戚、朋友、邻居欢聚一堂、交流信息、宣传经济活动的重要机会。经常拜访父母、亲戚、朋友，也是建立困难之际互相帮助关系的必要条件。妻子能否获得外出许可，取决于丈夫的宽容程度。于是，很多妻子用各种方法让丈夫满足自己的要求，采取了恳求的策略。

　　如前文所述，夫妻对话中决策的话题不同，妻子采取的策略也不同。而且不同的妻子采取的策略也不相同，有的妻子会说服或恳求丈夫，把自己的想法传达给丈夫，但也有的妻子会默默地听从丈夫的意见。在豪萨社会，妻子与丈夫争论的行为不被肯定，在豪萨族的婚姻关系中，妻子服从丈夫、赞同丈夫是理所当然的。也就是说，妻子"不同意丈夫"的行为不具有正当性。但也有妻子会去挑战"妻子应服从丈夫"这一性别规范。需要在家庭内部进行对话、决策时，如果自己的想法和丈夫不同，那么妻子也会采取不同的做法。

和丈夫持续对话
　　在有些案例中，夫妻先进行对话再决定怎么办。

　　和丈夫想法不同时，我会心平气和地说出自己的想法并说服丈夫，"我是这么想的，我建议你这样做"。我会等到丈夫有钱时向他

提出建议。他基本上会同意。（妻子 2）

我们为了互相理解而进行对话。我会给他讲笑话逗他笑，或者做一桌美味的饭菜，让他做出对两个人都有利的决定。（妻子 7）

和丈夫想法不同时，我们两个人会谈谈谁的想法更重要，然后再考虑哪个更好。如果丈夫的想法好就听他的。为了得到丈夫的理解，在丈夫不同意的时候，我会一点一点地说明为什么我的想法很重要，并解释我这样建议的理由。（妻子 20）

我会给丈夫提出建议。丈夫下班回家，吃完饭，所有事情都处理好了后，我才会跟他说："由于这些原因，你的想法不太好，我觉得还是换个想法比较好。"丈夫基本上会同意的。（妻子 5）

这些案例中的妻子在和丈夫意见不同时，会向丈夫说明自己的想法。虽然在豪萨族，人们期望已婚妇女不与丈夫争辩，但事实上，这些妻子会持续与丈夫进行讨论，直到达成共识。即使讨论后丈夫仍然不同意，妻子还是会尝试说服丈夫。为了得到丈夫的赞同，她们会选择说话的时机，或趁着丈夫心情好的时候，端上美食和饮料，营造出让丈夫愿意倾听的氛围，然后说出反对的理由，或者小心翼翼地说话，想办法让丈夫理解自己的想法。可见，妻子为了让丈夫接受自己的想法，采取了各种策略。

妻子根据丈夫的反应改变策略

一些案例中的妻子试图和丈夫对话，但对话能否进行取决于丈夫的态度。

为了得到丈夫的理解，我要恳求丈夫，要用礼貌的措辞，让丈夫

明白妻子"需要什么""想做什么"。如果丈夫的想法和我不同，那么我会放弃自己的想法，听丈夫的。（妻子21）

为了得到丈夫的理解，我要尽自己最大努力向丈夫说明建议的重要性。我会做好美食，端上果汁。即便如此，丈夫还是不同意的话，我会放弃自己的意见，听他的。然后我会向丈夫道歉。（妻子31）

我会礼貌且亲切地表达自己的想法并说服丈夫。有时我们会意见不同，那时我会听丈夫的。（妻子13）

我会为自己过去的错误向丈夫道歉，然后屈膝俯身，恳求丈夫让我说明自己的想法。这一切都取决于丈夫的宽容程度。（妻子18）

在上述案例中，妻子们都下定决心告诉丈夫自己不赞成他的意见或提出了自己的建议。但是，一旦丈夫对妻子的态度表现出不满，她们就会立刻放弃表达自己的想法。因为丈夫有时会拒绝妻子的请求，所以妻子会恳求丈夫不要拒绝自己，或者采取谦恭的态度尽可能实现自己的目的。

此外，在这些案例中，妻子们会根据丈夫的心情和态度采取行动。妻子为了得到丈夫的赞同，会寻找方便说话的机会，也会努力用食物和饮料来取悦丈夫。"首先为自己以前让丈夫感到不满的行为道歉""跪求丈夫接受自己的请求"，可见妻子与丈夫的力量关系明显不对称，只能听凭丈夫的决定，"妻子的请求能否被接受，取决于丈夫是否宽容和慈悲"（KI5）。

妻子虽然不满，但会顺从丈夫

在一些案例中，妻子对丈夫的想法和决定感到不满，但并没有把不满告诉丈夫。

即使对丈夫的决定有所不满，我也只是沉默。虽然我也想做点什么，但我知道自己做不到。我只能同意丈夫的想法。（妻子3）

我会放弃自己的想法服从丈夫。无论是家里的事，还是丈夫和我的事，丈夫以前都有不同意的时候。我会放弃自己的想法，听丈夫的。（妻子15）

如果和丈夫的想法不同，我就只能放弃自己的想法。（妻子4、11、29等）

在这些案例中，妻子似乎已经放弃了向丈夫倾诉自己的不满，也不再与丈夫沟通。这些妻子很少提起自己的经历。她们虽然对现状不满，但放弃了努力并接受自己的不利地位。笔者感觉不到她们想要实现自己愿望的姿态，她们的话语中也没有想要改变这种不理想状况的想法，"我不会做无谓的事情""反正丈夫也不会听我的"，妻子们即使心有不满也会回避和丈夫争执，不进行任何抗议就同意丈夫的意见。

妻子心甘情愿地服从丈夫

也有一些案例中的妻子完全服从丈夫的决定且毫无不满。

妻子必须一直服从丈夫，必须同意丈夫的意见。服从丈夫是我们的婚姻规则，不服从丈夫就是违反社会规范。我从不会和我丈夫有不同的想法。（妻子6）

丈夫的决定没有任何问题。无论丈夫决定了什么，我都会遵从。我们之间没有任何问题。（妻子12）

我总是同意丈夫的意见。没有什么事情是不能同意的。(妻子
33)

在上述案例中，妻子无一例外地表示赞同丈夫，心甘情愿地服从
丈夫。妻子首先考虑的是"服从丈夫"这一社会观念，而不是同意或
反对。因此，对妻子来说，同意并服从丈夫的决定是很自然的事情，
妻子对自己的状况很满意。

通过以上妻子的叙述可知，和丈夫意见不同时，不同的妻子对丈
夫采取的做法也是不同的。在豪萨社会的性别规范中，反对丈夫、不
赞同丈夫的行为是不被允许的。但是，也有一些妻子会向丈夫表达自
己的不满，或者在丈夫心情好的时候说出自己的想法。另外，也有
一些妻子遵从性别规范，即使不满也保持沉默，或者总是同意丈夫的
意见。在家庭决策时，如果妻子不赞成丈夫的意见，会采取本节中提
到的四种应对策略。现将这四种方式命名如下：①持续与丈夫讨论的
方法是"谈判法"；②一边观察丈夫的态度一边应对的方法是"恳求
法"；③对丈夫心有不满，但仍然选择服从的方法是"回避法"；④心
甘情愿地顺从丈夫的方法是"顺从法"。

笔者对34位妻子的叙述进行分类后发现，47%的人采取了"恳
求法"，她们通过观察丈夫的心情和态度来决定自己的做法。"回避
法"占23%，"谈判法"占18%，"顺从法"占12%。

如前文所述，对于"满足家庭所需"和"外出许可"以外的话
题，妻子会根据豪萨社会的性别规范判断自己的行为是否具有正当
性，然后对丈夫采取不同的策略。对于"与丈夫持不同意见"这种违
反了豪萨社会性别规范、不具有正当性的行为，不同的妻子也有不同
的策略。34位妻子"和丈夫意见不同时"分别采取了四种不同策略，
下文将讨论在"告诉丈夫家庭所需不足"和"请求外出许可"两个问
题上，她们会选择哪种策略。

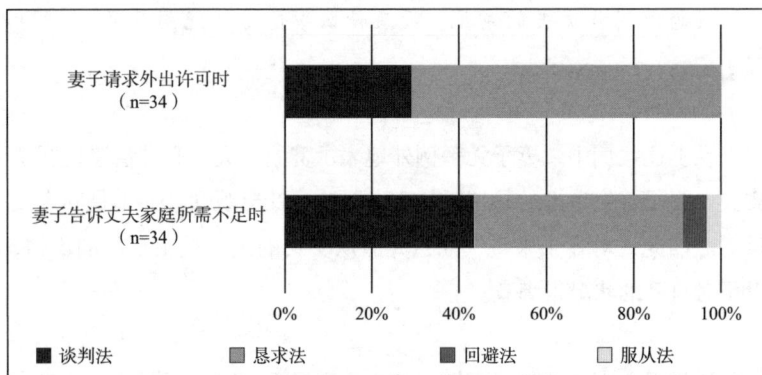

图 5-4　与丈夫对话的内容不同，妻子采取的策略也不同
笔者根据 34 位妻子的回答制作。

图 5-4 反映了"妻子请求外出许可"和"妻子告诉丈夫家庭所需不足"时，不同的妻子所选择的策略。告诉丈夫家庭所需不足时，44% 的妻子采取"谈判法"[3]，"丈夫不想一次性支付学费，但我建议他一次性支付"（妻子 22），"为了保证丈夫没有钱时家里也有食物，丈夫一有钱我就建议他购买食物"（妻子 32），"我告诉丈夫食物不够了。丈夫说他没钱，所以我就自己买了。丈夫会把钱还给我"（妻子 13）。另外，47% 的妻子采取"恳求法"[4]，例如"每次需要医疗费和交通费时，我都请求丈夫帮我支付"（妻子 33），"食物和肥皂不够用时，我就告诉丈夫"（妻子 15），如上所述，每当家庭所需不足时，妻子都会告诉丈夫。

对女性来说，拜访亲属、参加婚礼是与亲属、朋友、女性邻居交流、交换礼物、构建社会网络的重要而有趣的活动。但是，几乎所有的妻子都有不被丈夫允许外出的经历。71% 的妻子为了让丈夫同意，都会提前商量，或者在丈夫心情好时采取"恳求法"。即使丈夫反对，也有 29% 的妻子会采用谈判法。在探亲或参加仪式的外出许可上，没有人采取"回避法"或"顺从法"。

下文将根据每位妻子的谈话内容，探讨她们如何改变策略。在以

"服从丈夫"为最基本性别规范的豪萨社会，对于妻子来说，"与丈夫意见不同"是没有正当性的行为，图5-5以此为出发点，探讨了妻子在获得外出许可（只要丈夫允许，没有正当性也可以外出）以及家庭所需不足（在丈夫没有履行"提供家庭所需"这一最基本的性别责任时，妻子"告知家庭所需不足"的行为具有正当性）时选择了什么策略。其中，"和丈夫意见不同时"采用"谈判法"的6位妻子中有4人在所有问题上都选择了"谈判法"（妻子1、2、7、22），其他2人仅在提出满足家庭所需的要求时选择了"恳求法"（妻子5、20）。采用"恳求法"的16位妻子，在获得外出许可或表达家庭所需不足时，要么选择"恳求法"，要么选择"谈判法"，没有人选择不向丈夫表达意见的"回避法"及与丈夫保持相同意见的"顺从法"。采用"回避法"的妻子3虽然在获得外出许可时选择了"恳求法"，但在表达家庭所需不足时却选择了"回避法"，她几乎没有向丈夫表达自己的诉求。在很多案例中，"和丈夫意见不同时"采取了"回避法"和"顺从法"的人根据不同的对话内容也会选择不同的策略。和丈夫意见不同时，采取"顺从法"的妻子以文化习惯等为根据回答说"没想过和丈夫有不同意见""只会遵从丈夫的意见"，但在谈及具体的对话内容时，也有人回答说自己采用了"谈判法"，"如果第一次说起外出时丈夫不同意，那就等丈夫平静下来，等他心情好的时候再一点一点地解释。提早和他说，并仔细说明外出的重要性和外出目的，以获得丈夫理解"（妻子33）。虽然她们做出了"与丈夫没有不同意见"这一作为豪萨族妻子而言具有正当性的回答，但实际上在"外出许可""满足家庭所需"等问题上她们并没有选择"顺从法"。

外出许可　　　　　　　意见不同　　　　　　　家庭所需不足

谈判法　　←—— 6 ——　谈判法 6 人　—— 4 ——→　谈判法

恳求法　　←—— 14 ——　恳求法 16 人　　　　　　恳求法

2　　　　　　　　2

7

9

回避法 8 人　　　　　回避法

顺从法 4 人　　　　　顺从法

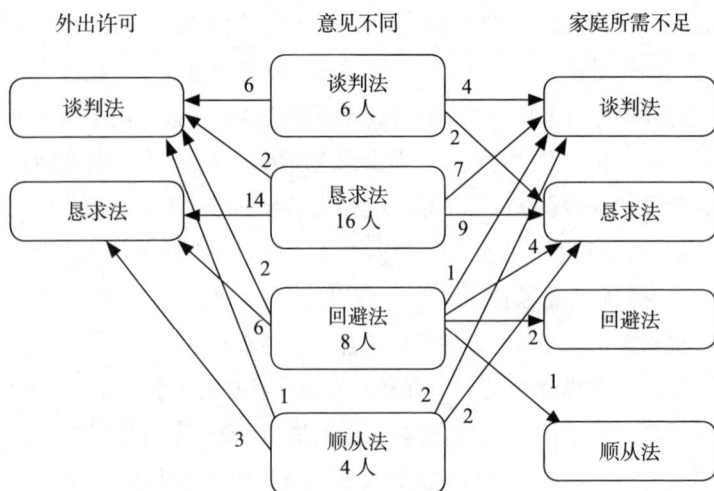

图 5-5　根据对话内容采取不同策略

数字表示人数。笔者制。

　　从 34 位妻子的策略变化来看，有 16 种变换方式。例如，按照"和丈夫意见不同—外出许可—满足家庭所需"的顺序来看，有采取"谈判—谈判—谈判"的案例，也有"谈判—谈判—恳求""恳求—恳求—谈判"等案例。如上所述，同一位妻子也会根据不同的对话内容而采取不同的策略和丈夫对话。在"回避法"和"顺从法"上的回答虽然有些偏差，但选择用"谈判法"和"恳求法"的妻子们，即使面对不同对话内容，她们也会选择这两种方法向丈夫表达自己的意见。

　　"恳求法"是妻子根据丈夫的心情和反应来考虑自己下一步的行动的方法，但在"获得外出许可"上选择"恳求法"的妻子比在"满足家庭所需"上使用这一方法的多。虽然有"已婚妇女不外出"的传统性别规范，但通过参加婚礼、外出探亲，女性可以建立社会网络，宣传自己的经济活动和交换信息。因此，"获得外出许可"对女性来说非常重要。一边是"不应该外出"的规范，另一边是"女性也应该为家庭做经济贡献"的新性别角色，以及为了防备婚姻破裂或丈夫无力扶养等事态，"有必要与亲戚、朋友建立互助关系"，在这种情况下女性很难抉择。妻子们会采取"恳求法"，选择根据丈夫的心情和反应决定是请求外出还是推迟外出。

（3）丈夫的应对方式影响对话环境

下文将从丈夫的叙述分析当他们无法同意妻子的请求或意见时采取了什么做法。有 21 位丈夫回答了本问题，其中有 18 人表示在日常生活中有时无法同意妻子请求。无法同意的情况包括"自己没钱时，妻子提出了金钱方面的请求""妻子提出了没有必要的外出请求""妻子的意见不合适"。

和妻子对话

一些案例中的丈夫和妻子意见不同时，会"和妻子谈谈"。

我想看看妻子是否理解我的想法，这样我们就能统一意见。如果妻子有不同意见，我会先进行对话。我有时也会同意妻子的想法。我们会在内部解决问题，而不是告诉别人。（丈夫 18）

当妻子的想法很任性时，我不会同意，我会给她建议，耐心地和她讲，或者过一段时间再和她沟通，找出解决的办法。（丈夫 23）

如果妻子提出了建议，或者和我有不同的想法，我会首先考虑这个建议对自己来说好不好。如果是好的建议就同意，不好就不同意。首先要两个人好好谈谈。没有什么问题是两个人解决不了的。（丈夫 24）

"不把问题告诉其他人""没有什么问题是两个人解决不了的"，这些丈夫希望夫妻间的意见分歧靠两个人解决。解决办法是丈夫花时间拿出和妻子对话的姿态，如"看看妻子是否能理解""耐心地和她说""过一段时间再和她沟通""好好谈谈"等。此外，丈夫不一定非要坚持己见，他们也会考虑妻子的建议是好是坏，"我会同意妻子的想法""好的建议就同意"。

在夫妻意见不同、丈夫选择对话的案例中，妻子对不同的意见采取了什么做法，在"满足家庭所需"和"外出请求"两个方面妻子又采取了何种策略？笔者从妻子的叙述中归纳了上述问题的答案（见表5-4）。和丈夫意见不同时，妻子采取的办法只有"谈判法"和"恳求法"。"满足家庭所需"方面，每位妻子都会把自己的要求告诉丈夫；在"外出许可"方面，则根据丈夫的态度采取不同的策略，有的妻子则会选择放弃。

表 5-4　丈夫选择对话时，妻子采取的做法

采访者	意见不同时丈夫的做法	意见不同时妻子的做法	要求满足家庭所需的策略	请求外出许可的策略
夫妻 2	和妻子对话	谈判法	反对丈夫，陈述自己的意见，以说服丈夫	表达自己想外出的想法。丈夫不反对。
夫妻 5		谈判法	缺少食物时告诉丈夫。	表达自己想外出的想法。丈夫基本同意。
夫妻 10		恳求法	缺少食物、日用品时告诉丈夫。	观察丈夫心情，说明外出的重要性，请求允许。
夫妻 16		恳求法	如果丈夫钱不够就自己买。	等丈夫下班后提出请求。不同意时先搁置。
夫妻 18		恳求法	向丈夫请求不足的部分。	请求丈夫允许自己外出。丈夫有时同意、有时不同意。
夫妻 23		恳求法	缺少食物、日用品时告诉丈夫。	丈夫心情好时提出请求。不同意的话就放弃。

采访者	意见不同时丈夫的做法	意见不同时妻子的做法	要求满足家庭所需的策略	请求外出许可的策略
夫妻 24	和妻子对话	恳求法	缺少食物、日用品时告诉丈夫。	请求丈夫。如果比较频繁，丈夫不会同意。

笔者根据 34 对夫妻的回答制作。

和他人商量

在一些案例中，如果和妻子意见不同，且二人无法解决，丈夫会和朋友、长辈及其他亲属等商量。

如果和妻子有什么意见分歧，且两个人解决不了，我会向年长的亲属寻求建议。妻子有时也会听取亲属的建议。（丈夫 32）

如果两个人想法不同，或者妻子提出了我无法理解的要求，首先我要告诉岳父岳母，然后让他们和妻子谈谈。（丈夫 19）

和妻子意见不一致的时候，我会找父母和朋友商量。（丈夫 1、3 等）

如果妻子提出没必要的外出请求，或者频繁地去拜访亲属的话，我是不会同意的。提出超出我能力范围的要求，我也会反对。在这种情况下，我会咨询一些专家。因为我和母亲住在一起，所以我也会和母亲商量。（丈夫 28）

在上述案例中，丈夫认为妻子的要求和意见无法通过二人协商解决，如"两个人无法解决""妻子提出无法理解的要求""超出我能力范围的要求"等时，他们会向"年长的亲属""父母""岳父岳母""朋友""专家"等人寻求解决方案。这些丈夫和本章第 1 节案例中的丈夫一样，首先与妻子进行了对话。但是，与第 1 节中的案例不同的是，夫妻二人没有将对话继续下去，丈夫认为"无法解决"进而寻求他人的建议。

表 5-5 归纳了在夫妻意见不同、丈夫选择"与他人商量"的案例中，妻子对持不同意见的丈夫采取了哪种策略，以及对不同的话题分别采取了哪种策略。可以看出，当妻子和丈夫意见不同时，四种策略都被使用过。在"满足家庭所需"问题上，有的妻子告知丈夫家庭所需不足并提出建议，也有人认为自己无能为力从而放弃。在"外出许可"问题上，有的妻子只要告诉丈夫自己要出门就能得到许可，也有的妻子即使请求丈夫也得不到许可或者就此放弃。

表 5-5　丈夫选择与他人商量时，妻子采取的做法

受访者	意见不同时丈夫的做法	意见不同时妻子的做法	要求满足家庭所需的策略	请求外出许可的策略
夫妻 1	和长辈、朋友、其他亲属等人商量	谈判法	不同意丈夫收入的用途，建议丈夫将收入用于填补家庭所需的不足。	提前告知丈夫自己要外出。丈夫允许。
夫妻 3		回避法	无法与丈夫商量收入的用途。无能为力。放弃。	趁丈夫心情好时事先提出请求。丈夫有时同意、有时不同意。
夫妻 19		回避法	告诉丈夫需要食物、日用品。	请求丈夫允许外出。丈夫有时不同意。
夫妻 28		恳求法	二人一起做账本。告诉丈夫所需的食物、日用品。	丈夫心情好时提出请求。不同意的话就放弃。
夫妻 30		恳求法	建议丈夫有钱时购买食物。	请求丈夫允许外出。丈夫有时不同意。

续表

受访者	意见不同时丈夫的做法	意见不同时妻子的做法	要求满足家庭所需的策略	请求外出许可的策略
夫妻 32	和长辈、朋友、其他亲属等人商量	顺从法	建议丈夫一拿到钱就购买食物。	请求丈夫允许外出。丈夫有时不同意。
夫妻 34		回避法	丈夫没问过需要什么，他买的东西足够了。自己什么也不会说。	制作美食，请求丈夫允许自己外出。丈夫有时不同意。

笔者根据 34 对夫妻的回答制作。

不与妻子对话

在一些案例中，丈夫与妻子意见不同时，不和妻子或他人商量，在不与妻子对话的情况下拒绝妻子的请求或想法。

妻子提出一些意见，如果意见不好，我不会同意。这种时候和妻子对话也解决不了问题，所以就不谈了。（丈夫 26）

在我没有足够的钱应对妻子的请求和意见时，我就不会同意。在这种状态下我无法接受妻子的请求。我会不和妻子对话，不去管她。（丈夫 15、25、27）

妻子会告诉我她需要这个、需要那个，我置之不理。在月底拿到工资之前，我都不会同意妻子的请求。（丈夫 22）

在上述案例中，对于妻子提出的请求和意见，丈夫没怎么考虑就做出了"不同意""置之不理"的决定，他们认为"对话也解决不了问题""无法应对""无法接受"。大多数都以"经济方面的理由"拒绝了妻子的请求。从丈夫的叙述中无法知晓妻子的请求是什么，

但不排除丈夫认为妻子提出的"满足家庭所需"的请求是"无理的
要求"。

表5-6归纳了在夫妻意见不同，而丈夫不和妻子对话的案例中，
妻子对不同的意见采取了哪种策略。妻子和丈夫意见不同时，没人采
取"谈判法"，都选择了"回避法"或"恳求法"。在"满足家庭所
需""允许外出"方面，妻子们并没有采取"放弃"的方式，而是都
向丈夫表达了自己的请求。

表5-6　丈夫选择不和妻子对话时，妻子采取的做法

受访者	意见不同时丈夫的做法	意见不同时妻子的做法	要求满足家庭所需的策略	请求外出许可的策略
夫妻15	以"经济方面的理由"拒绝了妻子的请求。不和妻子对话。	回避法	食物、日用品不够了就告诉丈夫。	和丈夫聊天时提出外出请求。丈夫不同意的话再说一次。
夫妻22		恳求法	建议丈夫一次性支付教育费用。	趁丈夫心情好时提出请求。丈夫有时会同意。
夫妻25		恳求法	要求丈夫按时给孩子交学费，要求丈夫购买书本。	趁丈夫心情好时提出请求。丈夫有时会同意。
夫妻26		回避法	丈夫不买食物，我只能用米和大豆做饭。	请求丈夫的话，任何时候都会同意。
夫妻27		恳求法	食物、日用品不够时和丈夫商量。	提前和丈夫说要外出，请求许可。丈夫有时会同意。

笔者根据34对夫妻的回答制作。

夫妻间如果想建立对话的环境，需要丈夫有"相互理解，随时
可以和妻子对话"的态度，如果有了这样的环境，妻子更容易发表意
见。丈夫需要表现出想和妻子对话的意愿，如"需要相互理解。丈夫
需要信任妻子，对妻子所做的事情不抱怀疑"（KI6），"丈夫总是倾

听妻子的话，和妻子无话不谈"（KI8）等。因为妻子会观察丈夫的反应来决定自己的做法，所以丈夫的应对方式会影响妻子的策略选择。

3. 夫妻间的对话和背景特征

本节将分别从四种策略中选取夫妻对话的案例，按不同策略来分析这些夫妻具有何种特征。在调查对象 34 户家庭中，虽然 34 位妻子都回答了与对话有关的问题，但做出回答的丈夫只有 21 位。因此，本节从丈夫做出回答的家庭中各抽取了一个案例。另外，因为第六章也会使用这些案例，所以优先选择了对丈夫的收入和家庭所需支出额等问题做出回答的案例。

（1）谈判法的案例

案例1（夫妻2）
妻子 24 岁、丈夫 35 岁、子女 3 人不和扩展家庭同住

妻子：我经常和丈夫聊天。丈夫会问我需要多少钱。我列出必需品清单，丈夫每天给我 1000N，剩下的钱由我保管以便用于他处。外出前，我会告诉丈夫这场婚礼很重要，所以我想去参加。祖父母住在村子里，我想去见他们时也会告诉丈夫。丈夫有时会和我一起去祖父母住的村子，有时也会给我钱让我参加婚礼。丈夫很少对我说不。和丈夫意见不同时，我会心平气和地对丈夫陈述我的想法来说服他："这是我的想法，所以我建议这样做。"我也会等到丈夫有进账、有钱的时候再提出我的请求。丈夫基本上都会同意的。

丈夫：我会和妻子讨论如何使用我的工资，特别是购买食物方面，因为妻子比谁都清楚家里的情况，所以我会问她需要什么。妻子为家庭做着贡献，她有时会买调味料和点心之类的。女性也应该为家庭做出贡献。特别是在丈夫没钱时，丈夫可以向妻子借钱，而不是向别人借钱。妻子帮我的亲戚们打扫卫生和洗衣服。

从案例 1 夫妻二人的叙述可以看出，这对夫妻日常生活中有对话的机会，丈夫认可妻子的能力、对家庭的经济贡献及对亲属的贡献。此外，丈夫会陪妻子外出，给妻子钱让她参加婚礼，给予妻子支持。妻子说"我丈夫很少说不""会等到丈夫有进账"，可见她也是一边观察丈夫的行动一边决定自己的行动。丈夫没有行使权威限制妻子的行动，从他给妻子一整笔钱[5] 的做法可以看出二人保持着良好的关系。

（2）恳求法的案例

案例 2（夫妻 18）
妻子 30 岁、丈夫 50 岁、子女 5 人、不和扩展家庭同住

妻子：我们努力互相理解。如果过去发生了什么事，我会首先对此道歉，然后小心翼翼地表达自己的意见："对不起，这就是我想说的，所以我提出了这个建议。"比如频繁出席婚礼的话，丈夫不会同意，他会让我待在家里。丈夫有时会允许我外出，有时不会。我们不会商量丈夫收入的用途。每到月末，丈夫会把食物买来给我。孩子会告诉我需要新书、校服、家委会的费用等，我会请丈夫支付。

丈夫：我想看看妻子是否理解我的想法，那样的话我们就能意见统一了。有时我同意妻子的请求，有时候我们也会因为我没有足够的钱来满足家庭所需而产生矛盾。我们可以自己解决问题，因此采取了不把问题告诉别人、自己解决的办法。大多数情况下，我们会讨论食物，以及孩子的需求、服装等问题。关于孩子的教育，我们会谈谈如何提高他们的学习能力，如何培养孩子，如何给予孩子优质的教育。

从案例 2 中可以看出，虽然妻子和丈夫都在努力相互理解，但丈夫行使了限制妻子行动的权威，而妻子放低姿态，以示尊重丈夫的权威，妻子虽然也向丈夫表达了自己的想法，但实际上她很难发表意见。因为丈夫时而同意妻子的意见，时而不同意，所以妻子总会采取

不惹怒丈夫的做法。丈夫说购买食物和日用品的事情"会和妻子商量"，但妻子却说"不会商量"，夫妻二人的说法不统一。

（3）回避法的案例

案例3（夫妻15）
妻子20岁、丈夫40岁、子女1人、和丈夫的父母及兄弟姐妹同住

妻子：我们不会商量丈夫收入的用途。丈夫每天外出工作的时候都会买必需品回家。我口头告诉丈夫需要什么东西，如肥皂、食物、化妆品等。当我想和丈夫对话时，如果之前有什么不能互相理解的地方，首先要向他道歉。和丈夫的意见有分歧的时候，我会放弃自己的想法，听丈夫的。关于家里的事情，还有丈夫及我自己的个人事情，丈夫有时不同意。我想外出的时候，会请求丈夫同意。我说想去拜访父母的时候，丈夫一开始不同意，但我再次说明了拜访的理由，他最终还是同意了。

丈夫：我会和妻子谈谈如何使用我的收入。我买了所有的食物，食物是足够的。当我没钱给妻子时，就没法同意妻子的请求。拜访亲属的事我都是同意的。

从案例3可以看出，夫妻间很少有对话的机会，妻子处于弱势地位。妻子想对丈夫说些什么时要先为以前的事情道歉，和丈夫意见不同时只能服从丈夫。虽然丈夫说他和妻子商量收入的用途以及同意妻子拜访亲属，但这和妻子的回答并不一致。

（4）顺从法的案例

案例4（夫妻6）
妻子38岁、丈夫55岁、子女9人、与丈夫的父母同住

妻子：食物不够时，我会告诉丈夫食物不够了以及需要些什么，这样丈夫就会去准备。有时丈夫会问我"食物够不够"。如果我或孩子生病了，我也会告诉丈夫，丈夫会给我去医院的交通费和必要的钱。丈夫不在家时我先自己出钱，但丈夫之后会把钱还给我。我饲养了绵羊、山羊、鸡，买的时候和丈夫商量了。丈夫在院子里给我准备了饲养用地，还给动物们盖了窝。我想去看望住在村子里的祖父母、参加仪式、探望病人时，也会和丈夫商量，但有时丈夫不同意。我和丈夫检查孩子的学习成绩，讨论校服、学费等如何支付。我们的婚姻规则是妻子必须服从丈夫，不服从就是违反社会规范。妻子必须同意丈夫，无论什么时候都要听丈夫的话，不能和丈夫有不同的意见。

丈夫：我会和妻子讨论孩子的教育有什么问题，孩子的需求是什么，需要什么样的书、教材、笔记本等。我同意妻子去拜访亲属，有时还会给她交通费。

案例 4 中，丈夫提供了妻子的全部所需。丈夫有时也不允许妻子外出，这体现了丈夫的权威。但是，丈夫给予了必要的物质需求，所以妻子也没有什么不满，认为服从丈夫的决定是理所当然的。夫妻俩会讨论孩子的教育、有关食物的需求。夫妻双方都没有提出对对方的不满或问题。

（5）夫妻关系的差异导致策略的不同

第 2 节辨明了在家庭对话中，在"满足家庭所需""允许外出"等话题上，妻子会采取不同的对话方式，在"和丈夫意见不同"的情况下，妻子们选择的策略也不同。

本节在四种策略中各选取了一对夫妻的案例，分析其特征。虽然每一种策略下都只有一对夫妻的案例，但不同的夫妻关系下，妻子采取的策略也不同。在"谈判法"下，夫妻之间经常有对话的机会，丈夫认可妻子对家庭的贡献，妻子也容易对丈夫表达想法。在"恳求法"下，妻子不会经常向丈夫表达自己的意见，而是观察丈夫的心情

和态度，结合自己的经验，只有在丈夫愿意倾听时，才会向丈夫提出
自己的请求。在"回避法"下，夫妻之间交流的机会很少，妻子很难
对丈夫表达想法。妻子也因为过去的经验，放弃了向丈夫表达自己的
请求。"顺从法"则实践了豪萨族传统婚姻关系中的"丈夫提供所有
家庭所需"，妻子毫无怨言地服从丈夫。即使妻子不要求，丈夫也会
询问妻子是否有所需求。

表 5-7 总结了在不同策略下，夫妻是如何进行关于"满足家庭所
需""外出许可"的对话的，并总结了各种策略的特征。

表 5-7　不同对话策略下夫妻所采取的做法

对话策略	满足家庭所需	妻子的外出许可	策略的特征
谈判法案例 1（夫妻 2）	• 丈夫每日询问妻子家庭所需。 • 丈夫每日给妻子现金。	• 丈夫陪同妻子拜访亲属。 • 出席结婚仪式时，丈夫给妻子钱。	• 有对话机会。 • 丈夫认可妻子的能力及对家庭的贡献。
恳求法案例 2（夫妻 18）	• 丈夫月末购买食材交给妻子。不就丈夫收入的用途进行对话（妻子所言）。 • 和妻子商量家庭所需的采购（丈夫所言）。	• 丈夫时而同意，时而反对。 • 妻子请求外出许可时尽量不惹丈夫生气。	• 丈夫向妻子展示权威。 • 妻子难以表达意见。 • 夫妻二人说法不一致。
回避法案例 3（夫妻 15）	• 丈夫购买食材、日用品交给妻子。不就丈夫收入的用途进行对话（妻子所言）。 • 和妻子商量家庭所需的采购（丈夫所言）。	• 即使请求丈夫，他也可能不同意。 • 允许妻子拜访亲属（丈夫所言）。	• 对话机会很少。 • 夫妻二人说法不一致。
顺从法案例 4（夫妻 6）	• 妻了告诉丈夫食物不够了。丈夫询问食物够不够。 • 丈夫提供医疗费、交通费等一切必需费用。	• 丈夫有时不同意妻子外出。	• 丈夫履行满足家庭所需的责任，妻子心甘情愿地服从丈夫的决定。夫妻双方都没有任何不满。

笔者根据夫妻 2、6、15、18 的回答制作。

4. 本章小结

结论汇总

本章为明确子课题二"在家庭决策时，女性采用哪种对话方式更容易表达自己的意见"，做出了以下三方面分析。

首先，第 1 节分析了家庭的构成以及家庭资源包括哪些，哪些人之间交换了哪些资源。结果表明，日常生活中，夫妻间、亲子间、夫妻和各自的父母、其他亲属间存在各种各样的资源往来。丈夫为妻子提供作为豪萨社会婚姻关系基础的家庭所需，也为妻子提供保护、支持和信息，丈夫在日常生活中通过"允许"对妻子行使其作为丈夫的权威。妻子为丈夫提供的同样是婚姻关系的基础——照顾和对丈夫的尊敬，以及支持、信息，有时也会给丈夫现金。另外，妻子还会为丈夫生儿育女。亲子关系中，母亲照顾和教育子女，同时也表现出保护和权威。父亲负责子女教育费用，和母亲一样展示保护和权威。子女对父母表示敬意，在各种场合为父母提供劳动力。

妻子和她的父母、其他亲属之间，由妻子提供作为礼物的现金、实物、照顾和尊敬，通过代做家务等提供劳动力。妻子的父母、其他亲属也给予妻子支持、保护和权威。丈夫和自己的父母、其他亲属间也进行同样的交换。一方面，夫妻都很重视向对方父母、其他亲属提供现金、粮食、劳动力等帮助，并表示敬意。另一方面，双方的父母、其他亲属对儿媳或女婿表示将其视为家人的认同。如上所述，在夫妻、子女、父母、其他亲属之间交换的不仅是物质资源，还包括劳动力资源，保护、权威、尊敬等社会关系资源，信息、知识等文化资源。这种资源交换会受到既有的力量关系的影响，同时，资源交换的结果也有可能改变力量关系，资源交换并不是静态的。

在第 2 节中，为了明确家庭决策的过程，我们分析了夫妻日常生活中的对话，以及通过对话分配了哪些资源、妻子又能够获得哪些资源。夫妻在日常生活中，经常会就"子女教育""满足家庭所需"等问题开展对话。在子女教育上，夫妻会讨论众多的学校中哪个学校比较好，讨论子女的成绩和学习进度，以及教育费用如何筹措等。夫妻二人分别从亲戚朋友那里收集教育方面的信息，二人通过交换信息决定子女的前途及教育费用的支付方式等。在这个过程中被分配的是信息和作为教育费用的夫妻的收入，还包含了将来获得子女的劳动力和尊敬等资源的可能性。关于子女教育，夫妻二人的意见基本一致，所以不会成为争论的焦点。在关于"妻子就医"的对话中，可分配的资源是允许妻子去医院的丈夫的权威，以及作为交通费和医疗费的丈夫的收入。同时，妻子通过对话能够获得的资源是自己的健康。在"购买土地、房屋、家畜等大额资产"的对话中，由于豪萨社会的夫妻分别管理自己的财产，所以这些物品都是夫妻二人用各自的收入购买的，并成为个人财产。但妻子购买家畜时，需要得到丈夫的许可，因此可分配的资源是丈夫的权威。"妻子就医""购买土地、房屋、家畜等大额资产"等问题，也和"子女教育"一样，没有夫妻意见出现分歧的案例，也不会成为夫妻对话争论的焦点。

在"满足家庭所需"问题上，通常情况是丈夫每月一次性购买一个月的食物和日用品，并交给妻子，希望妻子能用这些食物、日用品来维持本月的生活，但丈夫有时并不知道需要多少食物和日用品，购买的数量也不合适。有的妻子会告诉丈夫食物、日用品不够，有的妻子则不会。和丈夫对话时，有的妻子为了补充不足的部分，会建议丈夫把收入用于家庭所需，但也有的妻子要一边观察丈夫的心情和态度一边放低姿态提出请求，还有一些妻子用自己的收入购买不足的部分，之后再让丈夫还钱。在豪萨社会，家庭所需应全部由丈夫提供，所以虽然有"顺从丈夫"的规范，但妻子要求丈夫满足家庭所需的行为也被认为是正当的。在妻子不把情况告诉丈夫的案例中，也分为两种情况，即认为"只能顺从丈夫"而放弃请求的情况，以及确信"丈夫给予的东西足够了"的情况。在关于"满足家庭所需"的对话中，可分配的资源是夫妻各自的收入，妻子能够获得的资源是家庭所需得到满足的状态。

在"妻子外出许可"问题上，大多数妻子的外出理由是出席婚礼等仪式或拜访父母、其他亲属等，但有时丈夫也不同意。于是，多数妻子会小心地说明外出理由，或是努力让丈夫心情愉悦。已婚妇女实行性别隔离，外出需要得到丈夫的许可，妻子强烈要求丈夫允许自己外出是不正当的行为。因此，很多妻子会放低姿态请求丈夫允许。在关于"妻子外出许可"的对话中，可分配的资源是允许妻子外出的丈夫的权威，妻子可以获得的资源是父母、其他亲属、朋友等社会关系，以及信息和礼物。

如上所述，夫妻对话的话题不同，可分配的资源和妻子可获得的资源也不同，妻子采取的和丈夫对话的策略也不同。在"满足家庭所需"和"妻子外出许可"的对话中，需要夫妻在日常生活中做出的决策是争论的焦点。

即使同样面对"与丈夫意见不同"这种情况，不同的妻子也会采取不同的策略。对于妻子来说，"反对丈夫"在豪萨社会的婚姻关系中是不正当的行为。但是，有的妻子会向丈夫表达自己的请求和想法，并提出建议；也有的妻子虽然向丈夫表达了自己的想法，但如果丈夫不高兴，她们就会立即停止请求；还有的妻子即使和丈夫想法不同、心有不满但也会顺从丈夫，或者总是顺从丈夫。根据"和丈夫意见不同时"妻子行为的特征，可以把妻子的应对策略分为四种，即意见不同时也要继续对话的"谈判法"、妻子根据丈夫的心情和态度改变自己态度的"恳求法"、即使不满也会默默服从的"回避法"，以及对丈夫的决定没有任何质疑而总是顺从丈夫的"顺从法"。一些女性采取策略，让自己的想法能更多地反映在家庭决策中，笔者对妻子的策略进行上述分类的目的就是对这类女性具有何种特征进行比较研究。

丈夫"与妻子意见不同时的做法"也因人而异。首先，和妻子对话、重视"两个人解决问题"的丈夫，为了能够和妻子持续地理解对方的想法而进行对话。其次，有的丈夫认为"两个人无法解决问题"，而找双方父母、长辈、好友等商量。再次，也有的丈夫认为妻子的要求是"无理的要求""任性的要求"，而不跟妻子进行对话，对妻子置之不理。妻子采取哪种做法由丈夫的做法来决定，对于意见不同时会选择"和妻子对话"的丈夫，妻子会选择"谈判"或"恳求"的策略。面对遇事"和他人商量"的丈夫，可以看出，四种策略都有妻子使用。面对不进行对话的丈夫，妻子会采取"恳求""回避"的策略。

第 3 节分别从四种策略中选取了夫妻对话的案例，分析了每对夫妻的特征。在"谈判法"的夫妻案例中，可以观察到夫妻双方在日常生活中经常有对话的机会，彼此之间存在着信赖关系，双方的意见也没有太大分歧。在"恳求法"的夫妻案例中，丈夫的做法有时展示权威，有时宽宏大量，所以妻子会观察丈夫的反应再决定自己的行动。在"回避法"的夫妻案例中，夫妻之间交流的机会很少，妻子处于弱势。在"顺从法"的夫妻案例中，妻子对顺从丈夫这一点没有任何质疑，对丈夫履行的义务也没有任何不满。

分析

在豪萨社会，女性被排除在决策的范围之外，无论是在家庭还是社区，女性都不参与决策（Callaway 1987；Sada et al. 2005）。如第四章所述，尼日利亚人口与健康调查结果表明，在家庭的日常购物、大额资产购置、妻子外出、妻子医疗保健等方面，由丈夫决策的比例接近 90%，女性几乎没有参与决策（NDHS 2008）。虽然结果表明"家庭决策由丈夫来做"，但在笔者调查的案例中，也有夫妻间进行对话、妻子的意见反映到家庭决策中的情况，即本章中被归为"谈判法""恳求法"类别中的案例。

和丈夫对话的内容不同，妻子选择的策略也不同。一方面，人们认为满足家庭所需是丈夫的责任，如果丈夫不能很好地提供家庭所需的话，这会成为离婚的正当理由（Adamu 2004），所以妻子对丈夫提出弥补不足部分的要求是正当的，这时容易采取"谈判法"。另一方面，外出许可是向有隔离义务的妻子展示丈夫权威的机会（Callaway 1987; Sada et al. 2005），妻子强烈要求丈夫允许自己外出的行为不具正当性，所以在这个问题上女性很难采取"谈判法"。妻子有强烈的外出意愿时，会为了得到丈夫的许可而选择"恳求法"，根据丈夫的心情或反应来考虑自己下一步行动。妻子要根据对话话题判断是要放弃对丈夫提出请求还是继续挑战，判断的依据包括妻子认为自己的行为具有正当性、妻子认为自己的行为在多大程度上具有正当性，以及妻子认为丈夫能在何种程度上接受自己的请求。

图 5-6 反映了妻子在"满足家庭所需""外出许可"问题上的做法与"和丈夫意见不同时"的做法之间的关系。三个圆圈重叠的部分①表示的是和丈夫意见不同时的做法，即"向丈夫表达自己的意见"的女性不管是在"满足家庭所需"，还是在"外出许可"问题上，都能够表达自己的想法和请求。②表示的是有的女性虽然在和丈夫意见不同时能表达自己的想法，但在"满足家庭需要"问题上需要放低姿态而恳求丈夫购买不足的部分，在"外出许可"问题上同样恳求丈夫。③表示的是由于在"满足家庭所需"上妻子具有正当性，所以她

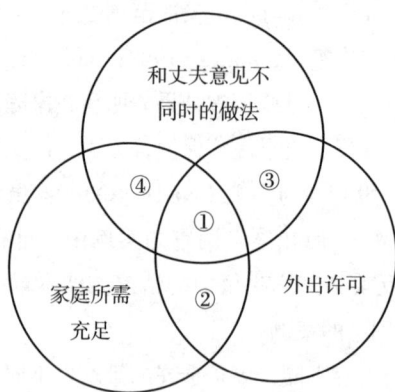

图 5-6　妻子对丈夫采取的策略

笔者制。

们会强烈要求丈夫补足所缺部分，但在"外出许可"问题上以及和丈夫意见不同时则一边观察丈夫的反应一边向丈夫表达自己的请求。④表示的是有的女性在"满足家庭所需"及和丈夫意见不同时，将自己的想法和请求强烈地传达给丈夫，但"外出许可"的请求被认为是不正当的行为，所以她们会放低姿态恳求丈夫同意。

如上所述，谁在社会中负责何种分工，以及哪些行为被赋予了正当性等问题，都会影响妻子在夫妻进行决策时所采取的行动。但是，虽然妻子们会选择在豪萨社会被认为具有正当性的行为，但她们有时也会违背已婚妇女的规范，"不同意丈夫而表达自己的想法"。虽然本研究只有 34 份样本，在不同的话题上也存在"谈判"和"恳求"的差异，但在妻子和丈夫意见不同时所采取的做法中，被归为"谈判法"的有 6 人，被归为"恳求法"的有 16 人，他们无论是在"要求丈夫满足家庭所需"还是在"请求外出许可"问题上，都采取了"谈判"或"恳求"的策略（图 5-6）。也就是说，这些妻子会向丈夫表达自己的请求和想法，有时"丈夫会在妻子的想法的影响下做出决策"。妻子不遵从现有的性别规范，一点点地打破规范，将自己的想法反映到家庭决策中，虽然这样的案例不多，但已经开始萌芽。

妻子尽可能地从丈夫的决策中获得自己所希望的资源。在获取这些资源上，"谈判法"的效果非常显著。这是因为被归类为采取"谈判法"的妻子，拥有与丈夫对话的环境，可以向丈夫提出自己的想法，丈夫也能够接受她们的请求。采取"恳求法"的妻子认为丈夫的决定会被他自己的心情和态度左右，所以她们会观察丈夫的反应，一有表达想法的机会就会请求丈夫或提出建议，这样丈夫就有可能接受自己的请求。被归类为采取"回避法"的妻子所处的状况则是，她们认为像采取"谈判法"或"恳求法"的妻子那样把自己的意见传达给丈夫所得到的好处，不会比即使不满也遵从丈夫得到的好处多，所以她们选择了"沉默服从"的办法。采取"顺从法"的妻子因为她们的需求在这种策略下已经得到了满足，所以她们采取了心甘情愿的方

在社区里聊天的男性

法。如上所述，家庭决策的话题不同，可分配的资源及妻子能获得的资源也不同。妻子会根据对资源的渴望程度、自己的行为在豪萨社会的正当性，以及丈夫是否表现出对话的姿态等丈夫的反应，改变向丈夫表达意见的策略。女性容易表达自己想法的条件是，表达想法的行为具有正当性、妻子强烈希望获得该资源，以及丈夫表现出了对话的姿态。

下一章将根据修正合作博弈模型的分析框架和分析项目，探讨在本章所分类的四种策略下，更容易向丈夫表达想法的妻子分别具有哪些特征。

注释

（1）笔者在受访者的家里看到院子里有一个用墙壁围起来的带

屋顶的小窝，这是用来养羊和养鸡的，这位妻子共养了 7 只绵羊。

（2）丈夫没带手机的时候，妻子只能等到丈夫回家后才能得到外出许可，这在妻子突发疾病时很麻烦（KI4 等）。

（3）关于应对家庭所需不足时的做法，有的案例是在丈夫无法支付不足部分时"由妻子垫付"，但在这些案例中，在丈夫"不支付"的情况下，妻子会告诉丈夫"如果你没有钱的话我会垫付"，所以这是采取了"谈判法"的案例。

（4）家庭所需不足时采取的"恳求法"，只限于向丈夫"传达"不足或"请求"补足，如果提出与丈夫不同的意见，或强烈要求丈夫支出不足的部分，则属于"谈判法"。

（5）丈夫把一整笔现金直接给妻子的情况很少见，34 户家庭中只有 5 户如此。

六、哪些女性更容易参与家庭决策？

本章将阐明子课题三"在家庭决策时有发言权的女性有何特征"。为此，我们将使用本书合作博弈模型的分析框架，探讨每对接受调查的夫妻在何种程度上具有提高谈判力的因素。

上一章厘清了家庭内部进行了何种资源交换，即在夫妻间、亲子间、夫妻和彼此的亲属间，收入和粮食等物质资源、劳动力和照顾等人力资源、支持和权威等社会关系资源、信息和知识等文化资源的交换。女性为获得自己渴望的资源，对丈夫采取谈判、让步或者放弃等策略。本章将分析夫妻拥有的资源及使用情况，探讨在家庭决策中有话语权的女性具有何种特征。

1. 影响家庭话语权的因素

本节将根据第二章提出的合作博弈模型的修正框架[1]，从以下五个方面探讨影响女性家庭话语权的因素：①妻子谈判底线的高低；②对妻子家庭贡献的认识程度；③妻子对自身价值的认识程度；④丈夫谈判力的高低；⑤夫妻对性别角色变化的接受程度。下文将分别按照第五章所揭出的"妻子与丈夫意见不同时"的四种应对策略讨论以上五点内容。进而，按照第二章和第三章中列出的具体项目进行分析（图2-1、表3-25）。在此基础上，将辨明和其他两种策略相比，更能使女性参加家庭决策的"谈判法"和"恳求法"具有何种特征。

（1）妻子谈判底线的高低

家庭内部的对话环境
①妻子的初婚年龄

P区女性的初婚年龄与实施调查时间的10年前相比有所提高。"10年前，女性在9岁到11岁左右结婚，而现在是在18岁到20岁左右结婚。"（KI3）初婚年龄提高的背景是父母对子女教育的热情高涨。女孩子中学毕业后才年满18岁，"由于已婚妇女有性别隔离的习惯，所以在完成学业前不能结婚，或者在婚约中约定让女儿完成学业"（KI3）。另外，人们认为接受教育是可以替代嫁妆的。但是，完全没有接受过学校教育的女性占绝大多数，也有人认为"适婚年龄是15岁到18岁左右。因为男性都想和适婚年龄的女性结婚，所以女性也想在这个年纪嫁人"（KI8）。

在本调查中，采取"谈判法"和"回避法"的女性平均初婚年龄是18.3岁，采取"恳求法"的女性平均初婚年龄是16岁，都高于采取"顺从法"的女性的14.3岁。采取"谈判法"和"回避法"的女性现在的平均年龄分别为30.3岁和29岁，而采取"恳求法"的女性平均年龄则上升到了33.8岁，采取"顺从法"的平均年龄则达到了40.8岁，存在代际差异。初婚年龄与受教育程度的关系将在后文论述。

②夫妻的年龄差

夫妻年龄差越小，二人就越容易沟通（KI3、KI6）。"年轻一代中，没有年龄差的婚姻越来越多。与过去的一代人相比，他们更容易接触外部世界，更容易相互了解"（KI5），"年龄差距小的夫妻能够共享想法，也能自由地进行对话"（KI8）。但是，也有人认为"年龄差距小不一定就能好好相处"（KI5）。在34对夫妻中，最小的年龄差是3岁（夫妻1），最大的是30岁（夫妻12），前者采取"谈判法"，后者采取"顺从法"。

采取"谈判法"的夫妇平均年龄差为11.8岁，单独来看，也有夫妇相差3岁和25岁，但其他夫妇基本相差10岁左右。采取"恳求法"的夫妇平均年龄差为11.1岁，与采取"谈判法"的夫妻相差无几，年龄差从5岁到20岁不等。采取"回避法"的夫妻平均年龄差有所上升，为14.4岁。采取"顺从法"的夫妻年龄差距进一步拉大，平均相差18岁。

③子女数量

在合作博弈模型中，导致女性谈判底线降低的原因之一是频繁怀孕、生产和育儿导致女性无法参与生产活动。但是在豪萨社会，子女数量关乎着男性的地位，而生育子女多也会提高女性的地位。调查对象中没有人认为子女多有问题。

从女性的角度来看，有子女是很重要的。不过，也有进行经济活动的女性认为这会限制她们的经济活动，"有婴幼儿的话，在自己家里做加工食品的火源很危险"（妻子20、23等）。此外，子女是女性经济活动的中间人，如果没有能够购买原料和销售产品的子女，女性的经济活动就会受到影响（妻子27）。另外，儿子能够赚钱也是女性维持稳定生活的必要条件（KI4）。从上述理由来看，子女数量的增加有助于提高女性的谈判底线。

采取"谈判法"和"回避法"的女性的子女平均数量分别为4人和3.9人，几乎没有差别。或许是因为采取"恳求法"的女性平均年龄略高，所以她们的子女平均数量也比采取"谈判法"的女性多出1人左右，为5.1人。采取"顺从法"的女性平均年龄高达40.8岁，平均生育8个子女，与卡诺州的总和生育率持平。考虑到平均年龄差异，采取不同策略的女性子女数量差别不大。

④和丈夫的扩展家庭同住

在豪萨社会，夫妻结婚后会在公婆的院子内盖新房居住。因此，妻子会与公婆、丈夫的已婚兄弟及其家人，以及丈夫的未婚兄弟姐妹一起生活。近年来，也有独立居住的情况。对于妻子来说，是否与公婆、丈夫的亲人同住对生活影响很大。要想获得容易和丈夫沟通的环境，就不能和公婆同住（KI4、KI6 等）。如果丈夫送给妻子礼物，婆婆就会嫉妒（KI4、KI8 等）；如果没有改善丈夫的生活，婆婆就会指责妻子（KI4、KI9）。而且，婆婆还希望儿媳代替自己做家务（KI5）。也有一些公婆、其他亲属会站在妻子一边，调解夫妻之间的问题（KI4），"和丈夫意见不同时，我会告诉同住的婆婆。于是婆婆就会帮着我和丈夫沟通"（妻子28）。但是对于大多数女性来说，与公婆相处是一个很棘手的问题。可以认为，不与公婆同住是妻子更容易参与决策的重要因素。如果公婆、其他亲属住在同一个大院子里，他们就会监视妻子的举动，"公婆经常会怀疑儿子的钱是不是被儿媳花了"（KI5、KI8），特别是当婆婆介入夫妻的生活时，夫妻间的对话机会就会受到限制。

6 位采取"谈判法"的妻子中只有 1 位与公婆同住，16 位采取"恳求法"的妻子中有 7 位与公婆同住，8 位采取"回避法"的妻子中有 3 位与公婆同住，4 位采取"顺从法"的妻子中有 2 位与公婆同住。相比之下，采取"谈判法"的妻子与公婆同住的比例较低。由此可见，"谈判法"案例中的妻子容易和丈夫对话。

⑤和丈夫的其他妻子同住

豪萨族传统上是一夫多妻制，男性最多可以娶 4 位妻子。在严峻的经济条件下，养 3 位或 4 位妻子是很困难的。近年来，人们普遍认为娶 1 位妻子就够了。一方面，在 P 区，娶多位妻子不仅能显示男人的富足程度，还能获得人们的尊敬。"有多位妻子意味着这位丈夫能养活妻子，作为一位有责任感的人，他会受到人们尊敬。"（KI5 等）但有人认为"如果大家能和平共处，那就很厉害"（KI5），"那种男人内心不会安宁"（KI3）等，这也说明几位妻子一起生活时，可能会发生矛盾。另一方面，也有关键知情人提出了娶多位妻子带来的问题，"丈夫想要娶新妻子是个问题，很多女性不喜欢这样。那样一来大家就不得不住在一个屋檐下，共用一个厨房。家务也是轮流做，而不是合作。如果有几位妻子，丈夫给自己的东西就会减半"（KI4）。

6 个"谈判法"案例中的丈夫都只有 1 位妻子，在"恳求法""回避法""顺从法"案例中，分别是 16 位丈夫中有 4 位有其他妻子、8 位丈夫中有 2 位有其他妻子、4 位丈夫中有 1 位丈夫有其他妻子。"顺从法"案例中的丈夫平均年龄较高，因此有多位妻子的可能性较高，而"谈判法""恳求法""回避法"中丈夫的平均年龄没有太大差异。可以认为，和丈夫的其他妻子同住会限制夫妻间的对话机会。

综上所述，采取"谈判法"的女性与公婆或其他妻子同住的比例较低，由于与丈夫的年龄差不大，她们和丈夫的对话环境相对较好。从年龄上来讲，其子女数量是合理的，丈夫和公婆也不会因为"子女数量少"而对其进行责难。而且，其初婚年龄是读到高中后半段的年纪，比起年纪很小就结婚的女性，她们更容易向丈夫或公婆、其他亲属表达自己的诉求。

表 6-1　各种策略下与妻子家庭地位相关的项目情况

相关信息	谈判法 （n=6）	恳求法 （n=16）	回避法 （n=8）	顺从法 （n=4）
妻子的初婚年龄（平均）	18.3 岁	16.0 岁	18.3 岁	14.3 岁
夫妻的年龄差（平均）	11.8 岁	11.1 岁	14.4 岁	18.0 岁
子女数量（平均）	4.0 人	5.1 人	3.9 人	8.0 人

相关信息	谈判法（n=6）	恳求法（n=16）	回避法（n=8）	顺从法（n=4）
和公婆同住	1/6 例	7/16 例	3/8 例	2/4 例
和丈夫其他妻子同住	0/6 例	4/16 例	2/8 例	1/4 例
妻子的亲属住在同一个城镇	2/6 例	3/16 例	3/8 例	1/4 例
妻子的年龄（平均）	30.3 岁	33.8 岁	29.0 岁	40.8 岁
丈夫的年龄（平均）	42.2 岁	44.9 岁	43.4 岁	58.8 岁

笔者根据 34 户家庭的回答制作。

妻子的受教育程度

尼日利亚的学制是小学 6 年、初中 3 年、高中 3 年、大学 4 年。除了公立教育机构之外，还有古兰经学校。很多人不接受学校教育，而是上古兰经学校。另外，P 区还设有教授女性裁缝、编织技术的妇女发展中心。妇女发展中心的学时为 6 个月，每天上午上课，入学时需要得到丈夫或父亲等的许可（KI3）。对于已婚妇女来说，能从妇女发展中心毕业，意味着要打破隔离习惯每天外出，而且要得到丈夫的入学许可，且没有被要求中途退学。

"大约在 10 年前，女孩子们都不上学，父母也不愿意让她们上学"（KI4），"人们的意识渐渐改变，认识到教育对女性自立来说是非常重要的，社会上也成立了很多公立、私立学校"（KI6），"以前人们不愿意让女儿上学，所以只让女儿读到小学毕业，或让她中学退学结婚。现在甚至有父母打算让女儿上大学"（KI8）。从 P 区关键知情人的说法中可以得知，到调查时间为止的前 10 年间，女性教育兴盛起来。但是从调查对象的年龄来看，在 P 区盛行女性教育之前，她们就已经超过了就学年龄，因此可以推测她们并没有受到女性教育热潮的影响。34 人中有 16 人完全没有受过教育。

分别观察采取不同策略的妻子的受教育程度可知，在"谈判法"案例中，妻子接受学校教育的年数比其他策略案例的高，平均为 7

年，6 人中只有 1 人没有接受过学校教育，而且这 6 个人全部是妇女发展中心的毕业生。"恳求法"和"回避法"案例间没有太大差异，妻子接受学校教育的年数分别为 4.3 年和 3.8 年，没有接受学校教育的女性占一半，妇女发展中心毕业生的人数分别是 16 人中有 7 人、8 人中有 4 人。"顺从法"案例中的 4 位妻子中有 3 人没有接受过学校教育，妇女发展中心毕业生也只有 1 人（见表 6-2）。综上所述，采取"谈判法"的女性与采取其他三种策略的女性相比，受教育程度更高。

表 6-2　妻子的受教育程度

受教育程度	谈判法（n=6）	恳求法（n=16）	回避法（n=8）	顺从法（n=4）
妻子的学校教育年数（年）	7.0	4.3	3.8	1.5
没接受过学校教育的妻子（比例）	1/6	8/16	4/8	3/4
妇女发展中心的毕业生（比例）	6/6	7/16	4/8	1/4

笔者根据 34 户家庭的回答制作。

妻子的经济能力

多数有积蓄的女性把钱放进一种叫作 Asusu 的密封储蓄罐里，然后藏在房间内。也有女性在银行开设了账户（妻子 13）。她们要确保手里有钱以备不时之需。但是，如果身上有可以使用的现金，就无法拒绝他人的请求。"虽然女性会在互助会上存钱，但即便轮到自己拿钱，也要花在婚礼的礼物或者家人的需要上，而不能用于自己的商业活动"（KI6），"明明手头有钱，却不借给亲属、朋友，这是很难做到的"（KI3）。把钱放在互助会或者放入打不开的储蓄罐里，是为了不被当成"有钱却不帮忙的人"，这样可以婉拒他人借钱的请求，也能够积累自己的资金（KI3）。对于进行经济活动的女性来说，加入互助会是攒钱的途径。女性用自己的收入代替丈夫支出家庭所需的不足部分，之后从丈夫那里拿到还款。到了月末，丈夫能支配的现金不足，女性需要自己有钱给孩子买文具、点心、食材，以及支付突发疾病时所需的医疗费（KI4、KI5 等）。女性需要多少钱因家庭人数而异，但大约为 5000—20000N（KI3—KI9）。可以认为，女性有收入也是她们能够向丈夫表达意见的必要条件。"如果妻子有钱，丈夫会尊敬妻子，听妻子的话。而且，亲戚和邻居也会认为她是个不依赖丈夫、独立的人。他们也会来借钱"（KI5），"如果有 5000N 的收入，女性会自己留 2000N，然后给丈夫 2000N，供家庭支出，即使丈夫不还钱也没关系。剩下的 1000N 她们自己留着，但不会告诉丈夫，等孩子有需要时再用。很多丈夫不喜欢妻子出门，所以为了避免丈夫反对自己外出，女性会给丈夫一些钱。这就像贿赂一样"（KI8）。可见，因为有了收入，外人的看法也不同了。虽然收入会用于实际的必要消费，比如给孩子购买必需品，但也会通过把钱借给别人来维持人际关系，或者被当成能够帮助别人的人而获得尊敬。另外，因为有了收入，"丈夫会听妻子的话"，创造了夫妻的对话机会，同时也可以作为获得外出许可时的议价手段。

下文将分别考察采取不同对话策略的妻子的经济能力。"谈判法"案例中的妻子的存款、土地、房屋等财产的拥有率比采取其他策略的妻子低，但是，进行经济活动的比例和收入比其他三种案例中的都要高一些。女性收入的主要用途是代替丈夫承担支出义务，"谈判法"案例中的妻子将收入借给丈夫的比例很高，将收入赠与丈夫的妻子也达到半数。比起存款、土地、房屋等不能马上使用的财产，手头有现金可以借给或赠给丈夫，这是与丈夫建立能够对话的关系所必需的。虽然不能说"谈判法"案例中的妻子收入有多高，但没有收入的妻子只有 2 人。

对于豪萨族女性来说，在被认为履行了合适的性别角色职责的情况下，代表着"女性地位"的 Matsayi mace 在保持受人尊重（Mutunci）和个人尊严（Daraja）方面至关重要（Renne 2004）。进行经济活动关系着Matsayi mace（KI4—KI7）。这是因为通过经济活动满足自己和家庭所需，可以得到丈夫、亲属、朋友和社区居民的尊敬（KI8、KI9）。而且，为了得到周围人的认可，有必要进行符合性别角色的、适当的经济活动（KI9）。另外，向他人寻求经济援助也会有损尊严（Renne 2004）。获得"尊重"比有经济能力更具有价值，"受人尊重（Mutunci）是无法用金钱买到的，所以它比经济能力更重要"（KI6）。

表6-3　妻子的经济能力

经济能力	谈判法（n=6）	恳求法（n=16）	回避法（n=8）	顺从法（n=4）
进行经济活动的妻子（比例）	4/6	7/16	4/8	2/4
妻子的收入额（N）	4666.7	4581.3	4200.0	3100.0
妻子的存款（比例）	1/6	7/16	1/8	3/4
妻子拥有土地、房屋（比例）	2/6	7/16	4/8	1/4
妻子借给丈夫钱（比例）	5/6	10/16	6/8	2/4
妻子给丈夫钱（比例）	3/6	8/16	3/8	1/4

笔者根据34户家庭的回答制作。

但实际上，女性想获得"尊重"或维护"尊严"，需要一定的经济实力。她们既要有经济能力，又要获得周围人的良好评价，"手里有钱，就很难拒绝来借钱的亲人和朋友。为了避免被周围的人当成不帮忙的人，女性把钱用在互助会或存起来，手头不留现金，想办法避开亲戚或朋友的请求"（KI3）。显然，她们既重视"经济实力"，也非常重视"尊重"和"尊严"。

社会网络

P区的女性在婚礼、起名仪式等场合，会与亲属、朋友、邻居互赠礼物和现金。另外，亲属互访时也会交换礼物。礼物或礼金的金额取决于本人的经济能力和与对方的关系。"收入多的话，大概花 1000N。比如，一套餐具（包含盘子、碗、杯子等的套装）要 1800N，我会送这样的东西。但是如果没钱的话，送一把 20—30N 的扫帚也没关系"（KI4），"赚钱的人会多给一些。这也要看你有多少钱，以及你和对方的关系。交换礼物是必须的"（KI9）。可见，比起金额，人们认为交换礼物本身是必要的行为。交换礼物与妻子采用何种对话策略无关，所有的妻子都在频繁地进行这种行为。女性在探望病人、参加葬礼时也会互赠现金。很多女性婚后也会在经济上帮助娘家和丈夫的父母、其他亲属。无论采取何种对话策略的妻子，都会帮助自己和丈夫的家人。和前文提到的交换礼物一样，帮助的金额和频率也取决于本人有多少可自由使用的现金以及和对方的关系。

除了亲属、朋友、邻居，女性的人际关系网络中还包括了与经济活动相关的合作社。P 区也有女性发起、加入了经济合作社，但她们更多的还是单独进行经济活动而非共同开展活动。她们几乎不进行集体作业或统一购买原料等活动，只在每月一次的聚会上交流信息，在某种程度上这也是一种类似互助会的团体。一方面已婚妇女的性别隔离习惯让她们很难聚在一起，另一方面这也是受到了豪萨族女性都是在自己家中进行经济活动的传统的影响。

如上所述，在豪萨社会中，通过经济活动与其他女性形成的社会网络并不活跃，亲属和朋友之间的相互支持更为重要。为了维系这种相互支持，出席仪式和相互拜访的机会是必不可少的。在构建社会网络的决策方面，女性们采取的对话策略没有太大差异。

对妻子家庭贡献的认识程度

下文尝试从夫妻双方的角度来考察对妻子家庭贡献的认识。进行经济活动、有一定收入的妻子认为自己对家庭做出了经济贡献，如"自己购买食物和孩子的文具等""丈夫钱不够时，拿出自己的收入"。这些妻子的丈夫也列举了妻子所做的具体贡献，"妻子会买调味料和孩子的点心等"，"我没钱的时候会替我出伙食费和孩子的文具费"。夫妻二人认知不一致的只有 1 例，总体来说，无论是妻子自己还是丈夫都强烈地认识到进行经济活动的妻子对家庭做出了贡献。夫妻双方都认为"妻子为家庭做出了贡献"的比例最高，达到了56%。夫妻双方都认为"妻子对家庭没有做出贡献"的比例为 28%。妻子认为自己有贡献，而丈夫认为妻子没有贡献的只有 1 例（妻子34）。相反，有 3 位妻子认为自己没贡献，但丈夫认为妻子做出了贡献。（妻子 22、27、33）

　　一方面，不管妻子是否进行经济活动，对于妻子的家务劳动，丈夫们都认为"妻子承担做饭、打扫、育儿等家务，为家庭尽了一份力"。另一方面，认为家务劳动是对家庭做出贡献的丈夫中只有 2 人将之与经济贡献进行了对比，"虽然妻子在经济上没有贡献，但在家务上帮助了我"（丈夫 27、33）。多数妻子不进行经济活动的丈夫虽然认为做出经济贡献不是妻子的责任，但他们还是期待妻子在经济上做出贡献，"哪怕一个月只借给我 500N，对我也有帮助"。在不进行经济活动的妻子中，也有人把亲属、朋友赠送的现金攒起来，在丈夫需要的时候借给他买食物，她们也认为"自己在经济上做了贡献"（妻子 19、31 等）。无论是妻子自己还是丈夫都支持妻子对家庭做出经济贡献，"一个人无法承担全部责任，所以妻子能做经济贡献的话，我们就能更好地相互理解"（丈夫 18），"女性为家庭做贡献是好事，这样丈夫就能从负担中解放出来。为了维持良好的婚姻关系和和谐的生活，女性最好给予丈夫帮助"（丈夫 26）。可见，丈夫们认为，为了维持良好的夫妻关系，女性对家庭的经济贡献是必要的。

　　分别观察不同对话策略下的妻子对自己所做家庭贡献的认识，可以发现妻子的认识受有无经济活动影响，但和采取何种对话策略关系不大。

做饭的女性

妻子对自身价值的认识程度

下文将从四个方面分析 34 位妻子对自身价值的认识：①对经济独立的自信；②对为他人所做贡献的认识；③对家务劳动的自我评价；④实现自身目标和梦想的具体行动。

①对经济独立的自信

"我以前都依靠丈夫，经常向他要钱。现在我可以买所有喜欢的东西"（妻子 4），"我现在可以独立了，不用父亲和丈夫给钱，我也可以买喜欢的东西。我给自己和儿子买衣服和鞋子，也给自己买化妆品。手机也是自己买的"（妻子 5），"以前，我总是等着别人帮我。现在自己什么都能买，丈夫有时也会向我要钱"（妻子 8），这些开始进行经济活动、有了收入的妻子认为开始经济活动后自己发生了变化，"可以买喜欢的东西""不用依赖丈夫了"。另外，"自己买得起东西"也让妻子们变得自信。

而大多数没有进行经济活动的妻子则认为自己没有为家庭做出贡献，"自己没有钱，所以没有贡献"（妻子 27、29 等）。也有妻子在丈夫无法支付本应由丈夫支付的教育费或医疗费时感到为难，"想买自己和丈夫需要的东西。有时丈夫的钱不够，不得不向邻居或亲戚借钱"（妻子 28），"希望丈夫不在家时自己能带生病的孩子去医院，也希望即使丈夫没有钱，自己也能支付孩子的学费"（妻子 26）。不进行经济活动的妻子认为进行经济活动的女性"不用等丈夫给钱就能买到喜欢的东西"（妻子 26），"平时不用找丈夫要钱，自己就能解决问题"（妻子 33），她们认为有收入的女性"经济独立"，而自己"没钱""没贡献"，经济上不独立。

②对为他人所做贡献的认识

下文将探讨"自己对他人是否有用"这一"对为他人所做贡献的认识"。进行经济活动的妻子用收入帮助亲属或有困难的人，她们认为自己"对别人有用"，如"现在有了钱，不用依靠丈夫也能做自己喜欢的事情。还可以帮助朋友和亲属"（妻子 2），"可以给要用钱的人、亲戚或有困难的人一些钱"（妻子 6）等。而不进行经济活动的妻子则希望自己赚钱帮助家人、帮助穷人，成为对他人有用的女性，"我的理想就是成为职业女性，帮助家人。我想帮助贫穷的人"（妻子19），"对他人有帮助"的认识都是从金钱方面做出的回答。也就是说，进行经济活动的妻子认为自己对家庭以外的人有所帮助，而不进行经济活动的妻子大多数认为自己对他人没有帮助。

③对家务劳动的自我评价

"家里的事情是自己应该做的，做家务也是对家庭的贡献，照顾丈夫和孩子是自己的责任"（妻子 18、20 等），"因为丈夫在外面工作，所以自己在家里照顾孩子，这也是贡献。要让丈夫回家时感到快乐"（妻子 14、26 等）。所有妻子都认为家务劳动是"自己的责任"，而且"家务是对家庭的贡献"。对家务劳动的自我评价与是否进行经济活动无关，她们都将做饭、打扫、洗衣、育儿定位为家庭的重要活动。

④实现自身目标和梦想的具体行动

"扩大经济活动赚到钱后，我想买个房子。然后把房子租给别人，继续赚钱。什么事都能自己做，也不用向别人借钱。希望5年后自己到50岁的时候，只需要卖卖小麦，不再做其他生意，悠闲度日。"（妻子10）多数进行经济活动的妻子在进行活动时有租用设备、雇佣人手、扩大经营的计划和梦想。也有一些妻子想从事能够帮助其他女性的工作，如"想扩大自己的经济活动，赚更多的钱。想为女性们提供培训，创立合作社"（妻子9）。无论哪种情况，这些妻子的梦想和目标都是很明确的。

饲养山羊的女性

有些案例中的妻子虽然没有进行经济活动，但她们对将来的生活有具体目标，"理想的生活是成为职业女性，开家店铺，购置缝纫机，再雇些人，赚些钱"（妻子20）。但是，不进行经济活动的妻子虽然说"想做生意""想赚钱""想做自己的事情"，有明确的"赚钱"目标，但被问及"想怎么做""想进行什么经济活动"时，却无法明确回答。所有女性都提出了"想要开展经济活动"的目标，在提出这一目标的同时，也都提及了"家人幸福、健康、和谐地生活""让子女接受更好的教育""丈夫收入提高，能够购买必需品"的目标。

在对自身价值的认识方面，没有发现采取不同对话策略的妻子间存在差异，但是存在因进行或不进行经济活动导致的差别。进行经济活动的女性有"经济独立的自信"，因为认为"帮助家庭之外的其他人"就是给对方经济帮助，所以在这一点上她们对自我的认知是肯定的，在进行经济活动的情况下，女性的"梦想和目标"更为具体。女性"对家务劳动的自我评价"都很高，这与她们是否进行经济活动无关。总之，妻子对自身价值的认知程度较高，特别是进行经济活动的女性，对自身价值的认知程度更高。

（2）丈夫谈判力的高低

下文将探讨提高丈夫谈判力的因素。根据表3-25所列项目，分别计算四种策略下调查对象各项因素的平均值。

丈夫的受教育程度

首先，在受教育程度方面，从是否受过学校教育来看，"谈判法"和"顺从法"中的男性都接受过学校教育。这里所说的学校教育是指在尼日利亚北部的普通教育。"恳求法"案例中的16位丈夫中有7位没有接受过学校教育，"回避法"案例中的8位丈夫中有2人没有接受过学校教育。从接受学校教育的年数来看，"谈判法"案例中的男性接受学校教育年数比其他策略案例中的年数长，平均为 14.7 年。尼日利亚的学制是小学 6 年、中学 6 年（分为初中、高中），其后还有大专和大学等。"顺从法"案例中接受学校教育平均年数为 11.5 年，位于"谈判法"之后。"恳求法"和"回避法"案例中的男性接受学校教育的平均年数很低，约为 8 年，因为这两种策略中都有没接受过学校教育的人，拉低了接受教育年数的平均值。

在男性受教育程度方面，一方面，关键知情人认为丈夫受教育程度越高，就越会倾听妻子的想法，他们举了一些例子，如"受过教育的男性知道作为人的权利是什么，所以也理解妻子的权利"（KI5），"受过教育的男性想把孩子送进好学校，也允许妻子去妇女发展中心"（KI8）等。另一方面，也有观点认为不能把受教育程度作为衡量标准，"没有受过教育的人中也有理解妻子的人，受过教育的男性中也有反例"（KI4）。

丈夫的收入水平

其次，笔者将探讨丈夫的收入水平。一方面，"谈判法"和"恳求法"案例中的丈夫月收入约为 26000—27000N，是"顺从法"案例中丈夫月收入（20000N）的 1.3 倍、"回避法"案例中丈夫月收入（14200N）的 1.9 倍。另一方面，四种策略案例中丈夫每月的家庭所需支出额没有太大差异，最高的"谈判法"案例中为 19600N，"恳求法"案例中为 19300N，"顺从法"案例中为 18300N，最低的"回避法"案例中为 17100N。"回避法"中丈夫的支出额高于收入额，但其他策略案例中也有多个家庭支出额高于收入额的。丈夫职业中有雇佣工人和个体经营者，"谈判法"中的 6 位丈夫都是定期领工资的雇佣工人；"顺从法"的 4 位丈夫中有 3 人为雇佣工人；"回避法"的 8 位丈夫中有 5 人为雇佣工人；"恳求法"中雇佣工人的比例最低，16 位丈夫中有 8 位为雇佣工人。

表6-4　影响丈夫谈判力的因素

影响谈判力的因素	谈判法（n=6）	恳求法（n=16）	回避法（n=8）	顺从法（n=4）
丈夫学校教育年数（年）	14.7	8.0	8.4	11.5
没接受过学校教育（比例）	0/6	7/16	2/8	0/4
丈夫的收入额（N）	27512.0	26666.7	14200.0	20000.0
丈夫的家庭所需支出额（N）	19600.0	19333.3	17142.9	18333.3
丈夫为雇佣工人（比例）	6/6	8/16	5/8	3/4
丈夫帮助妻子的亲属（比例）	6/6	12/16	6/8	3/4
丈夫支持妻子的经济活动（比例）	4/6	7/16	1/8	2/4

笔者制。收入额和家庭所需支出额是根据丈夫的回答计算的，因为有人未作答，所以得到的回答数与其他项目有所不同。学校教育和帮助妻子等项目根据夫妻二人的回答统计。

经济资源从丈夫流向妻子

最后，探讨经济资源如何从丈夫流向妻子。丈夫对妻子的父母和亲戚的帮助，多数是在婚礼等场合以及互相拜访时给他们现金、食物和衣服等。大多数丈夫会在经济上帮助妻子的亲属（"谈判法"6/6例，"恳求法"12/16例，"回避法"6/8例，"顺从法"3/4例）。

当妻子想开始经济活动时，丈夫是否提供启动资金影响着女性能否开始经济活动。大部分不进行经济活动的女性都提到了"丈夫不提供启动资金"的理由。支持妻子进行经济活动的丈夫比例最高的是"谈判法"案例，为4/6例，其次是"顺从法"案例，为2/4例，再次是"恳求法"案例，为7/16例，而"回避法"案例仅为1/8例。除"回避法"案例外，进行经济活动的妻子都能得到丈夫的经济支持。"回避法"案例中的8位妻子有4人进行经济活动，但只有1人得到了丈夫的支持。

在经济上帮助妻子或妻子的亲属，需要有一定的经济能力。在丈夫的月收入相差无几的"谈判法"和"恳求法"案例中，前者支持妻子进行经济活动的丈夫比例较高。从丈夫是否在经济上支持妻子，可以推测出夫妻关系以及周边环境等经济能力以外的因素。

本小节从丈夫的受教育程度、经济能力、与妻子的关系等方面，探讨了影响丈夫谈判力的主要因素，即谈判底线的高低。"谈判法"案例中丈夫的受教育程度和经济能力都很高，与妻子的关系也很好。"恳求法"案例中丈夫收入高，但教育水平不高。"回避法"案例中丈夫在所有项目上的水平都很低。

（3）夫妻对性别角色变化的接受程度

下文将探讨调查地点对性别角色变化的接受程度。

在第三章中，笔者探讨了调查地点豪萨社会婚姻关系中的性别角色规范。在豪萨社会，一般期待丈夫提供衣食住等家庭所需，而妻子则服从丈夫的指示，主要负责家务和育儿。妻子没有在经济上为家庭做贡献的义务。只要丈夫允许女性进行经济活动，就不会出现问题，女性进行经济活动所得利益被视为女性的个人财产。此外，妻子实行性别隔离实践，外出时需要丈夫的许可。

但是，随着社会经济情况发生变化，如果依然坚持男主外、女主内的性别角色，则有时无法满足家庭所需。在这种情况下，调查地点的人们对性别角色的认识也发生了变化。本小节将探讨人们对性别角色发生变化的接受程度，并分别考察四种对话策略下的特征。

妻子为满足家庭所需所做的经济贡献

妻子和丈夫都对女性为家庭做出经济贡献持肯定态度。丈夫虽认为"妻子没有做出经济贡献的义务"，但对妻子为满足家庭所需所做出的贡献并没有持否定看法。此外，所有调查对象都对女性参与经济活动持肯定态度。

妻子获得收入后，丈夫也接受了妻子承担了原本应由丈夫来完成的角色职责，"如果妻子进行经济活动，丈夫的负担就会减轻，妻子也可以帮助丈夫和父母。如果不进行经济活动，想要什么都只能依赖丈夫，而丈夫可能不会给她。如果家里有什么事，没有钱的话也很无助。丈夫没钱的话，即使亲属有什么事也帮不上忙"（丈夫 28）。在女性看来，如果自己有收入，即使丈夫不履行性别角色职责，女性也可以自己承担责任，"进行经济活动的女性，即使丈夫不同意自己的意见，也可以用自己的钱解决问题"（妻子 26）。可见，夫妻双方都能接受女性获得经济能力后承担提供家庭所需的性别角色职责。

丈夫帮助妻子做家务

下面探讨对男性参与家务的认识。关于丈夫帮助妻子做家务的问题，24 位调查对象中有 23 人回答"丈夫也应该帮忙做家务"。从与妻子和孩子维持良好关系的角度出发，丈夫帮忙做家务也是被肯定的，"丈夫帮忙做家务是好事，妻子和丈夫能够和谐地生活"（丈夫 11），"会让妻子和孩子感受到爱意和一体感"（丈夫 24）。"家务是女性最关注的事情，她们应该不会让丈夫帮忙吧。但是丈夫也应该做家务。"（丈夫 28）另外，还有人对既有的性别角色有明确的认识，对丈夫帮妻子做家务持否定看法，"丈夫帮忙做家务是不好的。因为妻子的角色就是待在家里做家务，丈夫的角色是在外面赚钱为家人提供食物。我自己从来没有帮忙做过家务"（丈夫 7）。

对于是否真的会帮忙做家务的问题，24 位调查对象中有 17 位丈夫表示会帮忙做家务。具体来说，"照顾孩子、给孩子洗澡、给孩子换衣服"等"帮忙照顾孩子"的回答居多，此外还有"打扫院子""准备做饭、点柴火"等日常必要的家务。也有的丈夫在对帮忙做家务表示赞同的同时，实际上并没有帮忙，"忙于自己的经济活动，所以不帮忙"（丈夫 16），"丈夫应该帮忙，但是我没有时间，所以帮不上忙"（丈夫 2），现实中有因为自己的事情而无法在家帮忙的丈夫，也有自己不帮忙但雇人减轻妻子的家务负担的例子，"因为我自己不帮忙，所以出钱雇了家政人员"（丈夫 7）。实际上，按不同的对话策略分别观察丈夫是否帮忙做家务的情况可知，"谈判法"案例中不帮忙做家务的丈夫很多，理由是"没有时间""请了家政人员"等。在其他策略案例中，很多丈夫都表示实际上会帮助妻子做家务。

关于丈夫的家务劳动，有些妻子认为丈夫会帮忙做日常家务，比如"我生病的时候帮我洗衣服、打扫卫生"（妻子1），"给孩子洗澡、帮忙打扫卫生"（妻子4），"帮我洗衣服"（妻子5）。P区的几位关键知情人则对男性做家务持否定态度，"男人有时会帮忙带孩子，但很少会帮忙打扫和洗衣服"（KI4—KI7），"在P区，男人帮忙做家务会被周围的人鄙视，会说他管不了妻子"（KI3）。

图6-3　洗衣服也是女性的责任

家庭所需的提供者

下面来分析四种对话策略案例中的夫妻双方是如何认识"应该由谁来承担满足家庭所需的责任"以及"妻子的收入比丈夫多有问题

吗"这两个问题。

　　首先，关于"应该由谁来承担满足家庭所需的责任"这一问题，在四种对话策略的案例中，"谈判法""恳求法""顺从法"案例里有50%的妻子回答"妻子也应该做出贡献"。在"谈判法"案例中有2位妻子回答是"丈夫的责任"，但这2人都不进行经济活动。妻子们关于这个问题的认识与选用哪种对话策略关系不大，但是受到了是否进行经济活动的影响。对于同样的问题，所有对话策略案例中都有半数以上的丈夫回答是"丈夫的责任"。在"恳求法"案例中，80%的丈夫回答是"丈夫的责任"。但是，"谈判法"案例中有40%、"顺从法"案例中有33%的丈夫回答"妻子也应该做出贡献"。在这个问题上，丈夫比妻子更支持传统的性别角色规范，认为"满足家庭所需是丈夫的责任"。然而，在所有的对话策略案例中都有丈夫接受了"妻子也应该做出贡献"这一新的性别角色规范，尤其是在"谈判法"案例中更为常见。

　　其次，分析夫妻二人的见解是否一致。"回避法"或"顺从法"案例中，能够观察到一些妻子在和丈夫意见不同时，不会向丈夫表达自己的想法。即使是采取"恳求法"，向丈夫表达不同意见本身对女性来说也非易事。对于"丈夫应该承担满足家庭所需的责任"这一性别角色规范，既有否定的观点（妻子也应该承担），也有肯定的观点（应由丈夫一人承担）。那么夫妻二人是如何看待这个问题的呢？下面将分析夫妻二人的观点是否一致。另外，"虽然是丈夫的责任，但如果妻子有收入的话，妻子也应该承担"这种见解的前提是"应该由丈夫来承担"，所以属于肯定的观点（应由丈夫一人承担）。

　　夫妻双方都持肯定意见，24位调查对象中认为"应由丈夫一人承担"的占33%（8人）。夫妻双方都持否定意见，认为"妻子也应该承担"的仅占8%（2人），这2人都属于"谈判法"案例（夫妻

5、22）。[1]妻子持否定意见、丈夫持肯定意见的情况最多，占42%（10人），妻子认为"妻子也应该承担满足家庭所需的责任"，丈夫则认为"应由丈夫一人承担"[2]。相反，妻子持肯定意见而丈夫持否定意见的情况占17%（4人），妻子认为"应该由丈夫承担满足家庭所需的责任"，丈夫则认为"妻子也应该承担"，双方观点存在分歧[3]。

对于妻子的收入比丈夫多的看法

关于第二个问题"如何看待妻子的收入比丈夫多"，下文将分别探讨妻子和丈夫对这个问题的看法。一方面，大多数妻子认为妻子赚得比丈夫多是有问题的。"恳求法"案例（16人）中有5人选择了"没关系"，而在"谈判法"案例（6人）和"回避法"案例（8人）中各有1人选择了"没关系"，在"顺从法"案例（4人）中则没有人选择。另一方面，从丈夫的认识来看，在"谈判法"案例和"恳求法"案例中，分别有近半数的丈夫回答"没关系"。另一方面，"回避法""顺从法"案例中丈夫的回答几乎都是"有问题"。

无论是回答"没关系"还是"有问题"，受访者都列举了条件和理由。回答"没关系"的夫妻都表示"妻子应该把收入用在家庭上"，或丈夫附加了"不要忘记尊敬丈夫"的条件。回答"有问题"的丈夫给出的理由是"妻子会说'我不需要你了'，然后提出离婚"，而妻子的理由是"丈夫应该对家庭负责，所以丈夫的收入应该比妻子多"等。

下面将探讨夫妻二人的意见是否一致。对于"丈夫的收入是否应该比妻子多"这一问题，妻子和丈夫都持肯定意见的案例占48%（11对），夫妻双方都持否定意见的案例占9%（2对）。但是，妻子持肯定意见而丈夫持否定意见的案例占30%（7对），妻子持否定意见而

---

[1] 作者以34对夫妻为对象进行了田野调查（详见第三章），其中34位妻子和6位丈夫接受了单独采访。作者对其余丈夫进行了问卷调查，但有些丈夫没有回答特定问题，因此有一些问题的回答人数并不是34。（译者注）

丈夫持肯定意见的案例占 13%（3 对）。妻子持肯定意见而丈夫持否定意见的案例中，妻子认为"丈夫应该赚更多钱"，而丈夫认为"妻子赚得更多也没问题"[4]。妻子持否定意见而丈夫持肯定意见的案例中，妻子认为"妻子赚得更多也没有问题"，而丈夫认为"丈夫应该赚得更多"（夫妻 17、19、27）。

另外，也有夫妻二人都持否定意见，认为"妻子赚得多也没有问题"的案例（夫妻 2、23）。

接受性别角色的变化

在社会经济情况发生变化的背景下，对"丈夫是唯一一个赚钱养家的人"这一性别角色的认识也发生变化，所有调查对象都对女性为家庭做出经济贡献持肯定态度，开始承认女性作为赚钱者这一角色。但是对于"应该由谁来承担满足家庭所需的责任""如何看待妻子赚得比丈夫多"这两个问题，既有夫妻都不接受女性也要满足家庭所需这一角色的例子，也有夫妻二人对此看法不一的例子。

下面，笔者将探讨调查对象对性别角色变化的接受程度。在豪萨社会，只要丈夫允许，女性就可以进行经济活动，获得的收入由女性自己管理。通常，夫妻双方都不知道对方的收入是多少，即使妻子的收入比丈夫多，丈夫也很难掌握实际情况。"丈夫是唯一一个赚钱养家的人"这一传统的性别角色发生变化，这一点对于男性来说尤其难以接受（接受调查的 24 人中有 18 人认为"丈夫是唯一赚钱者"），甚至比"妻子比丈夫赚得多"（接受调查的 23 人中有 14 人赞同）更难以接受。

因此，为了探讨对性别角色变化的接受程度，现将这两个问题结合起来，通过表 6-5 所示的四种程度来分析夫妇的回答。①表示对新的性别角色规范的接受程度最高，④为最低。

表 6-5　对性别角色变化的接受程度

接受程度	丈夫是唯一的赚钱者	丈夫的收入应该比妻子多	对性别角色变化的接受程度
①	否定	否定	接受程度高
②	否定	肯定	接受程度较高
③	肯定	否定	接受程度较低
④	肯定	肯定	接受程度低

笔者制。

总体而言，丈夫更支持传统的性别角色。对性别角色变化的接受程度最低的④代表"丈夫是唯一的赚钱者，丈夫的收入应该比妻子多"，有 48% 的丈夫（11 人）和 33% 的妻子（11 人）对此表示支持。相反，接受程度最高的①代表"丈夫不是唯一赚钱的人，妻子赚得比丈夫多也没关系"，有 13% 的丈夫（3 人）、12% 的妻子（4 人）对此表示支持。这些夫妻中，妻子为家庭做出了经济贡献的占多数，也有一些妻子或丈夫接受了妻子在赚钱方面作用越来越大的现状。②代表否定"丈夫是唯一的赚钱者"、肯定"丈夫的收入应该比妻子多"，赞同此观点的丈夫虽然只有 13%（3 人），但妻子有 44%（15 人），是所有回答中妻子占比最高的。可以看出，很多女性虽然赞同"妻子也可以做出经济贡献"，但她们并不赞同妻子比丈夫赚得多，"丈夫是一家之主，所以丈夫应该赚得更多"（妻子 18、24、34）。

此外，从丈夫的视角来看，虽然他们赞同女性进行经济活动，但也认为"丈夫是赚钱者"，他们认为妻子比丈夫赚得多也不是问题，但会附加条件，"如果女性把收益用在经济活动上就没有问题"（丈夫7），"如果妻子尊敬丈夫的话就没有问题"（丈夫 24）。实际上，③肯定"丈夫是唯一的赚钱者"、否定"丈夫的收入应该比妻子多"的丈夫占 26%（6 人），高于妻子的 12%（4 人）。对于性别角色变化的接受程度，不同的对话策略下差异不大。

性别角色变化的影响

随着女性进行经济活动并将收入用于满足家庭所需的做法获得肯定，"丈夫是唯一的赚钱者"这种性别角色发生了变化。下文将探讨这种性别角色的变化分别对女性和男性产生了怎样的影响。

不进行经济活动的女性得不到丈夫的尊重，即使给丈夫提建议，他也不会接受，还会说"你什么都没做，就什么都不要说"。如果进行经济活动，就有钱给家人，所以能得到丈夫的尊重，提的建议也会被接受。（妻子19）

因为我总是待在家，也不做生意，所以丈夫不怎么高兴。（妻子26）

像这样不进行经济活动的女性，认为自己被丈夫看成"什么都没做""没什么用"。那些妻子没有进行经济活动的丈夫希望妻子能获得收入以补充家庭所需的缺口，但同时也认为"这不是妻子的责任"，"我希望妻子能做些生意，这样她就能帮助我购买些家庭所需的东西"（丈夫34），"我希望妻子做生意，为家庭做出贡献。为此，我鼓励妻子去妇女发展中心学习技术。但为家庭做经济贡献并不是妻子的责任"（丈夫18）。

进行经济活动的妻子则认为"满足家庭所需是丈夫的责任"，自己"代替"丈夫"补足"了不足的部分，"我替丈夫购买了家庭所需，他很开心"（妻子11），"因为我开始做生意后有一定的收入，丈夫知道食物不够的话我会补充。我比以前更受尊敬了"（妻子14）。丈夫也承认妻子的经济贡献，认为妻子帮助了自己，"妻子做出了贡献，因为她有时会买调味料和点心等。女性也应该为家庭做贡献。特别是在丈夫没钱的时候，丈夫可以向妻子借钱，而不是向别人借"（丈夫2），"我的妻子在经济上对家庭做出了贡献。因为每次我回家的时候，她都在干活，为了给家人买东西而劳动着。我觉得女性在经济上有所贡献是好事，这样女性就可以帮助丈夫。丈夫也会变得幸福"（丈夫 11）。丈夫认为"帮助丈夫"就是"借钱给丈夫"或者"代替丈夫购买家庭所需"。

摆放整齐的饮用水和清洁餐具

随着"丈夫是唯一的家庭所需供应者"这一性别角色的改变，人们对妻子做出经济贡献的期待变高，认为妻子做经济贡献是"好事"。因此，不进行经济活动的妻子会被认为"没用"。对于进行经济活动的女性来说，将收入用于"帮助丈夫"的想法会给她们带来压力，女性不会优先考虑扩大自身的经济活动或满足自我需求。对女性来说，"做出经济贡献"将在已有的角色职责外，成为她们新的角色职责。

但是，丈夫并没有因为性别角色的转变而受到"无法满足家庭所

需""收入不够""依赖妻子"等评价或指责，他们也不会有其他新的
角色。而且，"丈夫是一家之主，妻子应该服从"这一角色，即使在
"收入不足"的情况下也依然存在。性别角色的变化对在社会中被赋
予不同角色的女性和男性产生了不同的影响。

2. 提高夫妻谈判力的因素

在上一节中，我们根据合作博弈模型的分析项目，分析了各种对
话策略下的妻子和丈夫的回答、平均年龄等内容，并探讨了这些案例
各具有何种特征。在本节中，笔者将分别分析不同对话策略下的夫妻
拥有何种程度的提高谈判力的因素，以及探讨这些因素是否与夫妻的
对话环境相关。

下文从四种对话策略案例中各抽取 2 个案例。选择这些案例的理
由是在这 34 户家庭中，只有 21 户家庭的丈夫充分回答了与对话相关
的问题，笔者又在这 21 个案例中，优先选取了对丈夫的收入做出回
答的案例。根据第五章探讨的"和妻子意见不同时丈夫的做法"，分
析丈夫是否有和妻子进行对话的姿态。此外，在所有案例中，丈夫对
自身所做家庭贡献和自身价值的认识程度都很高，并且在不同的对话
策略下没有显著差异，因此下文不单独探讨此内容。

（1）采取"谈判法"的案例

案例 1（夫妻 2）

案例 1 中，丈夫表现出与妻子对话的姿态，即使与妻子有意见分
歧，也会先与妻子好好谈谈。妻子不与公婆及丈夫的其他妻子同住，
可以说这是便于夫妻对话的环境[5]。

从丈夫的谈判力主要因素来看，他受教育程度高、收入也非常
高。丈夫为妻子的经济活动提供支持，也为妻子的父母提供经济支
持，与妻子保持良好的关系。"丈夫给我买了缝纫机和做裁缝的材

料"，"在亲戚参加仪式和来访时，丈夫都会给他们钱"，丈夫会把经济资源共享给妻子及妻子的亲人。妻子和自己父母住在同一个地区，受过学校教育，又是妇女发展中心的毕业生，进行经济活动，有收入，还参加了互助会，建立了社交网络。妻子定期借或给丈夫钱，在经济上帮助丈夫的亲属，夫妻关系良好。夫妻双方都高度认同妻子对家庭做的贡献，不仅是经济贡献，对妻子家务劳动的评价也很高。丈夫肯定了妻子的贡献，"妻子用自己的收入给我和她自己买衣服，每个月为家庭花费800N左右"，"妻子会帮助我的亲戚，帮他们打扫卫生、洗衣服"。妻子对自身价值的认识也很高，有明确的个人目标。最后，在对性别角色变化的接受程度方面，妻子的接受程度高，丈夫接受程度较低。丈夫很难接受新的性别角色。如上所述，案例1的特征是夫妻双方的谈判力都很高，夫妻间有对话环境。

案例 2（夫妻 22）

在案例2中，丈夫如果和妻子有意见分歧，丈夫"不和妻子对话"。丈夫决定妻子的事情，对妻子展示了丈夫的权威，"妻子去拜访亲戚的时候，我会同意她外出，会给她钱让她买些礼物什么的"，"我没钱的时候，不会同意妻子的任何要求"，"为了让妻子学习技术，让她去了妇女发展中心"。二人没有和扩展家庭同住，年龄差也不大[6]，夫妻间有便于对话的环境。从丈夫的谈判力因素来看，他受教育程度高，收入略低。虽然他不支持妻子的经济活动，但会在经济上帮助妻子的父母和亲戚以维持关系。妻子没有和自己的父母及亲戚住在同一个城市，没有后盾，受教育程度是小学毕业及妇女发展中心毕业。虽然她不进行经济活动，但会定期借钱给丈夫，在经济上帮助丈夫的亲属，和他们保持着良好的关系。由于妻子不进行经济活动，所以她对自己所做家庭经济贡献的认识程度较低，但对家务劳动的贡献有所认识。丈夫认为妻子在经济上也有贡献。妻子对自己家务劳动的价值给予了高度评价，有明确的未来目标，"如果能利用在妇女发展中心所学的刺绣技术开展经济活动，那我就能实现经济独立"，"虽然周围有很多做裁缝的人，但会刺绣的很少，产品应该能卖出去"，妻子对自身价值关注度很高。在对性别角色变化的接受程度方面，妻子的接受程度高，丈夫接受程度较低。

案例 2 的特征是夫妻二人的经济能力都比较低，妻子对自己所做家庭贡献的认识程度较低，但对自身价值的关心程度较高。丈夫有向妻子展示权威的倾向，而妻子则有把自己的想法传达给丈夫的姿态，"如果丈夫的意见好，我就同意，如果丈夫的意见不行，我就说服他，我会保持二者的平衡。为了让丈夫理解我的想法，我会简短地向他说明，并解释其重要性"。为了能和丈夫交谈，妻子会仔细观察丈夫的反应并采取合适的行动。

表 6-6 "谈判法"案例下的夫妻

谈判法	案例 1（夫妻 2）	案例 2（夫妻 22）
和妻子意见不同时的做法	和妻子对话	不和妻子对话
构成夫妻谈判力的因素		
年龄差	11 岁（丈夫 35 岁、妻子 24 岁）	9 岁(丈夫 45 岁、妻子 36 岁)
妻子的初婚年龄	18 岁	13 岁
和扩展家庭同住	否	否
子女的数量	3 人	7 人
丈夫的受教育程度	高中毕业	高中毕业
妻子的受教育程度	小学毕业、妇女发展中心毕业	小学毕业、妇女发展中心毕业
丈夫的收入	每月 35000N	每月 12000N
妻子的收入	每月 3000N	没有经济活动
妻子借或给丈夫钱	定期借或给丈夫钱（每月 700—1000N）	定期借或给丈夫钱（每月 1500N）

谈判法	案例1（夫妻2）	案例2（夫妻22）
帮助妻子的经济活动	是	否
加入互助会、合作社	加入互助会（10名成员，每月回收1000N）	否
夫妻帮助彼此的父母、其他亲属	经济上帮助彼此的父母、其他亲属	经济上帮助彼此的父母、其他亲属
是否和亲属住在同一地区	夫妻的父母都住在同一地区	没有回答丈夫父母的居住地
对妻子所做家庭贡献的认识程度	夫妻双方都认识到妻子的经济贡献。妻子认识到自己的家务贡献。妻子对自己所做经济贡献的认识程度高。	妻子没认识到自己所做经济贡献，丈夫认识到妻子所做经济贡献。妻子认识到自己的家务贡献。
妻子对自身价值的关注程度	1）妻子有经济独立的自信。2）认为自己帮助了子女和丈夫。3）对自己做家务有较高评价。4）有扩大经济活动、学习阿拉伯语等具体目标。妻子对自身价值的关注程度高。	1）妻子没有经济独立的自信。2认为自己可以帮助他人，如保持家内清洁、教育子女。3）对自己做家务有较高评价。4）有发挥在妇女发展中心学到的刺绣技术、购买刺绣机进行经济活动的具体目标。对自身价值的关注程度高。
对性别角色变化的接受程度	妻子接受程度高① 丈夫接受程度较低③	妻子接受程度较高② 丈夫接受程度高①

笔者制。

"谈判法"案例的特征

　　案例1和案例2的共同点是，丈夫的谈判力较强，夫妻二人不与丈夫的父母、其他亲属或其他妻子同住，夫妻双方有对话的环境。妻子可以不同程度地借钱给丈夫，丈夫认为"妻子为家庭做了贡献"。另外，妻子有具体的未来目标，对自己的家务劳动评价很高，对自身价值较为关心。而且，妻子接受了性别角色的变化。

（2）采取"恳求法"的案例

案例3（夫妻18）

在案例3中，与妻子意见不同时，丈夫选择了"对话"。二人没有与扩展家庭同住，夫妻所处环境便于进行对话。从提高夫妻谈判力的因素来看，丈夫的受教育程度较低，但妻子的受教育程度也不高。丈夫的收入水平略低于调查对象的平均水平，妻子不进行经济活动，没有收入。夫妻双方的父母和亲属都不住在同一个地区，有困难时身边没有可以依靠的亲属。妻子不是互助会或合作社的成员。妻子虽然帮助了娘家，但夫妻双方都没有在经济上帮助对方的亲属。丈夫承认自己无法满足家庭生活需求，"我有时会因为没有足够的钱来满足家庭所需而遇到问题，生活本身就是问题，但是我们可以自己解决。在不告诉别人的情况下解决问题"。另外，丈夫认为最好不把问题告诉别人。夫妻双方都不具备提高谈判力的因素，特别是妻子，和丈夫有着20岁的年龄差，又没有可以依靠的人，所以谈判力不足。"想开展经济活动的理由是和丈夫之间存在问题，而且在丈夫不支持自己、亲属也帮不上忙的情况下，很需要钱"，妻子认为丈夫经济能力低下是"没有尽到丈夫的责任"。夫妻双方都不认为妻子为家庭做了经济贡献，但承认妻子所做的家务贡献。妻子也不太关心自身价值。在对性别角色变化的接受程度上，妻子较高，丈夫较低。案例3中，夫妻双方的谈判力都很低，双方身边都没有可以依靠的人，所以凡事只能靠二人努力想办法解决。

妻子曾因不满丈夫的做法而选择了"回娘家"。"我和丈夫分居了两个月，丈夫很容易因为家庭问题烦躁和生气。我多次道歉，但他还是很生气，所以我回到了娘家。那是为了给丈夫一个冷静的机会。我丈夫来我娘家道歉了。现在三个孩子都在丈夫那里。下周我就回去。因为有孩子，所以我还是想回到丈夫身边，而且我父母说'你丈夫已经道歉了，所以还是回去吧'。因此，我做出了回去的决定。"（妻子18）"回娘家"这一选项有时被妻子用作表示抗议的手段

（KI6、KI8）。

案例 4（夫妻 27）

在案例 4 中，如果和妻子有意见分歧，丈夫"不和妻子对话"。二人没有和扩展家庭同住，夫妻的年龄差也小，所以拥有便于夫妻对话的环境。夫妻二人的受教育程度都很高，丈夫的收入也很高。但也许是受家庭结构的影响（夫妻和一个孩子），丈夫的家庭所需支出额保持在平均水平。

妻子虽然不进行经济活动，但保管着结婚时从丈夫那里得到的彩礼，并将这些钱定期借或给丈夫。妻子不仅帮助娘家，还会在经济上帮助公婆和丈夫的其他亲属，但丈夫却不帮助岳父岳母及妻子的其他亲属。丈夫也不支持妻子开始经济活动。妻子没有和父母、其他亲属住在同一地区，也没有参加互助会和合作社。

"我刚来这个地区，谁都不认识，所以很难开展经济活动。虽然我会做裁缝，但找不到顾客"，妻子没有可以依靠的社会网络。丈夫会用权威限制妻子的行动，"我会确认她的外出的重要程度，有时允许，有时不允许"[7]。"为了让丈夫明白我的想法，我会小心翼翼地拜托他，一点一点地说明自己想做什么。即便如此，如果和丈夫的意见不一样，我会放弃自己的想法。"妻子会向丈夫表达自己的意见，但不会强势地表达。夫妻双方都认为妻子在经济上对家庭没有贡献，但有做家务的责任。因为经济不独立，缺乏自信，所以妻子对自身价值的评价和关心程度都很低。丈夫对性别角色变化的接受程度低，妻子也较低。在案例 4 中，明显丈夫更强势，妻子虽然高中毕业，但在家庭对话中，并没有体现出妻子接受过学校教育的效果。

表 6-7   "恳求法"案例中的夫妻

恳求法	案例 3（夫妻 18）	案例 4（夫妻 27）
和妻子意见不同时的做法	和妻子对话	不和妻子对话

续表

恳求法	案例 3（夫妻 18）	案例 4（夫妻 27）
构成夫妻谈判力的因素		
年龄差	20 岁（丈夫 50 岁、妻子 30 岁）	6 岁（丈夫 28 岁、妻子 22 岁）
妻子的初婚年龄	12 岁	20 岁
和扩展家庭同住	否	否
子女的数量	5 人	1 人
丈夫的受教育程度	古兰经学校毕业	大学毕业
妻子的受教育程度	古兰经学校毕业、妇女发展中心毕业	高中毕业
丈夫的收入	不详	每月 40000N
妻子的收入	无	不进行经济活动
丈夫的家庭所需支出额	每月 20000N	每月 16000N
妻子借或给丈夫钱	否（丈夫说妻子定期借或给自己钱）	每月借三回，有时赠与现金
帮助妻子进行经济活动	否	否
加入互助会、合作社	否	否
夫妻帮助彼此的父母、其他亲属	否。妻子帮助娘家。	妻子帮助自己和丈夫的父母、其他亲属。丈夫不帮助妻子的父母和其他亲属。
是否和亲属住在同一地区	夫妻都不和亲属都住在同一地区	不与妻子的亲属住在同一地区
对妻子所做家庭贡献的认识程度	夫妻双方都不认为妻子做出了经济贡献。妻子认识到自己的家务贡献。丈夫认为妻子很努力。妻子对自己家庭贡献的认识程度不高。	妻子没认识到自己的经济贡献，丈夫认识到妻子的家务贡献。妻子认识到自己的家务贡献。

恳求法	案例 3（夫妻 18）	案例 4（夫妻 27）
妻子对自身价值的关注程度	1）妻子没有经济独立的自信。 2）妻子认为自己没钱帮不了别人。 3）对自己做家务有较高评价。 4）有进行经济活动并帮助父母和子女的具体目标。 对自身价值的关注程度不高。	1）妻子没有经济独立的自信。 2）妻子认为自己没钱帮不了别人。 3）对自己做家务有较高评价。 4）没有开展经济活动、多生育子女的具体目标。 对自身价值的关注程度不高。
对性别角色变化的接受程度	妻子接受程度较高② 丈夫接受程度较低③	妻子接受程度较低③ 丈夫接受程度低④

笔者制。

"恳求法"案例的特征

案例 3 中丈夫学历低、收入低，妻子学历低、不进行经济活动，案例 4 中丈夫学历高、收入高，妻子学历高、不进行经济活动。案例 3 和案例 4 的共同点是，夫妻二人受教育程度相当，妻子不进行经济活动，夫妻双方都认为妻子没有做出经济贡献。案例 3 中，丈夫本人承认自己的经济情况很窘迫，不得不和妻子商量解决问题。甚至妻子还采取了"回娘家"的手段，丈夫也拿出了对话的姿态。案例 4 中的丈夫谈判力很强，对于丈夫来说，没必要"和妻子对话"，没必要"听取妻子的意见"。

（3）采取"回避法"的案例

案例 5（夫妻 19）

案例 5 中，如果和妻子意见不同，丈夫会告诉妻子的父母。丈夫的受教育程度略高，收入较低，收入基本用于家庭所需支出。妻子小学毕业，也是妇女发展中心的毕业生，虽然没有进行经济活动，但定期借钱给丈夫。"丈夫的收入不够，无法满足家庭所需"，妻子认为丈夫没有充分履行满足家庭所需的责任。夫妻双方在经济上帮助自己及对方的父母和亲戚。妻子不和父母住在同一个地区，也没有参加互助会、合作社，有困难的时候没有可以依靠的对象。夫妻双方都认识到妻子对家庭做出了经济贡献，妻子认为自己在家务劳动上做出了贡献。妻子对自身价值关注度很高，虽然不进行经济活动，没有经济独立的自信，也认为自己没有帮助别人，但她对自己的家务劳动评价很高。作为未来目标，她计划买一台缝纫机，利用在妇女发展中心学到的技术开展经济活动。妻子对性别角色变化的接受程度较低，丈夫的接受程度低。"我和妻子讨论如何购买食物，如何支付孩子的教育费用，如何购买孩子的书"，夫妻二人会就家庭所需、孩子的教育问题进行讨论。但二人意见不同时，妻子表示，"我会放弃自己的想法，听丈夫的"，可见，虽然妻子和丈夫进行对话，但也是在迎合丈夫的想法。

案例 6（夫妻 15）

案例 6 中，和妻子意见有分歧时，丈夫"不和妻子对话"。夫妻二人有 20 岁的年龄差，和丈夫的父母、兄弟姐妹住在一起，对妻子来说这不是一个便于表达想法的环境。妻子和丈夫意见不同时，会"放弃自己的意见，服从丈夫"，她不会把自己的想法告诉丈夫。丈夫的受教育程度高，妻子受教育程度低，但丈夫的收入和妻子差不多，而且丈夫的月家庭所需支出额接近自己收入的两倍[8]。妻子定期借或给丈夫钱。

妻子和自己的父母住在同一个地区，也加入了互助会，有困难时身边有人可以依靠。丈夫没有帮助妻子开展经济活动，但是二人会在经济上帮助对方的亲属。夫妻二人都认为妻子对家庭做出了经济贡献。妻子进行经济活动，但不认为自己经济独立。夫妻二人对性别角色变化的接受程度都是最低的。

"回避法"案例的特征

案例 5 中的丈夫在和妻子意见不同时，会把问题告诉妻子的母亲，案例 6 中的丈夫选择不与妻子对话。丈夫要么让他人介入，要么表现出不让步，也就是"不同意"、不和妻子对话的态度。两个案例中的夫妻对性别角色变化的接受程度都很低。

表 6-8　"回避法"案例下的夫妻

回避法	案例 5（夫妻 19）	案例 6（夫妻 15）
和妻子意见不同时的做法	告诉妻子的父母	不和妻子对话
构成夫妻谈判力的因素		
年龄差	10 岁（丈夫 40 岁、妻子 30 岁）	20 岁（丈夫 40 岁、妻子 20 岁）
妻子的初婚年龄	22 岁	18 岁
和扩展家庭同住	否	是（丈夫的父母、兄弟姐妹）
子女的数量	5 人	1 人
丈夫的受教育程度	高中毕业	高中毕业
妻子的受教育程度	小学毕业、妇女发展中心毕业	古兰经学校毕业
丈夫的收入	每月 12000N	每月 8000N
妻子的收入	不进行经济活动	每月 6000N
丈夫的家庭所需支出额	每月 10000N	每月 15000N
妻子借或给丈夫钱	妻子定期借钱给丈夫（每月 1500N）	妻子定期借及给丈夫钱（每月 500N）
帮助妻子的经济活动	否	否
加入互助会、合作社	否	是（15 名会员的互助会、每月收到 1500N）
夫妻帮助彼此的父母、其他亲属	夫妻二人都会在经济上帮助彼此的父母、其他亲属。	夫妻二人都会在经济上帮助彼此的父母、其他亲属。

续表

回避法	案例 5（夫妻 19）	案例 6（夫妻 15）
是否和亲属住在同一地区	妻子不和父母住在同一地区。没有回答丈夫的父母所在地。	妻子和父母都住在同一地区。和丈夫的父母同住。
对妻子所做家庭贡献的认识程度	妻子认为自己做出了经济贡献，即便金额很少，但购买了孩子的点心。丈夫认识到妻子的贡献。妻子也认识到自己的家务贡献。妻子对自己贡献的认识程度高。	丈夫和妻子都认识到妻子的经济贡献，妻子也认识到自己的家务贡献。妻子认识到自己对家庭的贡献。
妻子对自身价值的关注程度	1）妻子不进行经济活动，没有经济独立的自信。 2）妻子自己没钱，所以帮不了别人。 3）妻子认为做家务可以为家庭做出贡献。 4）想购买缝纫机开始经济活动。	1）妻子没有经济独立的自信。 2）妻子认为丈夫没钱时，自己支付。 3）对自己做家务有较高评价。 4）有具体计划：为女儿攒嫁妆、扩大农业生意等。
对性别角色变化的接受程度	妻子接受程度较低③ 丈夫接受程度低④	妻子接受程度低④ 丈夫接受程度低④

笔者制。

（4）采取"顺从法"的案例

案例 7（夫妻 6）

案例 7 中的丈夫没有回答和妻子意见不同时的做法，所以无从得知。夫妻年龄相差 18 岁，和丈夫的父母同住，所以妻子很难有和丈夫对话的环境。丈夫高中毕业，妻子小学毕业、妇女发展中心毕业。关于收入，丈夫没有回答，但因为他是雇佣工人，所以可以推测有一定的收入。妻子不和父母住在同一地区，但加入了互助会和合作社，有困难的时候可以依靠。妻子在合作社的工作是磨玉米粉，每月有固定收入，定期给丈夫少量现金。夫妻二人在经济上帮助彼此的父母和其他亲属。丈夫支持妻子的经济活动。妻子认为"幸福就是丈夫赚到足够的钱，能用这些钱买家庭必需品"，"理想的生活就是能够经济独立。用自己的钱做喜欢的事，不用依赖别人，帮助有困难的人"。夫妻双方都认识到妻子对家庭的经济贡献，妻子对家务劳动的自我评价也很高，对自己所做家庭贡献的认识也很高。在对自身价值的关心程度上，妻子对经济独立有自信，并以此为基础制定了具体的经济活动计划，描绘了与合作社成员一起活动的蓝图，可以说她对自身价值的关心程度很高。她讲述了自己去妇女发展中心学习后的变化："在去妇女发展中心之前，我不懂编织，但现在通过编织赚到了钱，我可以用自己的钱买任何东西，也可以为家人和亲戚做出贡献。"在性别角色变化的接受程度方面，妻子的接受程度低，丈夫较高。

案例 8（夫妻 32）

案例 8 中，当和妻子意见不同时，丈夫"不和妻子对话"。夫妻二人的年龄相差 20 岁，与丈夫的兄弟、丈夫的另外两位妻子同住，所以夫妻二人间很难有对话的环境。实际上，关于家庭所需的问题，丈夫会和三位妻子一起商量。

丈夫大学毕业，妻子古兰经学校毕业，二人的受教育程度有很大差距。虽然丈夫的收入很高，但从家庭人数来看，达不到家庭所需支出额。妻子不进行经济活动，也不借钱给丈夫。妻子和父母住在同一个地区，虽然没有加入互助会和合作社，但有父母做后盾。夫妻双方都不认为妻子为家庭做出了经济贡献，妻子对自己的家务劳动给予了很高的评价。因为妻子不进行经济活动，所以既没有经济独立的自信，也没有帮助别人的想法，妻子对自身价值的关心程度非常低。在对性别角色变化的接受程度方面，妻子接受程度低，丈夫较高。丈夫有时会用权威限制妻子的行动，有时会怀疑妻子，他说："妻子去拜访亲戚时，我有时会陪她一起去。如果妻子真的是去拜访亲戚，我随时允许她外出，但如果是不必要的外出，任何情况下我都不会同意。

昨天一开始我也没同意妻子来妇女发展中心，但后来和讲师确认过确实有采访⁽⁹⁾，得知情况是真的后才允许她来。"此外，几位妻子之间的关系也很难处理，"第二位妻子做饮料生意，但是她不想和我一起干"。

案例 8 的特征是丈夫的谈判力很强，妻子的谈判力较弱，而且丈夫又要维持三位妻子的关系，很难确保夫妻二人间的对话环境。

"顺从法"案例的特征

案例 7、8 中，丈夫的收入都很高。案例 7 中丈夫的收入达到了传统性别角色中"丈夫一人提供全部家庭所需"的程度，妻子顺从丈夫，家庭所需方面没有困难。案例 8 中家庭人口多，所以可以说丈夫的收入不是十分充足。对于性别角色的变化，妻子的接受程度低，丈夫较高。

表 6-9 "顺从法"案例下的夫妻

顺从法	案例 7（夫妻 6）	案例 8（夫妻 32）
和妻子意见不同时的做法	未作答	不和妻子对话
构成夫妻谈判力的因素		
年龄差	18 岁（丈夫 55 岁、妻子 38 岁）	20 岁（丈夫 60 岁、妻子 40 岁）
妻子的初婚年龄	13 岁	15 岁
和扩展家庭同住	是（丈夫的父母）	是（丈夫的兄弟、丈夫的另外两位妻子）
子女的数量	9 人	10 人（大家庭共 40 人）
丈夫的受教育程度	高中毕业	大学毕业
妻子的受教育程度	小学毕业、妇女发展中心毕业	古兰经学校毕业
丈夫的收入	丈夫未作答，是雇佣工人	每月 35000N

续表

顺从法	案例 7（夫妻 6）	案例 8（夫妻 32）
妻子的收入	每月 2400N	不进行经济活动
丈夫的家庭所需支出额	—	每月 25000N
妻子借或给丈夫钱	没借过，但给过（每月 100N）	否
帮助妻子的经济活动	是	否
加入互助会、合作社	是（玉米磨粉合作社、10 名会员的互助会，每月收到 3000N）	否
夫妻帮助彼此的父母、其他亲属	夫妻二人都会在经济上帮助彼此的父母、其他亲属。	夫妻二人都会在经济上帮助彼此的父母、其他亲属。
是否和亲属住在同一地区	妻子不和父母住在同一地区。	妻子和父母住在同一地区。丈夫父母去世。和丈夫兄弟同住
对妻子所做家庭贡献的认识程度	丈夫和妻子都认识到妻子所做经济贡献，妻子也认识到自己的家务贡献。妻子对自己所做家庭贡献认识程度高。	丈夫和妻子都不认为妻子有经济贡献。妻子认识到自己的家务贡献。妻子对自己所做家庭贡献认识程度较低。
妻子对自身价值的关注程度	1）妻子有经济独立的自信。2）通过附近的妇女组织帮助有困难的人，认为自己对他人有用。3）对自己做家务有较高评价。4）有具体目标：扩大编织和玉米磨粉的经济活动、帮助他人、为女性提供编织培训。对自身价值的关注程度高。	（1）妻子不进行经济活动，没有经济独立的自信。（2）认为自己没钱，无法帮助他人。（3）对自己做家务有较高评价。（4）计划五年后学习裁缝、编织，开始经济活动，但没有具体计划。对自身价值的关注程度低。
对性别角色变化的接受程度	妻子接受程度低④丈夫接受程度较高②	妻子接受程度低④丈夫接受程度较高②

笔者制。

3. 本章小结

结论汇总

本章为辨明子课题三"在家庭决策时有发言权的女性有何特征"，探讨了以下问题。

在第1节中，根据合作博弈模型的修正框架，笔者从以下五个方面探讨了影响家庭谈判力的因素：①妻子谈判底线的高低；②妻子对自己所做家庭贡献的认识程度；③妻子对自身价值的认识程度；④丈夫谈判力的高低；⑤夫妻对性别角色变化的接受程度。进而，探讨了和丈夫意见不同时会表达自己的想法、采取"谈判法"的妻子有何特征。结果表明，这些妻子的特征是：基本不和公婆以及丈夫的其他妻子同住、初婚年龄较高、受教育程度较高、是妇女发展中心的毕业生、进行经济活动、会借钱给丈夫，这些都是提高妻子谈判底线的因素。另外，由于进行经济活动，借钱给丈夫，因此她们对所做家庭贡献及对自己的经济活动的前景等自身价值的认识程度都很高。而且，丈夫受教育程度高、收入高、支持妻子的经济活动，丈夫的谈判底线也很高。夫妻对于性别角色变化的接受程度受对话策略影响小，受妻子是否进行经济活动影响大。进行经济活动的妻子更能接受新的性别角色。

在第2节中，笔者从每种对话策略中分别抽取两个案例，探讨了在每对夫妻间影响各个谈判力的因素是如何发挥作用的。"谈判法"案例夫妻的特征是，丈夫的谈判力较高，妻子不与丈夫的父母、亲戚或其他妻子同住，夫妻间有对话环境。另外，妻子不同程度地借钱给丈夫，丈夫认为"妻子为家庭做出了贡献"。妻子对未来有具体目标，对自己的家务劳动有很高评价，关心自身价值，具备提高谈判力的因素。这些特征与第1节讨论的内容基本相同。

分　析

在女性参与家庭决策的案例中，妻子都进行了经济活动，拥有可以自由支配的收入这种物质资源，拥有学校教育和在妇女发展中心学习技术这种人力资源。女性可以在丈夫需要的时候借或给他们钱，给亲戚朋友送礼物，利用女性拥有的资源，与丈夫建立良好的关系，与亲戚朋友建立良好的社会网络，获得周围人的尊重，这样又获得了新的资源。另外，即使是没有娘家做后盾、受教育程度低、不进行经济活动的女性，也可以在亲属朋友的社会网络中通过礼物交换获得小额现金，在丈夫需要时把这些钱借或给丈夫，或者帮助婆婆打扫卫生、洗衣等家务，由此建立良好的关系，趁丈夫心情好的时候向丈夫表达自己的想法，就有可能得到丈夫的同意。资源"具有潜力，但能否实现受其他因素影响"（Kabeer 1999），资源是"扩大获取其他资源和财产的途径的'可能性的集合'"（佐藤 2007），把自己拥有的资源在家庭内外进行交换，就有可能将潜在的资源转化为现实。

能够在家庭决策中更强烈地反映自己的意见、采取"谈判法"的妻子，与采取其他策略的妻子相比，受教育程度和收入水平更高，借或给丈夫钱的比例更高，妻子的个人能力也更高。另外，她们很少和丈夫的父母、其他亲属以及其他妻子同住，拥有便于和丈夫对话的环境。而且，丈夫的受教育程度和收入水平也很高，丈夫的谈判力也很高。在合作博弈模型和其他集合模型中，由谈判力更强的一方决定家庭资源的分配（Manser & Brown 1980；McElroy & Horney 1981；Hoddinott & Haddad 1995；Quisumbing 2003）。

在"谈判法"案例的夫妻中，提高妻子谈判力的因素包括：不与丈夫的扩展家庭同住、有经济能力、借钱给丈夫、认识到自己对家庭的贡献等，同时，丈夫的谈判力也很高。另外，在"谈判法"案例中，很多丈夫能够接受性别角色规范的变化，和凭借力量关系显示权威、单独进行决策的丈夫相比，他们会听取妻子的诉求，或者和妻子进行对话。

在以往有关家庭资源分配和家庭决策的研究中，多数都是围绕提高妻子谈判力的因素进行的，探讨丈夫的谈判力是如何发挥作用的研究较少。在本章探讨的案例中，家庭决策的过程不仅受到妻子谈判力的影响，也受到了丈夫谈判力的影响。此外，为了从家庭决策中获得自己渴望的资源，不仅需要提高谈判力，还需要创造一个良好的对话环境。即使妻子具备了受教育程度高、经济能力强、认识到对家庭的贡献等能够提高谈判力的因素，但如果夫妻对话的机会受限，或者丈夫没有拿出倾听妻子意见的姿态，也无法形成对话环境。"谈判法"案例中的妻子和公婆及丈夫的其他妻子同住的情况较少，具备同丈夫对话的环境，因此可以说采取"谈判法"的妻子具有以下三个特征：妻子自身具有谈判力因素、丈夫具有谈判力因素、二人间有易于对话的环境。

注释

（1）在 Sen（1990）提出的合作博弈模型中，家庭决策取决于家庭成员的谈判力，提高女性谈判力的三大主要因素是：①谈判底线的高低，②对家庭贡献的认识程度，③对自身价值的认识程度。笔者参考了豪萨社会的婚姻关系及性别角色规范，在合作博弈模型中追加了以下两点组建了分析框架：①男性的谈判力、②对性别角色变化的接受程度（参见第二章）。

（2）夫妻2、6、8、10、11、18、24、28、30、34共10个家庭做出了这样的回答。

（3）夫妻17、23、26、32共4个家庭做了这样的回答。

（4）夫妻7、10、18、22、24、25、26做出了这样的回答。

（5）参见本章第1节。从调查对象和关键知情人处可知，不与扩展家庭或其他妻子同住的情况下，夫妻间容易进行对话。

（6）如第三章中的调查对象基本情况所示，夫妻的年龄差大多是 10 岁到 14 岁，年龄差大于 15 岁的夫妻也占了 33%，所以 9 岁的差距并不算大。

（7）在妇女发展中心进行访谈的过程中，妻子 27 接到丈夫打来的电话，丈夫问她："你现在没在家，去哪里了？"妻子 27 的家就在妇女发展中心的后面，妻子为了接受采访事先取得了来妇女发展中心的许可。妻子很害怕，也很担心妇女发展中心的讲师会怎么和她丈夫说。

（8）丈夫在无法凑齐家庭所需的费用时，会向亲朋好友借钱。另外，妻子加入了 10 名会员组成的互助会（这个互助会叫作 Tonchin），能定期获得一整笔现金。丈夫除了在调查时回答的收入之外也许还有其他收入来源（例如公务员即便做了副业，回答的收入也只有公务员的工资），他们也会从这些收入中调度现金。

（9）这里说的采访就是笔者所做的采访。除了这个例子，还有多位丈夫和妇女发展中心的讲师确认了本次采访的信息。丈夫们会怀疑妻子外出理由的真实性，"如果真有采访就让她去"。

结 论

本书的研究目的是辨明哪些因素能够让女性在家庭资源分配决策过程中获得其渴望的资源。为了实现这一目的，笔者探讨了"女性在何种情况下更能参与家庭资源分配决策过程"这个课题。家庭决策指的是对下列事情做出决定：将谁的收入如何分配到家人共同需要的衣食住行、教育费用、医疗费用等家庭所需上？由谁如何决定子女的升学问题？由谁如何决定妻子探亲或外出？当妻子和子女生病时，由谁如何应对？（参照DHS 2008; Kabeer 1999）对尼日利亚豪萨社会的家庭决策过程进行分析的结果表明，虽然女性"做决策"的机会有限，但有时也会通过向"决策者"——丈夫表达自己的诉求来参与决策过程。

首先，本书通过文献调查，梳理了发展援助中改善性别不平等问题的措施，以及面向女性的创收活动的历程和面临的挑战。通过统计资料可知，很多创收活动是假定了提高女性经济能力就可以提高女性决策能力这一前提后实施的，但一些案例表明，女性能够管理收入并不意味着她就能够参与家庭决策。其次，本书通过有关家庭资源分配和决策的已有研究，梳理了家庭内部力量关系受到关注的背景，以及家庭资源分配被认为是家庭成员协商结果的背景。再次，本书采用案例研究法，实施了问卷调查、半结构式个别访谈及直接观察，获得了来自当事人（妻子、丈夫）行为和认知的数据，以及来自关键知情人的质性数据，并从这些数据入手分析了家庭决策的过程。具体来说，本书分析了在进行家庭决策时，女性在什么样的决策过程中能更多地表达自己的想法。同时，本书把和丈夫意见不同时妻子采取的策略进行分类，进而逐一分析不同类型中的夫妻具有哪些特征。分析过程中，按照合作博弈模型（Sen 1990）提出的提高妻子谈判力的三个因素逐一进行分析，三个因素分别是①妻子的谈判底线的高低、②妻子对所做家庭贡献的认识程度、③妻子对自身价值的关心程度。进而，笔者在分析项目中追加了"丈夫的谈判力"以及"对性别角色变化的接受程度"两项内容对合作博弈模型进行修正，并将修正后的模型作为分析家庭决策过程的框架（图 2-1），在该框架下完成了本书的案例分析。包括合作博弈模型在内的已有研究都没有充分探讨过上述两项内容。

在西非的很多地区，夫妻双方并不共有资源，而在尼日利亚北部这种特征更为明显。在夫妻不共有家庭资源，丈夫有义务向家庭提供食物、住房、医疗费用、教育费用等需求的地区，资源分配中是否能够反映出妻子的想法？在理所当然由丈夫独自进行家庭决策的情况下，妻子如何表达自己的想法？本书的目的是辨明这个决策过程，因此尼日利亚北部更适合作为本书的调查地点。

为了解决上述研究课题，本书设定了三个子课题。

子课题一：女性获得收入会如何影响其参与家庭资源分配的决策？

子课题二：在家庭决策时，女性采用哪种对话方式更容易表达自己的意见？

子课题三：在家庭决策时有发言权的女性有何特征？

本章将按顺序归纳上述三个子课题的分析结果，并得出本书的结论；最后，指出本书的政策性意义。

1. 女性参与家庭决策的情况

（1）女性获得收入会如何影响其参与家庭资源分配的决策？

关于子课题一"女性获得收入会如何影响其参与家庭资源分配的决策"的研究（第四章）得出了以下结论。女性获得收入的目标并不是用自己的收入来满足家庭所需，而是用自己的收入帮助丈夫完成满足家庭所需的责任，以此来维持与丈夫的良好关系，以及保证自己和孩子必要的需求。在豪萨社会，满足家庭所需是丈夫的责任，妻子希望丈夫履行责任，并且希望家庭所需得到充分满足，因此，妻子拿出自己的收入仅是为了"帮助"丈夫。女性的月收入达不到丈夫用于家庭所需的支出额，仅靠女性的收入也无法满足家庭所需，理由有三。首先，在隔离习惯和性别角色规范下，豪萨族女性要一边做家务、育儿，一边进行经济活动，很难确保启动资金，收入也不高。其次，女性收入的用途也不需要大额的资金。最后，女性收入高并不被看好，她们也担心自己有钱了丈夫就不对家庭所需负责，所以女性本身也不想扩大经济活动。

此外，豪萨族女性经常用自己的收入购买送给父母、其他亲属、朋友、邻居的礼物，以此维持自己的社会网络。与丈夫建立良好的关系，让妻子更方便做自己想做的事情、更容易获得参加仪式和外出探亲的许可，通过给周围的人送礼物可以保持良好的外部评价。对丈夫表现出尊敬的态度，履行性别角色规定的做家务和育儿职责，也关系着与丈夫建立良好的关系以及周围的积极评价。如果把收入用在强化家庭和邻里关系上，就会被视为帮助别人的人、有用的人、独立的人，能受到周围人的尊敬。将收入用于这些用途，女性也获得了他人的尊敬和信任等其他资源。女性不仅要有收入，还要把收入用于家庭、其他亲属、朋友等身上，这对其参与决策产生积极影响。女性获得收入，为家庭做贡献，这种"帮助丈夫"的行为也是妻子传统性别角色的一部分而被人们所接受。另外，因为丈夫不希望自己无法承担满足家庭所需的责任，所以也会接受妻子的行为。丈夫接受性别角色的变化，认可妻子的贡献，这样夫妻之间就容易形成对话的环境。

如上所述，在丈夫不能充分履行满足家庭所需的责任、只有女性通过经济活动进行补充才能满足家庭所需的现实下，传统的性别角色正在发生变化。研究表明，丈夫接受这种改变后的性别角色，并承认妻子在经济上的贡献，这关系着夫妻间的对话环境，也是促进女性参与家庭决策的重要因素之一。

（2）在家庭决策时，女性采用哪种对话方式更容易表达自己的意见？

关于子课题二"在家庭决策时，女性采用哪种对话方式更容易表达自己的意见"的研究（第五章）得出了以下结论。在家庭内部，夫妻间、亲子间、夫妻和彼此的父母与亲戚间进行了各种资源交换。这些资源不仅包括物质资源，还包括人力资源，保护、权威、尊敬等社会关系资源，以及信息、知识等文化资源。这些资源的交换受到既有力量关系的影响，但同时，资源交换的结果也可能改变既有的力量关系。女性为了充分利用这些资源，会在夫妻间就资源分配问题进行对话。对话主题既包括妻子向丈夫提出请求并可能引发争论的话题，也包括仅仅是夫妻之间交换信息或就某事商量、不会导致争论的议题。前者如"满足家庭所需"和"妻子外出"，后者如"子女教育""妻子的医疗保健"以及"购买土地和家畜等大额资产"。这些话题涉及了可分配的资源，妻子可以通过对话来获取这些资源。

关于"满足家庭所需"，有的丈夫不问妻子需要什么，直接把买来的食物和日用品交给妻子，有的丈夫会询问妻子后再去购买。一方面，在豪萨社会，"满足家庭所需是丈夫的责任"，告知丈夫食物不足是妻子的正当行为。丈夫没有履行满足家庭所需的责任，妻子因此提出离婚具有社会正当性（Adamu 1999）。另一方面，因为有"妻子要服从丈夫"这一规范，所以也有的妻子无法把家庭所需不足的情况告诉丈夫。"根据丈夫提供的家庭所需安排生活"也被视为妻子的任务之一，这也是让一些妻子很难提出家庭所需不足的原因。向丈夫传达家庭所需不足这一情况时，妻子们采取不同的方法以保证家庭所需得以满足：有的建议丈夫将收入用于家庭所需，有的一边观察丈夫的心情和态度，一边卑微地恳求丈夫购买不足的部分，还有的用自己的收入来补充不足的部分，之后再让丈夫还钱。

夫妻间另一个争论的焦点是"妻子外出"。已婚的豪萨族女性有隔离习惯，外出时必须得到丈夫的许可，所以妻子强烈要求外出的行为不具有正当性。但是，通过拜访亲友、参加婚礼等，女性们可以建立起相互帮助的网络，能够宣传经济活动和交换信息。因此，虽然不能强烈要求丈夫同意自己外出，但妻子们还是会想尽办法争取丈夫的外出许可。妻子们几乎都有过丈夫不允许外出的经历，在请求丈夫允许自己外出时，她们要么选择容易得到许可的时机提出请求，要么看丈夫的脸色做出让步。另外，也有少数丈夫总会同意妻子的请求，妻子可以轻易得到外出许可。

在子女的教育问题上，夫妻二人从亲人朋友那里收集信息后，一起商量选择学校、孩子的成绩和学习进度、教育费用如何筹措等事项。在这个问题上，没有夫妻意见分歧较大的案例。虽然"妻子的医疗保健""购买土地和家畜等大额资产"和"满足家庭所需""妻子外出"一样被各国的人口与健康调查视为家庭决策的事项，但"妻子的医疗保健"和"购买土地和家畜等大额资产"同"子女的教育"问题一样，没有夫妻间出现意见分歧的案例。很多案例中的丈夫在妻子身体不舒服时，会给妻子去医院的交通费和医药费，在购买土地和家畜时也会和妻子商量。

如上所述，妻子会根据夫妻对话的话题采取不同的策略，努力使自己的愿望得到满足。这是因为，在自己的行为具有正当性的话题上，妻子会强烈希望自己的要求得到满足。在"和丈夫意见不同时的做法"这一问题上，因为存在"妻子不应和丈夫争论"的性别规范，所以"和丈夫持不同意见"对妻子来说是不正当的行为，但是在一些案例中，妻子也会向丈夫提出不同的意见。在这种情况下，不同的妻子采取了不同的策略，按策略特征可以分为四种：第一种是"谈判法"，和丈夫持续对话，向丈夫传达自己的意见和诉求，这样丈夫就有可能接受自己的请求；第二种是"恳求法"，妻子观察丈夫的态度做出反应，一有表达想法的机会就提出自己的建议；第三种是"回避法"，妻子虽然对丈夫有所不满，但还是听从丈夫的意见；第四种是妻子对丈夫毫无不满的"顺从法"。

（3）在家庭决策时有发言权的女性有何特征？

关于子课题三"在家庭决策时有发言权的女性有何特征"，笔者分析了采取不同策略的女性分别具有哪些特征（第六章）。首先，有可能将妻子的意见传达给丈夫的是"谈判法"和"恳求法"。如果夫妻双方经常有对话的机会，可以采取"谈判法"；如果丈夫时而显示权威时而宽宏大量，那么妻子要观察丈夫的情况来决定是立刻请求丈夫，还是隔一段时间再请求，抑或放弃等，这种妻子根据丈夫的反应来决定自己做法的方式被归为"恳求法"。妻子几乎不会向丈夫表达自己的想法，夫妻之间对话的机会也很少，妻子处于弱势的情况属于"回避法"。丈夫把必要的东西全部交给妻子，而妻子也没有任何不满的情况属于"顺从法"。

进而，本书利用合作博弈模型（Sen 1990）分别分析了每种策略下夫妻的特征。该模型提出了以下三个影响家庭内部谈判力的因素：①妻子谈判底线的高低；②妻子对自己家庭贡献的认识程度；③妻子对自身价值的关注程度，此外，笔者还追加了两点：④丈夫谈判力的高低；⑤夫妻对性别角色变化的接受程度。在"谈判法"中，由于妻子经常将自己的想法告诉丈夫，所以与家庭决策的关系最为紧密。书中探讨了采取"谈判法"的夫妻具有哪些特征。通过对四种策略下妻子的各分析项目进行比较，研究发现采取"谈判法"的妻子的特征如下：基本不和公婆以及丈夫的其他妻子同住、初婚年龄较大、受教育程度较高、是妇女发展中心的毕业生、进行经济活动、会借钱给丈夫等，这些妻子的谈判底线都很高。另外，"妻子对自己所做家庭贡献的认识程度"和"对自身价值的关心程度"也很高。而且，丈夫的受教育程度和收入高，丈夫支持妻子的经济活动，丈夫的谈判底线也很高。丈夫的特征是他们接受"妻子也应该为家庭所需做出贡献""妻子赚得比丈夫多"等新的性别角色。

进而，笔者按组对夫妻的特征进行了分析，发现采取"谈判法"的夫妻具有以下特征：丈夫的谈判力高，不与丈夫的父母、其他亲属以及其他妻子同住，夫妻之间有对话环境。妻子或多或少地借钱给丈夫，丈夫认为妻子对家庭有贡献。妻子有具体的未来目标，对自己的家务劳动有较高的评价等，对自身价值的关心程度高，妻子能够接受性别角色的变化。这些特征与合作博弈模型的分析结果是一致的。

（4）促进女性参与家庭决策的因素

子课题一、二、三辨明了促进女性参与家庭资源分配决策的因素，下文将对此进行总结。女性将自己的诉求和意见传达给丈夫的是"谈判法"，其特征是"持续地和丈夫对话"。在受丈夫的心情和态度左右的"恳求法"中，妻子的做法是选择"容易对丈夫表达的时机"。只有具备了这种对话环境，妻子才能向丈夫表达自己的想法。在需要"妻子服从丈夫""女性不参与决策"的豪萨社会，妻子很难向丈夫表达想法（Callaway 1987；Sada et al. 2005；DFID/CIDA 2009）。

促成"夫妻对话环境"[1]的因素如图 7-1 所示。有利因素包括"不与丈夫的父母、兄弟姐妹以及丈夫的其他妻子同住""丈夫认可妻子的经济贡献""丈夫的受教育程度高（大学以上）""与丈夫关系良好"[2]。促使"丈夫认可妻子的经济贡献"的主要因素是"妻子代为满足家庭所需、借钱给丈夫",而使这种行为成为可能的是"妻子有收入"。有些妻子即使不进行经济活动,也会把亲属、朋友作为礼物赠送的现金存起来借给丈夫,但是,妻子如果想持续借钱给丈夫,就必须进行经济活动获得收入。此外,也出现了"妻子赚到钱"后,"丈夫将自己的收入用于家庭所需之外"的情况,以及"与丈夫关系良好""丈夫认可妻子的经济贡献"并没有促成"夫妻对话环境"的情况。能促进"与丈夫关系良好"的因素是"妻子代为满足家庭所需、借钱给丈夫",以及"尊敬丈夫"和"做家务、育儿"。"丈夫的受教育程度高"的情况下,"接受性别角色变化"的案例较多。

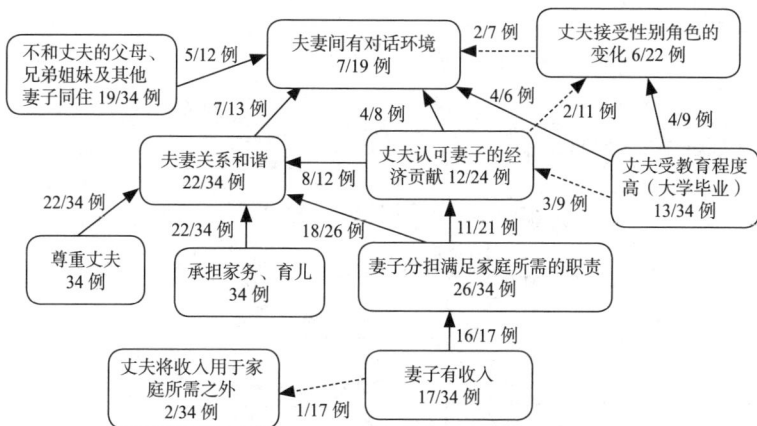

图 7-1 促成夫妻对话环境的因素

笔者根据案例分析的结果制作。虚线箭头表示案例较少的情况,实线箭头表示案例较多的情况。妻子的数据包括全部 34 份回答,丈夫的数据在一些问题上缺乏个别人的回答。

即使夫妻间有了对话环境,妻子也有可能无法向丈夫表达想法。图 7-2 反映了"能够表达想法的妻子的特征"。能够向丈夫表达想法的妻子的特征是"受教育程度高(高中以上)""妻子的初婚年龄大(18 岁以上)""有社会网络"等,妻子的谈判底线高,同时具备"对所做家庭贡献的认识程度高""对自身价值的关心程度高""接受性别角色的变化"等提高谈判力的因素。认为自己"对家庭有经济贡献"的妻子以及"受教育程度高"的妻子中，有很多人"接受性别角色的变化"。"妻子有收入"时，容易"对家庭经济做出贡献"，"对家庭贡献的认识程度高"。进行经济活动的妻子"更关心自身价值"。不进行经济活动的妻子也会把收到的礼金存起来，用于满足家庭所需或帮助亲属。但是进行经济活动、有收入的妻子，可以用自己的收入定期地、持续地做出"对家庭的经济贡献"，或"加入互助会、合作社"。由于所有调查对象都认为"做家务、育儿"是"对家庭的贡献"，可以认为这是提高女性"对家庭所做贡献的认识"的主要原因之一。

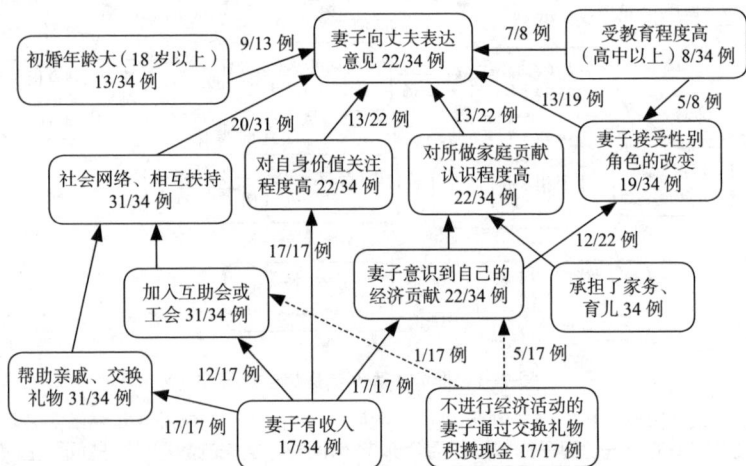

图 7-2　促使妻子向丈夫表达想法的因素

笔者根据案例分析的结果制作。虚线箭头表示案例较少的情况，实线箭头表示案例较多的情况。

女性要想参与家庭决策，需要"夫妻对话的环境"以及需要"妻子向丈夫表达想法"。即使妻子向丈夫表达了自己的想法，如果夫妻之间没有可以对话的环境，妻子也会中途放弃（有采取"恳求法"尝试向丈夫提出请求但没成功的情况）（见图 7-3）。

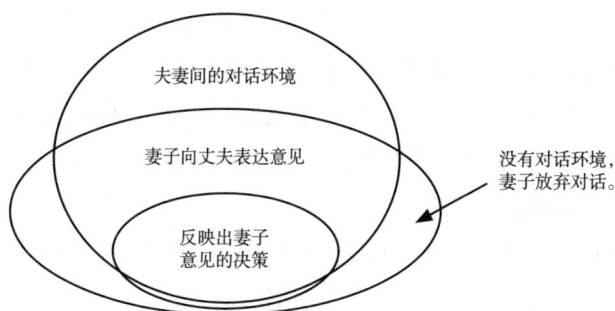

图 7-3　妻子的想法反映到丈夫决策中的可能性

笔者根据案例研究的结果制作。

2. 女性如何达到理想状态

为了辨明"女性在何种情况下更能参与家庭资源分配的决策"这一问题，本书对三个子课题进行了分析。下文将根据分析结果提出本书的结论。

让女性的想法更多地反映在家庭决策中的方法并不仅限于"由女性做决策"。尼日利亚北部的豪萨社会实行父权制，"由一家之主做决策"的规范根深蒂固，因此"由女性做决策"是对规范的挑战。但是，即便女性自己不实际进行决策，但决策结果也可能是自己想要的。这是因为夫妻间有较多对话机会，丈夫遇事和妻子商量，即使做出决策的是丈夫，妻子的意见也可能会反映在决策中。在豪萨社会，有一个词叫作Matsayi mace，意思是女性的地位，只要保持Matsayi mace，就可以维持女性的尊重和尊严（Renne 2004，280）。通过履行"尊敬丈夫"这一"贤内助"的性别角色职责，女性自身也能获得尊重，保持自身的尊严。因此，豪萨族女性通过让丈夫做决策，维护"做决策的是一家之主"这种规范以及"尊敬丈夫的妻子"这一立场，获得周围人对自己的尊敬。

如上所述，女性要想将自己的想法反映到家庭决策中，首先需要进行夫妻对话。丈夫和妻子商量、妻子和丈夫商量，这样的关系是女性参与决策的必要条件。在丈夫独立做决策被视为理所当然的社会中，妻子很难有机会表达自己的想法或提出某种请求，有时妻子会放弃向丈夫表达自己的意见。

在豪萨族夫妻的对话过程中，可以将妻子和丈夫意见不同时的做法分为"谈判法""恳求法""回避法"和"顺从法"四种策略。其中，最能向丈夫表达自己想法的是"谈判法"，本书也辨明了采取"谈判法"的妻子的若干特征，这些特征包括：进行经济活动，借或给丈夫钱的机会多，受教育程度高，不与丈夫的父母、其他亲属或其他妻子同住，对自己所做家庭贡献的认识程度高，对自身价值的关心程度高，丈夫的受教育程度高等。另外，"丈夫接受性别角色的改变"也是采取"谈判法"的案例的特征之一。

本书将合作博弈模型（Sen 1990）作为家庭决策过程的分析框架，提出了提高女性谈判力的因素，并从以下三个方面考察了影响家庭决策的因素：①随女性受教育程度、经济能力的提高而提高的谈判底线；②他人评价和自我评价下的"对女性所做家庭贡献的认识程度"；③"对自身价值的认识程度"。本书将"丈夫的谈判力"和"夫妻对性别角色变化的接受程度"这两个受家庭外部因素影响的因素加入了分析框架。以往关于家庭资源分配和决策的研究中，大多是围绕提高妻子谈判力的因素进行的，但关于丈夫谈判力的研究，以及关于夫妻如何接受性别角色变化的研究较少。

在加入了这两个因素的分析框架下，本书分析了尼日利亚北部豪萨社会的案例，结果表明在豪萨社会的家庭决策中，不仅妻子自身的因素会影响家庭决策，丈夫的因素也会影响家庭决策。提高女性受教育程度和经济能力，会提高女性的谈判底线及谈判力。但是，因为夫妻间的决策也会受丈夫方面因素的影响，所以如果丈夫没有对话的姿态，那么无论受教育程度和经济能力有多高，妻子也无法更多地参与决策。豪萨社会传统认为妻子应服从丈夫，同时女性也非常重视保持自身的尊重和尊严，所以有很多妻子会看丈夫的心情决定是否表达自己的想法。因此，丈夫以什么样的态度对待妻子，决定了妻子能否得到对话的机会。从豪萨族夫妻的案例中可以看出，有对话姿态的丈夫的特征是，认可妻子对家庭的经济贡献、自身受教育程度高。妻子对家庭所做的经济贡献是"帮助丈夫"，即妻子将自己的收入定期借或给丈夫，以此帮助丈夫承担满足家庭所需的责任。夫妻容易进行对话的环境特征是不与丈夫的父母、其他亲属或其他妻子共同生活，夫妻关系良好。

　　虽然满足家庭所需是丈夫的责任，但随着社会经济情况的变化，丈夫难以独自承担，如果继续遵循传统的性别角色，会给生活带来障碍。在这种情况下，夫妻二人都在不断改变原有的规范，以适应新的情况。丈夫之所以能够接受新的性别角色，是因为对妻子的家庭贡献和能力的认可。特别是女性有了收入，对家庭做出经济贡献，通过帮助亲友构建了社会网络，这种能力有时也会得到丈夫的认可。妻子获得收入，用于帮助丈夫承担满足家庭所需的责任及帮助亲属朋友，这也使女性获得收入以外的资源，如个人尊严和他人的信任等。女性获得收入的意义不仅在于收入本身，而且在于对收入的支配会对其决策产生积极影响。

　　如上所述，本书对豪萨族的案例进行了考察，以此辨明女性在何种情况下能更多地参与家庭资源分配的决策过程。在本书所调查的豪萨社会，影响谈判力的因素是什么？满足家庭所需、对家庭做出贡献是谁的责任？家庭内部争论的焦点是什么？性别角色是怎样被定义的？为辨明这些问题，有必要探讨夫妻各自具有的主要因素以及每对夫妻的特征。女性为了从家庭决策中获得其渴望的资源，不仅需要提高谈判力，还需要一个能够对话的环境。即使具备了提高谈判力的主要因素，如果夫妻间对话的机会受到限制，或者丈夫没有倾听的姿态，也无法形成对话环境。采用"谈判法"的妻子的特点是，妻子自身具有谈判力因素、丈夫具有谈判力因素、二人拥有容易对话的环境。

以上对本书内容进行了总结。采取"谈判法"最能够将女性的想法反映到家庭决策中；"恳求法"案例中女性的意见能否被接受取决于男性的做法；"回避法"案例中女性即使持有不同意见，也不会向丈夫表达。也就是说，"谈判法"是最有可能将女性的意见反映到家庭决策中的方法，其次是"恳求法"，最后是"回避法"。另外，"顺从法"的案例与上述三种方法不同，研究发现，"顺从法"下的女性并没有将自己的想法反映到家庭决策中的意愿。采用这种方法的案例中，丈夫的收入能够满足家庭所需，丈夫能够承担养家糊口这一传统的性别角色职责，妻子也接受这种性别角色。在"顺从法"案例中，也有妻子为家庭做着经济贡献、丈夫受教育程度较高的情况，也有一些夫妻具有与最能让女性发表意见的"谈判法"相似的特征。但是，他们也有另外一些特征，比如妻子初婚年龄较小、与丈夫的年龄差距大等，这是采用"谈判法"的夫妻所没有的。"顺从法"案例与丈夫可以凭一己之力提供全部家庭所需的时代的婚姻关系相似，妻子对提供了所有家庭所需的丈夫表示不满被视为不正当的行为。因此，妻子扮演着"不反驳丈夫，一味地服从"的传统性别角色。在丈夫履行了"满足家庭所需"的性别角色职责的情况下，妻子是否对参与家庭决策不感兴趣？笔者将在今后的研究中加以考察。

3. 女性赋权所需的发展援助

最后，笔者对发展援助提出以下建议。本书揭示了促进女性参与家庭资源分配决策的主要因素。首先，需要确保"夫妻对话的环境"。对话环境的形成与妻子和丈夫都认识到女性对家庭的经济贡献、丈夫的受教育程度，以及丈夫接受性别角色变化等息息相关。而且，女性会根据决策话题采取不同的策略对待丈夫，以达到自己的目的。

一直以来，在以改善女性生活和女性赋权为目标的发展援助中，有很多面向女性、以提高女性经济能力和收入水平为目标的技能培训援助活动。但是，提高女性收入的项目停留在帮助女性"赚零花钱"的水平，也存在导致女性肩负家务、育儿职责和进行经济活动双重负担的问题（伊藤 1995，64-65；モーザ 1996，102-103）。另外，有研究指出，即使女性有了收入，也未必能够管理收入或参与决策（Longwe 1991；Endeley 2001，39），统计资料也表明，在夫妻不共有财产的尼日利亚北部同样存在这种问题[3]（NDHS 2008）。此外，也有案例表明与获得更多收入相比，喀麦隆妇女重视维持婚姻关系（Endeley 2001，39-40），乌干达妇女更重视维持与团体内其他女性的关系（Pickering et al. 1996）。在本书所研究的尼日利亚北部豪萨社会，人们重视可以强化女性地位（Matsayi mace）的尊重和尊严，而有经济能力与获得尊重和尊严密切相关。为维持尊重和尊严，女性表达对丈夫的敬意，践行性别隔离，还要履行正确的性别角色（Renne 1994，281-283）。

如上所述，已有研究中的案例表明，女性即使获得了收入，也未必能参与到家庭决策中，与提高自身利益相比，她们更重视与周围人的关系，以及确保获得来自丈夫和周围人的尊重和尊严。本书也辨明，豪萨族女性虽然重视收入，但同时也重视与丈夫及周围人维持良好的关系、维护自身的尊严，以及获得周围人的尊重。此外，本书还探讨了促进女性参与家庭资源分配决策的因素以及如何参与决策的问题，详细列出了能够让女性更多地参与决策的因素，并揭示了这些因素之间的关系。为了促进女性参与家庭决策，需要"夫妻对话的环境"和"妻子向丈夫表达想法"。具体来说，女性自身的经济能力固然是主要因素之一，但还需要女性认识到，自己将收入用于家庭就是为家庭做出了贡献，丈夫也要认可妻子的贡献。夫妻容易进行对话的环境因素是不与丈夫的父母、兄弟姐妹以及丈夫的其他妻子同住，夫妻的年龄差不大，在这样的条件下，妻子更容易向丈夫提出建议或请求，丈夫也会和妻子进行对话。此外，还需要男性的因素，即男性的受教育程度较高，能够接受性别角色的改变。在考虑到上述因素的基础上进行干预，才能够让女性在与自己生活相关的决策中更好地反映自己的想法。

综上所述，对女性来说，靠获得收入提高经济能力是必要的，但同时她们也很重视维持人际关系，维护自身的尊严和他人的尊重。在这种情况下，来自外部的发展援助以"改善女性生活"和"女性赋权"为目标进行干预时，可以灵活运用本书提出的"促进女性参与家庭决策的主要因素"。

在尼日利亚，旨在改善女性生活、名为妇女发展中心的社区组织遍布全国，该中心向女性教授各种知识和技术，如识字、有助于提高女性收入的裁缝和编织技术，并组织医疗卫生讲座等。同时，这里也为女性提供了聚在一起交换信息、建立社会网络的机会。妇女发展中心的学员作为合作社和小额信贷的对象，也容易得到政府机关和援助机构的支持。20 世纪 80 年代后半期，作为国家计划在全国范围内建立的妇女发展中心，从 20 世纪 90 年代后半期开始被废弃。但是，2006 年，全国妇女理事会通过了增加妇女发展中心活力的指导方针，从 2007 年开始，联邦妇女问题与社会发展部的附属机构——国家妇女发展中心和日本国际协力机构开始实施搞活妇女发展中心的措施。

本书的田野调查就是利用了妇女发展中心是女性聚会场所这一点，通过中心的讲师接触社区女性，并在中心对她们进行了采访，笔者还与讲师一起走访了受访者的家。妇女发展中心是被社区认可的普通女性聚集场所。政府机构和援助机构想通过鼓励妇女发展中心等小型基层机构的发展来改善女性生活时，可以参考下文灵活运用本书的研究成果。

　　首先，女性能否去妇女发展中心是由丈夫决定的，所以在活动的计划阶段，不能仅以女性为对象，还应该将设施的目的、所提供的服务、运营方式等信息告知社区内的男性。调查不能以"户"为单位，而是要调查家庭内部的人员、财产关系，如家庭成员是共同管理财产还是各自管理财产、家庭成员是否共同参与生产活动等。

　　其次，在活动的实施阶段，为了让夫妻双方更容易理解对方为家庭做出的贡献，机构要提供机会让夫妻理解对方的经济贡献和非经济贡献。在调查对象中有这样的案例：夫妻二人共同制作账本，边看账本边讨论每月的收支情况。虽然豪萨社会的夫妻不共有财产，但大部分协助调查的夫妻都会一起商量丈夫收入的用途。妻子在多大程度上补充了家庭所需或借给丈夫多少钱，以及丈夫在食物和日用品上花费了多少钱，将这些事情做可视化处理有助于夫妻认识到彼此的贡献。以夫妻为对象进行家庭经济管理培训，可以为夫妻提供了解对方的经济贡献、劳动分配、时间分配的机会。

　　最后，在活动的评价阶段，作为"女性参与家庭决策"相关的评价项目，通常将"是否由女性做出最终决策""是否由女性自己决策"视为女性的"决策力"和"自主性"进行评价，但笔者希望可以用本书中与女性参与决策的因素相关的项目进行评价，具体包括"女性是否了解决策事项""女性是否表达了自己的意见和诉求以及如何表达""夫妻间是否有对话的机会""男性是否询问过女性的意见和诉求""男性是否理解了女性的意见和诉求""男性如何看待女性对家庭做出的贡献""男性和女性如何看待当地的性别角色"等项目。

　　为了促进女性参与家庭资源分配的决策，既需要进行干预以提高女性经济能力，也需要营造夫妻对话的环境，让男性认可女性对家庭的贡献和女性的能力，并促使女性向丈夫表达自己的意见和诉求。在以往的发展援助中，"女性赋权"援助以提高女性能力为目标的活动居多，但正如本书所阐明的那样，为营造对话环境开展相关活动也是必要的。

注释

（1）这是在夫妻对话中，妻子有不同意见时，丈夫"和妻子对话"的案例。

（2）这是妻子能够向丈夫表达自己想法的"谈判法"和"恳求法"的案例。

（3）参照第三章、表3-11及表3-12。

结束语

　　笔者于 2013 年 10 月在名古屋大学国际开发研究科获国际开发学博士学位，本书正是在博士论文的基础上完成的。2004 年 3 月，笔者作为日本国际协力机构短期派遣专家首次访问尼日利亚。此后，经历了数次短期外派后，笔者于 2005 年 5 月至 2006 年 5 月、2007 年 1 月至 2010 年 1 月两次作为该机构的长期派遣专家参与了当地提高妇女发展中心活力的援助工作。作为日本国际协力机构专家在尼日利亚开展工作期间，笔者结识了很多尼日利亚人，并对性别平等和女性赋权问题有了新的认识。这一经历让笔者对本书的研究对象产生了兴趣。为了撰写博士论文，笔者在 2010 年至 2012 年先后三次赴尼日利亚北部的卡诺州进行调查。观察卡诺州居民的生活可知，当地人非常重视维护人际关系、体面以及自身尊严，这是笔者在日本国际协力机构工作时没有发现的。提交博士论文后，笔者于 2013 年 6 月再次前往尼日利亚，参加日本国际协力机构的技术合作项目"增加妇女中心活力，改善妇女生活（第__阶段）"。遗憾的是，由于尼日利亚北部治安问题，笔者在 2014 年 12 月离任后至今未能再次访问卡诺州。

　　在尼日利亚进行田野调查的过程中，笔者得到了很多人的帮助。首先，感谢协助调查的 34 对夫妻。尽管调查中有很多关于家庭内部和收入等隐私问题，他们还是配合了调查。另外，卡诺州库博托行政区班谢卡拉妇女发展中心的校长哈迪扎·贾法尔（Hadiza Ja'afar）先生、副校长卢巴巴图·穆罕默德（Lubabatu Mohammad）先生以及该中心的讲师们在百忙之中，帮助笔者预约受访者、回收调查问卷、陪同入户访谈，保证了本调查没有与社区发生摩擦，得以顺利进行。卡诺州妇女问题与社会发展部妇女局的麦穆娜·萨尼（Maimuna Sani）女士和乌玛·穆罕默德（Unma Mohammad）女士全力保障笔者在卡诺州进行调查时的人身安全，帮助联系各相关机构以及进行调查问卷的翻译。此外，她们为调查结果提供了有效的建议，笔者和她们讨论并从中获得了宝贵的启示。另外，日本国际协力机构技术合作项目的对口部门——国家妇女发展中心的调研部长萨迪克·乌玛尔（Sadeeq Umar）先生和其他工作人员都为笔者的数次调查提供了诸多便利。借此机会向各位表示感谢。

同时，衷心感谢导师西川芳昭教授（现龙谷大学经济学部教授），西川教授在笔者读博期间一直给予笔者指导和鼓励。另外，对自 2013 年 4 月后先后担任论文副审和主审的山田肖子教授深表感谢，山田教授为笔者的博士论文提出了诸多宝贵意见，而博士论文正是本书的基础。同时，还要感谢研究科的论文副审伊东早苗教授，在三年半的时间里，伊东教授提出了很多有益的意见。

笔者在准备关于性别和发展问题的学会报告时，发展援助委员会性别发展研究会的各位学友提出了宝贵的意见。同时，笔者计划将博士论文中的这部分内容投稿时，得到了国际基督教大学高松香奈副教授的精心指导。笔者将博士论文中有关豪萨社会的研究内容投稿时，关西外国语大学的近藤英俊副教授提出了宝贵的意见。另外，名古屋大学研究生院文学研究科的梅津绫子女士（现南山大学研究所外聘研究员）为笔者提供了关于豪萨社会的文献。本书的田野调查得到了名古屋大学学术奖的资金支持。对上述各位的帮助，在此一并表示感谢。此外，还要感谢名古屋大学国际开发研究科农村开发项目研讨小组的各位同学。

最后，向支持我攻读博士学位的家人和朋友们表示感谢。

本书中所使用的分析框架和课题，在之后的研究中也不断被笔者修正，并将其应用于纳米比亚、泰国、喀麦隆和尼泊尔的研究中。虽然在发展援助中"性别视角"很重要，但人们往往会忽略家庭内部的两性关系。笔者将在今后的研究和实践中不断探索在性别平等和女性赋权目标下，何为有效的发展援助。

本书出版之际，承蒙春风社各位老师的大力关照。促成本书出版的，是笔者与石桥幸子女士不可思议的缘分。另外，衷心感谢本书的责任编辑韩智仁老师认真阅读原稿，并指出了笔者未注意到的模糊表达等细节问题。

此外，本书在文京学院大学出版资助下得以出版，在此深表感谢。

2020 年 9 月

甲斐田清美

参考文献

Adamu, F. L. (1999). "A Double-Edged Sword: Challenging Women's Oppression within Muslim Society in Northern Nigeria." *Gender and Development* 7(1): 56-61.

Adamu, F. L. (2004). "My Wife's Tongue Delivers More Punishing Blows than Muhammed Ali's Fist: Bargaining Power in Nigerian Hausa Society." A. Boran and B. Murphy Eds. *Gender in Flux*, Chester, Chester Academic Press: 74-93.

Adamu, F. L. (2008). "Gender, *Hisba* and the Enforcement of Morality in Northern Nigeria." *Africa* 78(1): 136-152.

Adato, M., B. Briere, D. Mindek and A. R. Quisumbing (2003). "The Impact of PROGRESA on Women's Status and Intrahousehold Relations." A. R. Quisumbing Ed., *Household Decisions, Gender, and Development: A Synthesis of Recent Research*. Washington, D. C., Baltimore and Maryland., International Food Policy Research Institute, 213-218.

Agarwal, B. (1994). *A Field of One's Own: Gender and Land Rights in South Asia*, Cambridge, Cambridge University Press.

Agarwal, B. (1997). "'Bargaining' and Gender Relations: Within and

Beyond the Household." *Feminist Economics* 3(1): 1-51.

Ashraf, N. (2009). "Spousal Control and Intra-Household Decision Making: An Experimental Study in the Philippines." *American Economic Review* 99 (4): 1245-1277.

Becker, G. S. (1965). "A Theory of the Allocation of Time." *Economic Journal* 75(299): 493-517.

Becker, G. S. (1981). *A Treatise on the Family,* Cambridge and Massachusette, Harvard University Press.

BLP (1991). *Four Years of the Better Life Programme for the Rural Woman*, BLP.

BLP Kano State. (1994). *Activities of BLP in Kano State*, BLP Kano State.

Boserup, E. (1970). *Women's Role in Economic Development*, New York, St. Martins Press.

British Council (2012). *Gender in Nigeria Report 2012: Improving the Lives of Girls and Women in Nigeria.*

Buvinić, M. (1986). "Projects for Women in the Third World: Explaining Their Misbehavior." *World Development* 14(5): 653-664.

Callaway, B. J. (1987). *Muslim Hausa Women in Nigeria: Tradition and Change*, Syracuse and New York, Syracuse University Press.

Caplan, P. (1984). "Cognatic Descent, Islamic Law and Women's Property on the East African Coast." R. Hirschon Ed., *Women and Property, Women as Property*, London, Croom Helm., 23-43.

Cooper, B. M. (1997). *Marriage in Maradi: Gender and Culture in a Hausa Society in Niger, 1900–1989*, Portsmouth, New Hampshire and Oxford, Heinemann.

Deere, C. D. (1976). "Rural Women's Subsistence Production in the Capitalist Periphery." *Review of Radical Political Economics* 8(1): 9-17.

Dey, J. (1981). "Gambian Women—Unequal Partners in Rice Development: Projects?", *Journal of Development Studies* 17(3): 109-122.

DFID/CIDA (2009). *Gender and Growth Assessment: Nigeria: State Report*, DFID/CIDA.

Endeley. J. B. (2001), "Conceptualising Women's Empowerment in Societies in Cameroon: How Does Money Fit in?", *Gender, Development* 9(1): 34-41.

Falola, A. M., M. Uhomoibhi and U. Anyanwu (1991). *History of Nigeria 3*, Lagos, Longman Nigeria.

FMWASD (2000). *National Policy on Women*, Federal Ministry of Women Affairs and Social Development.

FMWASD (2006). *National Gender Policy*, Federal Ministry of Women Affairs and Social Development.

FMWASD (2009). *Nigeria Compendium of Good Practices in Gender Mainstreaming*, Federal Ministry of Women Affairs and Social Development.

Frederick, O. A. D., G. M. Jibrin and A. Ijeoma Eds. (2007). *Nigeria Social Studies Atlas*. Oxford, Macmillan Education.

FSP Kano (1997). *Family Support Program in Kano State*, Kano State.

Groverman, V. and J. D. Grung (2001). *Gender and Organisational Change: Training Manual*, ICIMOD.

Haddad, L. and J. Hoddinott (1994). "Women's Income and Boy-Girl Anthropometric Status in the Cote d'Ivoire." *World Development* 22(4): 543-553.

Haddad, L., J. Hoddinott and H. Alderman Eds. (1997). *Intrahousehold Resource Allocation in Developing Countries: Models, Methods, and Policy*. Baltimore and Maryland, The John Hopkins University Press.

Hill, P. (1972). *Rural Hausa: A Village and A Setting*, Cambridge,

Cambridge University Press.

Hoddinott, J. and L. Haddad (1995). "Does Female Income Share Influence Household Expenditures: Evidence from Cote-d'Ivoire." *Oxford Bulletin of Economics and Statistics* 57(1): 77-96.

Izugbara, C., L. Ibisomi, A. C. Ezeh and M. Mandara (2010). "Gendered Interests and Poor Spousal Contraceptive Communication in Islamic Northern Nigeria." *Journal of Family Planning and Reproductive Health Care* 36(4): 219-224.

Iversen, V., C. Jackson and B. Kebede (2011). "Do Spouses Realise Cooperative Gains? Experimental Evidence from Rural Uganda." *World Development* 39(4): 569-578.

Jones, C. (1983). "The Mobilization of Women's Labor for Cash Crop Production: A Game Theoretic Approach." *American Journal of Agricultural Economics* 65(5): 1049-1054.

Kabeer, N. (1994). *Reversed Realities: Gender Hierarchies in Development Thought*, London, New York, Verso.

Kabeer, N. (1999). "Resources, Agency, Achievements: Reflections on the Measurement of Women's Empowerment." *Development and Change* 30(3): 435-464.

Kandiyoti, D. (1988). "Bargaining with Patriarchy." *Gender and Society* 2(3): 274-290.

Kano State (2005). *Kano State Economic Empowerment and Development Strategy*, Kano State Government.

Koopman, J. (1992). "The Hidden Roots of the African Food Problem: Looking within the Rural Household." N. Folbre, B. Bergmann, B. Agarwal and M. Floro Eds., *Women's Work in the World Economics*, London, Palgrave Macmillan.

Longwe, S. H. (1991). "Gender Awareness: The Missing Element in the Third World Development Project." T. Wallace and C. March Eds., *Changing Perceptions: Writings on Gender and Development*, Oxford, Oxfam.

Mabsout, R. and I. van Staveren (2010). "Disentangling Bargaining Power from Individual and Household Level to Institutions: Evidence on Women's Position in Ethiopia." *World Development* 38(5): 783-796.

Mack, B. and C. Coles Eds. (1991). *Hausa Women in the Twentieth Century*, Madison, Wisconsin, University of Wisconsin Press.

Manser, M. and M. Brown, (1980). "Marriage and Household Decision-Making: A Bargaining Analysis." *International Economic Review* 21(1): 31-44.

March, C., I. Smyth and M. Mukhopadhyay Eds. (1999). *A Guide to Gender-Analysis Frameworks*, Oxford, Oxfam.

McElroy, M. B. and M. J. Horney (1981). "Nash-Bargained Household Decisions: Toward a Generalization of the Theory of Demand." *International Economic Review* 22(2): 333-349.

McElroy, M. B. (1990). "The Empirical Content of Nash-Bargained Household Behavior." *Journal of Human Resources* 25(4): 559-583.

Mikkelsen, B. (1995). *Methods for Development Work and Research*, Thousand Oaks, SAGE.

Moore, H. L. (1988). *Feminism and Anthropology*, Cambridge, Polity Press.

NBS (2006). *National Core Welfare Indicators Questionnaire Survey*, Nigeria Bureau of Statistics.

NBS (2008). *Nigeria Census 2006*, Nigeria Bureau of Statistics.

NCWD (2003). *Report on the Monitoring Survey of Women Development Centres in Nigeria, Part 1*, National Centre for Women Development.

NCWD (2004). *The Survey on the Women Development Centres in Kano*

State, National Centre for Women Development.

NCWD/JICA (2008). *News Letter, VOL. 1*, National Centre for Women Development.

NCWD/JICA (2009a). *News Letter, VOL. 2*, National Centre for Women Development.

NCWD/JICA (2009b). *Women's Empowerment Survey Report 2009*, National Centre for Women Development.

NCWD/JICA (2010). *Monitoring Framework of the Women Development Centres Activation Project in Kano State*, National Centre for Women Development.

NDHS (1990). *Nigeria Demographic and Health Survey 1990*, National Population Commission.

NDHS (1999). *Nigeria Demographic and Health Survey 1999*, National Population Commission.

NDHS (2003). *Nigeria Demographic and Health Survey 2003*, National Population Commission.

NDHS (2008). *Nigeria Demographic and Health Survey 2008*, National Population Commission.

Nikiema, B., S. Haddad and L. Potvin (2008). "Women Bargaining to Seek Healthcare: Norms, Domestic Practices, and Implications in Rural Burkina Faso." *World Development* 36(4): 608-624.

NPC (2010). *The Nigeria MDGs Report 2010*, Nigeria Planning Commission(NPC), Government of the Federal Republic of Nigeria.

Osmani, L. N. K. (1998). "The Grameen Bank Experiment: Empowerment of Women through Credit." H. Afshar Ed., *Women and Empowerment: Illustrations from the Third World*, New York, St. Martin's Press: 67-85.

Parker, A. R., I. Lozano and L. A. Messner (1995). *Gender Relations*

Analysis: A Guide for Trainers, Westport, Save the Children.

Pfeiffer, J. (2003). "Cash Income, Intrahousehold Cooperative Conflict, and Child Health in Central Mozambique." *Medical Anthropology* 22(2): 87-130.

Pickering, H., E. Kajura, G. Katongole and J. Whitworth (1996). "Women's Groups and Individual Entrepreneurs: A Ugandan Case Study." *Gender and Development* 4(3): 54-60.

Pierce, S. (2007). "Identity, Performance, and Secrecy: Gendered Life and the 'Modern' in Northern Nigeria." *Feminist Studies* 33(3): 539-565.

Pottier, J. (1994). "Poor Men, Intra-Household Bargaining and the Politics of Household Food Security." P. Jeffery, I. Yngstrom, K. Kenneth and C. Toulmin Eds., *Gender and Environment in Africa*, Edinburgh, Centre of African Studies, University of Edinburgh: 156-174.

Quisumbing, A. R. (2003). "What Have We Learned from Research on Intrahousehold Allocation?" A. R. Quisumbing Ed., *Household Decisions, Gender, and Development: A Synthesis of Recent Research,* Washington, D. C., Baltimore, International Food Policy Research Institute: 1-18.

Quisumbing. A. R. and J. A. Maluccio (2003). "Resources at Marriage and Intrahousehold Allocation: Evidence from Bangladesh, Ethiopia, Indonesia, and South Africa." *Oxford Bulletin of Economics and Statistics* 65(3): 283-327.

Renne, E. P(2004). "Gender Roles and Women's Status: What They Mean to Hausa Muslim Women in Northern Nigeria." S. Szreter, H. Sholkany, A. Dharmalingam Eds., *Categories and Contexts: Anthropological and Historical Studies in Critical Demography*, Oxford, Oxford University Press: 276-294.

Sada, I. N., F. L. Adamu and A. Ahmad (2005). *Promoting Women's Right*

Through Sharia in Northern Nigeria, Nigeria and British Council.

Salamone, F A. (2010). *The Hausa of Nigeria*, Lanham, Univesity Press of America.

Samuelson, P. A. (1956). "Social Indifference Curves." *Quarterly Journal of Economics*, 70(1): 1-22.

Schildkrout, E., (2002). "Age and Gender in Hausa Society: Socio-Economic Roles of Children in Urban Kano." *Child Hood* 9(3), 342-368.

Sen, A. K (1990). "Gender and Cooperative Conflicts." I. Tinker Ed., *Persistent Inequalities: Women and World Development*, New York, Oxford University Press: 123-149.

Silberschmidt, M. (2001). "Disempowerment of Men in Rural and Urban East Africa: Implications for Male Identity and Sexual Behavior." *World Development,* 29(4): 657-671.

Smith, L. C., U. Ramakrishnan, A. Ndiayc, L. Haddad and R. Martorell (2003), "The Importance of Women's Status for Child Nutrition in Developing Countries." A. R. Quisumbing Ed., *Household Decisions, Gender, and Development: A Synthesis of Recent Research*, Washington, D. C., Baltimore, International Food Policy Research Institute: 41-50.

Staveren, I. and O. Odebode (2007), "Gender Norms as Asymmetric Institutions: A Case Study of Yoruba Women in Nigeria." *Journal of Economic Issues,* 41(4): 903-925.

The Guardian in Nigeria (2010). *The Guardian*, December 27th 2009.

Thomas, D. (1997). "Incomes, Expenditures, and Health Outcomes: Evidence on Intrahousehold Resource Allocation." L. Haddad, J. Hoddinott and H. Alderman Eds., *Intrahousehold Resource Allocation in Developing Countries: Models, Methods and Policy*,

Baltimore, The John Hopkins University Press.

Tipilda, A. A. A. and V. M. Manyong (2008). "Engaging with Cultural Practices in Ways that Benefit Women in Northern Nigeria." *Development in Practice* 18 (4-5): 551-563.

Udry, C. (1996). "Gender, Agricultural Production, and the Theory of the Household." *Journal of Political Economy* 104(5): 1010-1046.

UNDP (2009). *Human Development Report 2009.*

UNDP (2010). *Human Development Report Nigeria 2008-2009.*

UNDP (2012). *Africa Human Development Report 2012.*

UNDP (2013). *Human Development Report 2013.*

UNICEF (2001). *Children's and Women's Rights in Nigeria: A Wake-up Call.*

UNICEF (2007). *The State of the World's Children 2007.*

Whitehead, A. (1981). "'I'm Hungry, Mum': The Politics of Domestic Budgeting." K. Young, C. Wolkowitz and R. McCullagh Eds., *Of Marriage and the Market: Women's Subordination in International Perspective*, London, Routledge: 93-116.

World Bank (2010). The World Bank in Nigeria, https://www.worldbank. org/en/country/nigeria/overview (2010 年 11 月 30 日访问).

World Bank (2011). *World Development Report 2012: Gender Equality and Development.*

Young, K. (1992). "Household Resource Management." L. Ostergaard Ed., *Gender and Development: A Practical Guide*, London, Routledge: 135-164.

West, C. and D. H. Zimmermann (1987). "Doing Gender." *Gender and Society* 1(2): 125-151.

伊藤るり（1995）「（グローバル・フェミニズム）と途上国女性の運

動—WID と女性のエンパワーメントをめぐって」『世界政治の構造変動 4 市民運動』坂本義和編、岩波書店

岩崎えり奈（2005）「出稼ぎによるジェンダー関係の変化——北アフリカ・チュニジア南部の事例」『イスラームの性と文化』加藤博編、東京大学出版会: 155-183

上野千鶴子（1990）『家父長制と資本制——マルクス主義フェミニズムの地平』岩波書店

上野千鶴子（2002）『差異の政治学』岩波書店

上山美香・黒崎卓（2004）「ジェンダーと貧困」『貧困と開発』絵所秀紀・穂坂光彦・野上裕生編、日本評論社

大沢真理（2002）「ジェンダー」『開発とジェンダー——エンパワーメントの国際協力』田中由美子・大沢真里・伊藤るり編、国際協力出版会

金井淑子編（1988）『家族』新曜社

神戸伸輔（2004）『入門ゲーム理論と情報の経済学』日本評論社

久場嬉子（2002）「ジェンダーと『経済学批判』——フェミニスト経済学の展開と革新」『経済学とジェンダー』久場嬉子編、明石書店

熊谷尚夫・篠原三代平編（1980）『経済学大辞典 1』東洋経済新報社

UNDP（国際連合開発計画）（1995）「ジェンダーと人間開発」『人間開発報告書 1995』

佐藤郁哉（2008）『質的データ分析法——原理・方法・実践』新曜社

佐藤仁（2007）「財は人を選ぶか——タイ津波被災地にみる稀少財の配分と分配」国際開発研究 16(1): 83-94

世界銀行（2002）『男女平等と経済発展——世界銀行政策リサーチレポート』シュプリンガー・フェアラーク東京

世界銀行（2012）『世界開発報告 2012 ジェンダー平等と開発』一灯舎

瀬地山角（1990）「家父長制をめぐって」『フェミニズム論争——70年代から90年代へ』江原由美子編、勁草書房: 47-85

瀬地山角（1994）「家父長制の比較社会学——東アジアの女性の就労パターンの比較」『ライブラリ相関社会科学（2）ジェンダー』原ひろ子・大沢真理・丸山真人・山本泰編、新世社: 298-318

高根務（1999）『ガーナのココア生産農民』アジア経済研究所

チュクマ、エブザジュ（1994）「ナイジェリアの女性センター——現状と課題」婦人教育情報国立婦人教育会館 30: 33-39

ヌスバウム、マーサ・C（2005）『女性と人間開発——潜在能力アプローチ』岩波書店

パンチ、K・F（2005）『社会調査入門——量的調査と質的調査の活用』川合隆男訳、慶應義塾大学出版会

藤井明・及川清昭・曲渕英邦・槻橋修・井原朋行・福若郷子（1999）「コンパウンド（複合住居）の空間組成に関する研究——カメルーン北部、およびマリ・ドゴン族の集落の空間構成」『住総研研究年報No.26』住宅総合研究財団: 119-130

牧野久美子（2012）「社会的保護のための現金給付——ラテンアメリカとアフリカの実例と今後の課題」『新興諸国におけるベーシックインカムの議論』宇佐見耕一編、アジア経済研究所、1-15

村松安子（2005）『「ジェンダーと開発」論の形成と展開——経済学のジェンダー化への試み』未來社

室住眞麻子（2006）『日本の貧困—家計とジェンダーからの考察』法律文化社

モーザ、キャロライン（1996）『ジェンダー・開発・NGO——私たち自身のエンパワーメント』久保田賢一・久保田真弓訳、新評論

森岡清美・塩原勉・本間康平（1993）『新社会学辞典』有斐閣

パール、ジャン（1994）『マネー＆マリッジ——貨幣をめぐる制度と家族』室住真麻子・御船美智子・木村清美訳、ミネルヴァ書房

作者简介

甲斐田清美（かいだ　きよみ），国际开发学博士，文京学院大学外国语学部副教授。

主要经历

名古屋大学国际开发研究科博士课程结业。1995 年至 1998 年参加青年海外合作队（尼日尔）。2001 年至 2002 年作为联合国志愿者在莱索托开展活动。2003 年至 2006 年担任日本国际协力机构青年专家。2007 年至 2010 年以日本国际协力机构长期派遣专家身份在尼日利亚参与技术合作项目——"增加妇女发展中心活力，改善女性生活"，2013 年至 2014 年参加该项目第二阶段的工作。

主要成果

『はじめてのジェンダーと開発——現場の実体験から』（合編、2017年、新水社）

"What Encourages Households to Adopt Rice as a New Crop? Understanding Gender Roles and Perceptions in Households in Northern Namibia" *Development in Pratice* Vol.27, No.7（共著、2017 年）

「母系社会における世帯内役割の変容とジェンダー規範への影響——タイ東北部を事例として」『比較文化研究』第 136 号（2019 年）